知识、生活与生命的

共鸣

——新教育语文课堂

悦 著

海峡出版发行集团 | 福建教育出版社

图书在版编目（CIP）数据

知识、生活与生命的共鸣：新教育语文课堂/张悦著. —福州：福建教育出版社，2012.10
 ISBN 978-7-5334-5963-5

Ⅰ.①知… Ⅱ.①张… Ⅲ.①中学语文课-课堂教学-教学研究 Ⅳ.①G633.302

中国版本图书馆 CIP 数据核字（2012）第 228130 号

知识、生活与生命的共鸣——新教育语文课堂
张　悦　著

出版发行	海峡出版发行集团 福建教育出版社 （福州梦山路 27 号　邮编：350001　电话：0591－83706771　83733693 　传真：83726980　网址：www.fep.com.cn）
出 版 人	黄　旭
发行热线	0591－87115073　83752790
印　　刷	福州东南彩色印刷有限公司 （福州市金山工业区　邮编：350002）
开　　本	720 毫米×1000 毫米　1/16
印　　张	15.75
字　　数	256 千
版　　次	2012 年 10 月第 1 版　2012 年 10 月第 1 次印刷
书　　号	ISBN 978-7-5334-5963-5
定　　价	33.00 元

如发现本书印装质量问题，影响阅读，
请向本社出版科（电话：0591－83726019）调换。

目 录

序　破解理想语文课堂的密码…………………………………朱永新 1
前言　知识、生活与生命的共鸣…………………………………张　悦 1

散文篇

《季氏将伐颛臾》教学分析………………………………………… 3
听孔子说教育——扫好落叶读《论语》………………………… 9
《陈情表》课堂实录……………………………………………… 13
软山温水之外：被亲情濡湿的独门意蕴………………………… 20
《秋水》课堂实录………………………………………………… 23
《祭十二郎文》教学分析………………………………………… 30
《故都的秋》课堂实录…………………………………………… 37
我这样教《故都的秋》…………………………………………… 45
《说"木叶"》教学分析…………………………………………… 48
每一篇文化随笔都有一颗文化的心……………………………… 51
《传统文化与文化传统》课堂实录……………………………… 54
《在马克思墓前的讲话》课堂实录……………………………… 60
《世间最美的坟墓——记1928年的一次俄国旅行》课堂实录… 65

教学是特殊的言说 …………………………………… 褚树荣 69
"干净"的语文课 …………………………………… 史绍典 72

戏剧篇

《长亭送别》课堂实录 …………………………………… 79
诗意语文，灼灼其华 …………………………………… 85
花开两朵，各表一枝——崔莺莺、杜丽娘形象解读 …………………………………… 88
《窦娥冤》课堂实录 …………………………………… 93
这一条通向古典文化的走廊 …………………………………… 97
语文综合实践活动教学分析——以《雷雨》的合作学习为例 …………………………………… 100
语文生活：在合作的世界里自由、真实地呼吸——《雷雨》教学之后的思考 …
 …………………………………… 109
因"材"施教，各臻其妙 …………………………………… 王尚文 112

小说篇

《半张纸》课堂实录 …………………………………… 119
关于《半张纸》的教学 …………………………………… 126
《项链》课堂实录 …………………………………… 128
《项链》自主学习的原动力分析 …………………………………… 133
《骑桶者》课堂实录 …………………………………… 135
外国小说阅读摭谈 …………………………………… 143
让思想激荡在美丽的课堂 …………………………………… 黄孟轲 147

诗歌篇

《将进酒》课堂实录 …………………………………… 153
《江城子》备课七问 …………………………………… 159

一诗一文，一座风格的天堂 ……………………………………… 161
《旧日的时光》教学整理 ………………………………………… 166
那些轻飘飘的旧时光——走进彭斯的诗意世界 ………………… 170
《祖国呵，我亲爱的祖国》教学整理 …………………………… 174
续一段写诗人和读诗人的缘分 …………………………………… 179
教师是传递思想棒槌的人 ……………………………… 顾之川 182

作文篇

"讴歌亲情，写得充分"课堂实录 ……………………………… 187
抒写你的童年 ……………………………………………………… 195
"文学短评写作"教学整理 ………………………………………… 200
"发现事件的意义点　寻找表达意义的载体"课堂实录 ………… 211
抒写你的幸福 ……………………………………………………… 217
关注"人"，体现写作教学知识的整体性 ……………… 胡　勤 221
心安是归处（代跋） ……………………………………… 胡　勤 224

序

破解理想语文课堂的密码

在我的学生中，张悦是属于那种内秀型的，说话轻言细语、慢条斯理，婉约文雅，但内心丰富、自信坚定，善解人意。她不喜欢在公开的场合张扬自己，经常通过一则短信、一个消息表达主张。个经意间，透露出用心。

前不久，她陪同学校的校长专程来北京，邀请我参加效实中学建校100周年校庆，并且希望能够把新教育的国际论坛放在他们学校举行。我愉快地接受了邀请。很快，她又告诉我，作为对母校的献礼，自己的新书《知识、生活与生命的共鸣——新教育语文课堂》就要出版了，希望我能够写点文字。

我自然不能够推辞。一方面，因为我是张悦的博士生导师，以阅读和写作与学生交流，教学相长，天经地义；另一方面，则是因为这本书有一个美丽的书名。这个书名"盗用"了新教育理想课堂的最高境界：知识、社会生活与师生生命的深刻共鸣。

这种"盗用"，反映了张悦语文教学思想的自觉，即把自己的语文教学思想和实践，放在这样的新教育哲学背景下来审视、剖析和解读。

从教育思想发展的历史来看，对于知识、生活、生命的侧重，本身也可以视为整个教育观念的三重境界。以赫尔巴特为代表的传统教育学，重视知识传授的精致与效率；以杜威为代表的现代教育学，重视的是生活，认为学校只是社会生活的一种形式，不仅仅是一个传授知识、学习课业、养成习惯的地方；而以人本主义与后现代教育学为代表的当代教育学，则把知识、生活、生命的高度融合与深刻共鸣，作为教育的重要使命。毫无疑问，这是一种最高的境界。

　　问题是，在急功近利的教育现实中，这样一种理想有多大的生存与发展空间？作为一个新教育人，张悦的语文课堂所要做的，就是在这样的教育现实中，去寻求空间，这需要勇气与智慧。

　　我不懂语文教学。但翻阅了张悦的这本书，还是收获颇多。这是一本课堂实录与思考集，课堂教学的体裁是丰富的，从散文到戏剧，从小说到诗歌，再到作文，而且每一节课都是那么圆润、流畅、精致。来自浙江、北京、湖北等地的多位专家都做了点评，他们当中有教授、教研员、教材编审、一线教师，大家都认为她的课超凡脱俗。而听过她讲课的老师们，也一致认为张悦是一个上了讲台就光彩照人的老师，就像那些优秀的演员，在台下似乎平淡无奇，但上了舞台，就精彩纷呈。

　　所以，年轻的她，近年来先后获得了浙江省中学语文课堂教学大赛一等奖、全国中青年语文教师课堂教学一等奖、浙江省首届教师师德演讲比赛特等奖、全国"做人民满意的教师"演讲比赛一等奖等殊荣，并在全国二十多个省市开设过示范课和讲座。

　　我一直认为，语文教学不是简单地教学生一些字词句，不是简单地让学生写好文章，而是让学生们真正地热爱自己民族的文字与语言，真正地掌握听说读写的基本能力，真正地用那些美丽的文字与思想润泽自己的心灵。这大概就是知识、生活与生命的共鸣在语文学科中的意义了。

我不知道，在张悦上这些课的时候，有多大程度自觉意识到语文的这种功能和作用，因为其中的许多课例，是发生在她接触新教育之前。所以，我的这篇序言，与其说是"总结"，不如说是"期许"。期许张悦能够真正地在她的课堂里演绎知识、生活和生命的深刻共鸣，期许她能够真正地在她的博士论文中破解语文教学的密码。

是为序。

朱永新

2012年5月30日于苏州

前 言

知识、生活与生命的共鸣

语文是伴随人类成长的文化呼吸体。语文的语言之形、文化之质连通着人类自觉的生命意识和思想内核，它自身独特的网状知识谱图和灵动的课程生态，具有无法穷尽的历史想象力和现实使命感。在实现"回归一个真实的人"这个中国未来教育发展的哲学命题里，语文无疑是一种无法替代的重要力量。

然而，置身于教育场域，我们可以发现，语文若过度沉浸于形而下的知识形态里，又会逐渐脱离社会、远离生活、屏蔽学生的心智、扼杀他们的生命。于是"反知识"、"去知识"的呼声又席卷而来。众所周知，现代教育离不开学校，离不开书本知识，但又必须与社会、与学生的生活密切联系。因为，学生的认知与精神的发展不仅依靠学校教育，也离不开他生活的环境与自身的心智发育。语文学习在探寻客观世界的同时，必须满足学生作为生命个体的精神诉求，毕竟，与内心相一致的东西才是美丽的。

新时期的语文在寻求改变和进步的呼声中，在新课程改革的宏大背景下，挣扎着、调整着、裂变着、突破着自己的模样。很多有识之士不约而同地发现，语文课程核心变革力来自语文课堂，师生只有真正相遇于课堂，形成关系紧密、互动良性的学习同构体，才能互融进彼此的生命，因为，"个人在精神上的现实丰富性完全取决于他的现实关系的丰富性"①。

构建"知识、生活与生命的共鸣"的语文课堂，就是一场挣扎着、调整着、裂变着、突破着自己的模样、寻找理想、追随真理的旅程。什么是真理？真理是对共同体验的清晰表达。人类从未放弃对真理的追求，要么通向真理，要么就在通向真理的路上。

追求真理有两种取向：在主体与客体之间一面揭示并坚守已经存在的世界（形态、系统），另一面又"攻讦"、毁灭已经存在的世界（形态、系统），它始终存在对立的两种形态，并往不同的向度发展，又汇流于我们共同的理想。我们一直以来都是摇摆于对立的两个方面来认识这个世界的，主体—客体、自然—心灵、感性—理性……在这样的摇摆过程中，一面是否定、破坏的，一面是认同、皈依的。在认同皈依的力量下建构暂时稳定的系统，又在否定性、破坏性思潮的推动下进入一个新的系统。

几千年来，传统本体论哲学影响下的教育引领着我们的心灵转向世界万物的本质，崇尚科学和逻辑，以理性的方法认识客观世界。今天的教育在寻找回归心灵的路径，化用柏拉图的一句话，反其意，教育非他，是为转向心灵。我们在寻找教育的共同诉求的同时，应该认识到，在不同的思潮里存在相同、不同甚至反向度的多种教育形态。

我们曾经想把学生往教师这里拉过来，改变学生的行为思想，使之与教师的行为思想一致，而忽视学生个性特征。语文课堂若从单一向度，在单一系统、单一知识范畴里分析语言的意义，其他范畴里的意义就会被隔离、屏蔽，因而不同的、有争议的意义不再互相呈现、碰撞、渗透、影响。而我们知道，语言的意义是存在于不同的历史向度里的，存在于哲学、宗教、政治、经济、文化、教育范畴里的；如果多向度的语言意义在语文课堂里被变成了单向度，语文课堂就成了一个"统一认识"、"统一行动"、"统一标准"、"统一思想"的封闭场所，所有的对立意义不再互相渗透、彼此唤醒，而容易引起争议的内容更是被迫沉默。于

---

① 马克思恩格斯文集（第一卷）. 人民出版社 2009 年 12 月第一版. 第 541 页

是，课堂的个性被抹杀了，师生的心灵死亡了，语文的教育也就失败了。

新教育的理想语文课堂追求语文本质的回归，在内心关照的知识教学中达成学习性质量，在言语状态的语文生活中达成发展性质量，在语言世界里达成生命性质量。

（一）知识，与学生精神的意义关联

知识教学一直都是个问题。

要不要教、教什么？知识教学的对象和边界漂移不定。"知识化"是现代语文教学肇始的亮点，以知识理论为指导编写语文教材是从传统语文迈向现代语文的标志，那么，知识教学何以成为一个问题？《普通高中语文新课程标准（实验）》在对"课程性质"的阐述中提出"使学生具有较强的语文应用能力"[①]；在介绍课程的基本理念时又指出"要使学生掌握语言交际的规范和基本能力"[②]。要实现"课程标准"的培养目标，语文教学是有现实困境的。其一，要形成较强的语文应用能力，获得掌握语言交际的规范和基本能力，语文知识和运用语文知识是其背后重要的基础，但是"课程标准"似乎是反对以知识的完整呈现和传授作为语文教学的要招的，其背景是时代的教育价值取向和育人功能全面地向"人文性"倾斜，学科技能和理性精神的培植被挤出了语文教育的主流势力圈。而语文课程高扬人文的大纛，淡化知识教学，对知识教学的随波逐流，甚至全面放逐已经是不争的事实。其二，从语文课堂之教学实践层面来考量，存在以下三种情况：一是过分强调主体之外的知识，而忽视主体对知识的认知；二是对精确知识很强调，导致知识陷于"使用"的狭小圈子里；三是将所谓的知识系统，即"字、词、句、篇、语、修、逻、文"的集合性的描述，当作知识规范系统的类型化，以"八字"教学为知识教学的金针。其三，对语文知识地位的认知摇摆不定，运用语文知识的能力左支右绌，知识教学在策略上又缺乏独门意蕴，语文知识教学真的很难从困境中突围。语文知识的内涵和边界尚未明晰确定。将文章学知识、陈

---

① 普通高中语文新课程标准（实验）. 人民教育出版社. 2003年4月第一版. 第1页
② 普通高中语文新课程标准（实验）. 人民教育出版社. 2003年4月第一版. 第2页

旧的语言学知识作为语文知识；将宽泛的人文知识移植到语文课堂，在新课改的"人"的主题词之下，无限提高它们在语文课程内容中的位置。我们究竟有没有"跑偏"？路径在哪里？光从课程论、教学论出发，已然难于直抵问题要处。语文知识教学困境的背后应该有一个更本质的问题——知识如何成为它自己。

我们的探寻从"知识是什么"起步，在古今哲学家的知识观里和知识相遇，启思语文知识教学，因为我们需要更为明确的知识论立场，毕竟，语文课程的性质决定了语文教学不可能是"唯知识"的，但也不能是"去知识"的。

苏格拉底的知识观渗透在他的教育方法里。他承认无知是学习的起点，并用"助产术"进行诱导。柏拉图认为理念世界就是一个知识的世界。亚里士多德认为理性思考可以达成对知识的彻底认知。由此推断，在没有实现内心观照之前，知识和人是对立的，它们分属于界限明确的不同场域。而"教师的职责，只能帮助学生自己重新发现早已存在的观念，或回忆遗忘但未曾消失（也绝不消失）的记忆"[①]。知识的世界不是一般的客观世界，这个客观世界是自在的，它好像给出了一个世界，但这个世界是需要继续解释的，它的规定性是由人的理性思考赋予的。

洛克认为知识归根到底都是导源于经验的。斯宾诺沙认为知识可以产生心灵的最高满足，即产生快乐和幸福。培根认为要获得真正的知识，必须直接观察、研究自然界。笛卡尔认为只有通过理性思维，才能获得可靠的知识。帕斯卡尔也说过，人是一根能思想的苇草。我们能不能这样推断：凡是清晰明确被人认知的，都是真的。康德认为知识是人类同时透过感官与理性得到的，他提出的"先天综合判断"这一知识理论是获得普遍必然性知识的途径。黑格尔的知识观是"主客合一"（"知"与"所知"合一）的，这和他的"天人合一"的宗教立场、"人我合一"的社会学主张、"内外合一"的自然哲学观如出一辙。由此推断，知识就是排除怀疑走向确定的过程，绝对确定性的知识必须建立在前提可靠的基础上；当然，哲学家们也承认知识的经验性质，强调经验、感觉对于知识获得的重要作用。在知识本质上，近代哲学家达成了知识是"实在"和"观念"的共时同

[①]《教师不可不知的哲学》．林逢祺、洪仁进主编．华东师范大学出版社 2009 年 11 月版．第 13 页

在的基本共识。更为可贵的是，他们肯定了知识的精神价值，甚至指出知识是一条通向幸福的路，最高的知识境界就是向善求真趋美。知识正在和人本身的精神世界开始发生恰适、紧密的关系，知识在自己的框架里是自恰的，知识具有人格陶冶的作用，知识正在感性和理性两个渠道获得深刻、灵动的生命。

维特根斯坦、奥斯汀、赛尔、卡西尔认为知识需要经过语言这个符号系统定型、传达，语言是思想和知识的媒介，知识存在于语言之中。克尔凯郭尔、尼采、海德格尔、萨特、博尔诺夫、雅斯贝尔斯对真理（知识）有着以下的统一认识：所谓真理，并不是人们借助自然科学、客观方法所获致的关于自然的知识，而是一个人对自己的生活道路进行热情探索的产物，是指个人自己的有关现实；一个人只有通过个人的主观经验才能真正认识现实，接近真理，只有通过个人存在的思维，才能把握真实的东西。当代哲学走到法兰克福学派时，哲学已经以整个人类的全部物质文化和精神文化为对象来揭示和阐释作为社会成员的人的命运，它的知识路径也呈现出文化追求、理论批判的色彩，更深刻地维系着知识和心灵世界的关系。

更为重要的是马克思主义哲学知识立场和知识观。在《马克思恩格斯文集》（一~十卷）卷帙浩繁的哲学世界里，我们可以找到马克思主义对知识严肃的认知和推演：认识来源于实践并且受到实践的检验，实践是产生真知的土壤。知识是可以通过感觉或者思维过程掌握的，康德所认为的"自在之物"（物自体）处于认识的此岸，是完全可以认知的。但是人又不能轻易相信知觉，如果一味按照知觉所规定的路线走下去，寻求知识的过程有时会沦为有缺陷的推理。而思维是"能"（恒在）的一种形式，在达成知识的认知上，思维的力量是现实的，而人的思维是否具有客观的真理性，这是一个实践的问题。人应该在实践中证明思维的真理性，自己思维的此岸性，基于实践的思维是获取知识的主要途径，学习知识是个体的一种社会生活。在对待知识的态度上，马克思主义认为，人应该追随知识，知识（真理）不是面向经验的人，而是面向"心灵的深处"。马克思的辩证哲学推翻了一切关于最终的绝对真理和与之相对应的绝对的人类状态的观念——没有永恒的真理，只有绝对的信仰。知识建构的过程性，真理发展的实在性，都让我们深刻认识到知识（真理）的变化（或者说"革命"）才是马克思主义哲学所承认的绝对的东西——知识是相对的。

实现知识的内心观照，让知识观完成从"什么知识最有价值"到"谁的知识最有价值"的更新，是当代语文课堂必须追求的真相。而"把知识作为客体的全部关注掩饰了它在认识中极其复杂的问题，以及在认识中的无限变化。因此，现在的焦点已经从人们如何吸收知识，以便于能够复制它，转变到个体如何能够建设性地综合和产生知识，以及它的社会根源和结果是什么"[①]。教育不是货品的转移和堆集，知识只能自我认识，自我认识只能被唤醒；学生不是被动的接受者，也不是一个顺从外部事实的社会体现，知识只有在学生的认知结构中获得理性投射，增生了新的意义，捕获了建构性，才被最终确定了价值：个人建构，对于知识学习是首要的。

课程知识、学科知识是专家的认知模式，是专家的概念系统，学生进入这个模式，掌握这个系统，获得相应能力的同时，也容易失去建构自己话语系统的空间。知识教学不是仅仅为了掌握知识，而是为了让学生突破自己原有的封闭状态，这个封闭的状态可以看作是静态的知识群体，它们是沉睡在学生已有的知识图谱中的；还可以为了修复、重组、新创形成开放的（动态）的知识体系，从而在新的视域里（这个视域因为合宜的教学行为而获得）建构自己的语言系统。

知识、术语、概念的理解，归根结底植根于我们的经验，生长于个体的语境土壤。离开了各自的土壤，也就是失去了后台，意义就被悬置。意义、意识是当心灵通过语言具体化的概念意识到环境（有时间地点对象，与对象的关系）时的解释，也就是说一切意义、意识都存在于关系之中。

因此，语文课堂以"心灵和知识的相遇"为首要标识，使知识和学生的精神形成意义关联，进入学生的精神世界，实现对经验更新和人格构成的意义引导。

（二）生活，在言语实践中成长自我

什么是生活？"生"是生命存在的意思，"活"表示生命在运动。"生活"就是存在的生命在运动，这就意味着生命不仅仅是"存在"，而且是在思想精神主导

---

① 知识与控制．【英】麦克．F. D. 扬主编．谢维和、朱东旭译．华东师范大学出版社．2002 年 8 月第一版．第 77—78 页

下的"活着"。马克思主义哲学认为,生活是生命的存在方式,是创造生存意义的生命活动。每一个个体的生命不同,生活自然呈现出复杂多样的万象形态。它具有不同的境界层级。一是自然生命的存在,这种生命的存在就是活着,它和世俗的生活等同。植物人的生命也存在,然而不能自主,没有言说,这是最低层次的生活。二是生生不息的创造力,是一个彼摄互荡的有机生命体,生命体之间形成的"势场",形成了极大的生命张力,语文课堂就是要追求这种张力。三是心灵的皈依。这种生活澄明静澈、超越了时间和空间,追寻到他所要表达的生命内涵。

有人曾尖锐地指出,金钱正在成为我们时代的风格,"'单向度'这个术语今天已成为最脍炙人口的概念之一。单向度的人,即是丧失否定、批判和超越能力的人。这样的人不仅不再有能力去追求,甚至也不再有能力去想象与现实生活不同的另一种生活"。[1] 现实生活好比一辆欲望号街车,正高速地行进在物欲横流的街上。面对这样的社会生活状态,教育承担了更大的压力,不仅担负教育人们认清现实生活的责任,更为重要的是促使人们去思考我们应该成为怎样的人,探寻可能的理想生活应当是怎样的。

卡西尔在《人论》中指出:"苏格拉底的全部研究所指向的唯一世界,就是人的世界。"[2] 古希腊的先哲都认为认识自己的生活,就是认识自己的经验世界,就是认知自己和世界的所有关联。黑格尔认为,生活的世界就是一个过程,一个自我更新的过程,个体的任何发展和生活是同一的。尼采曾给予生活无限诗意的解读——生活纵使痛苦,也是一场审美。在胡塞尔的哲学世界里,生活就是崇高的意义之源。马丁·布伯认为生活是构建着"我"和"你"关系的精神契约。雅斯贝尔斯则认为生活是对存在的超越。海德格尔推崇生活的当下性,认为生活就是此在的澄明。维特根斯坦用学术的优雅告诉我们,所有的生活都是贴着地面的步行,而不是在空中的跳舞。

更让我们醍醐灌顶的是马克思、恩格斯的生活观。"全部社会生活在本质上

---

[1] 单向度的人——发达工业社会意识形态研究. 【美】赫伯特·马尔库塞著. 刘继译. 上海世纪出版集团 2008 年第一版. 第 205 页
[2] 人论. 【德】卡西尔著. 甘阳译. 西苑出版社. 2003 年版. 第 6 页

是实践的"。① 他们提出的"实践生活论",批判了古典哲学将事物当成一成不变的东西去研究的、形而上学的范式,以变化的、联系的方式看待生活的实践本质,指出人是生活在现实的、历史地发生和历史地确定了的世界里面的,人是具体的,人始终用实践的方式、也只有用实践的方式保持着和他所生活的世界的联系。"全部哲学,特别是近代哲学的重大的基本问题,是思维和存在的关系问题"②,思维和存在的关系,在其现实性上,就是以实践为基础的人与世界之间的、历史地发展着的关系,人的思维最本质最切近的基础是人类自己的实践活动。马克思又指出:"语言是一种实践的、既为别人存在因而也为我自身而存在、现实的意识。语言也和意识一样,只是由于需要,由于和他人交往的迫切需要才产生的。"③ 总之,人是实践性的存在。

由此推断,实践的、关系的、批判的、超越的生活世界才是一个意义世界。意义世界不断生成的过程就是一个生活实践的过程。生活意义绝非抽象概念的逻辑推演,它只能发生在主客体相互作用(对话)的生活实践中,它是实实在在的生活联系、生活事件、生活故事——生活就是一条否定、保存,最终获得确定性的扬弃之路,它通向理想生活和精神之境界,从而获得诗性。

语文课堂生活是言语状态中的语文生活。即用语言去理解世界、去表述对世界的理解,在言语状态中的生活里,创造出超越现实生活的世界。言语状态中的语文生活必然以言语呈现"我"的内心生活。言语状态下的"我"具有以下特征:一是当下的,是"我"当下的言说。"我"可以言说过去的"我",但是不可能言说"我"过去的言语;"我"可以言说未来的"我",但是也不可能言说"我"未来的言语。如月亮反射太阳的光一样,一切过去和未来都是瞬间的现在反射出来的光。二是在场的,是"我"在场的言说。言语是伴随主体而存在的,不可能脱离主体而独存。上帝之所以没有言语状态中的生活,是因为不能确定上帝是谁他在哪里,也就没法证明他存在,任何人都不可能听得到"上帝"的在场言语。"我"的言语与"我"同在,"我"不存在,"我"的言语也不存在;"我"的言语

---

① 马克思恩格斯文集(第一卷). 人民出版社2009年12月第一版. 第501页
② 马克思恩格斯文集(第四卷). 人民出版社2009年12月第一版. 第277页
③ 马克思恩格斯文集(第一卷). 人民出版社2009年12月第一版. 第533页

存在，"我"也一定存在。三是流变的，一切的一切，包括"我"，都随着时间和场景的变化而变化。在流变中，言语状态中的生活可能随波逐流，化作烟尘，消逝于茫茫宇宙，也可能迎风逆流，坚如磐石，垂流亿载世世咏诵。

言语状态之中的语文生活是实践的。是以多种言语活动的实践过程赋予师生以意义，通过言语活动的生成过程实现师生对世界的敞开和自我的确认，完成对自我以及世界的理解。

言语状态之中的语文生活是"关系"的，是以言语方式和言语策略的可达成性，来构建师生与世界、与自我的关系。语文生活的意义由关系来创造，"教育存在于关系之中"[①]，是教育者和被教育者使用彼此相互的开放性，构建"我"和"你"的关系，"这种'我'和'你'的关系是人类历史文化的核心"[②]。言语状态之中的语文生活是对话的，是以师生、生生、师"本（学习素材）"、生"本（学习素材）"多种对话交织的形态，来实现两朵云在同一高度上的相遇，这种以会话性为基础的对话敞亮生命并走向对方，启发潜伏于受教育者心灵深处的巨大的能动性。

言语状态中的语文生活是超越的。按照德里达的阐释，言语主要表现为一种"潜结构"，"它不是传统意义上的结构概念，而是意味着使结构移心化和向外开放"[③]，意义是冲突的并且可以各行其是，意义是发展的并且可以并行不悖；也就是说，言语意义存在一个永动的开放结构，言语状态中的语文生活只能是当下的、个体的，它的丰富而创新的蕴藉，将让师生的精神生活往未来的方向飞去。

言语状态中所呈现的"我"的内心精神生活，是有层次的。可以说，越是关注这一点的人，他内心的层次就越分明，精神的世界也就越复杂，这个人也越具有自我反省的能力。反之，忽略这一点、混混沌沌得过且过的人，他的层次就越浅，越缺乏对自我的观照。

一个人平时的所思所想，对于世俗事物的情感反应等，可将其归纳为内心生活的第一个层次。这类精神产物还是比较初级的，粗糙的，未经过滤的，里面有

---

① 教育哲学．张楚廷著．教育科学出版社．2006年8月第一版．第70页
② 什么是教育．雅斯贝尔斯著．邹进译．三联书店1991年8月第一版．第14页
③ 多重立场．【法】雅克·德里达著．余碧平译．三联书店2006年8月第二版．第130—131页

很多杂质。夜晚的梦境则是第二个层次。在那里头，本质现身，让人换一双眼睛来重新看世界内部的模样，而自己也变成了一个对象，一个"他者"。所以人的梦境具有无限的可能性，这些可能性作为暗示弥漫在风景里，敦促人向自己的本质回归。但夜晚的梦还只是提供了反省观照的可能性，还并没有将这种可能性付诸实践——因为做梦是不由自主的被动行为。只有人类的精神创造活动，才是内心生活的第三个层次。人在从事创造（音乐、哲学、艺术表演、文学等等）之际，进入到完全陌生的精神维度，在那里，完全意想不到的画面或事件层出不穷，一切世俗的常规全部作废，代之以神秘的、无法把握的逻辑所主宰的冲动。而且人只有在这类创造中，才能将黑夜梦境中的可能性加以实现，达到深层次的反省。否则梦永远是梦，同人的精神生活是脱节的。

因此，语文课堂生活是言语状态中的，言语设定并给出了一个阿凡达的世界，它使我们远离"存在的黑夜"，不再匍匐在世俗的功利之下，不断地在起点开始着新的开始。

（三）生命，语言世界存在的意义

让我们从畅游西方哲学史的长河开始，走近自己的生命。

昔兰尼派以"善"作为终极目标，崇尚生命的快感，而犬儒派则坚持自由和智慧是生命的最高表决。文艺复兴时期，生命是一杆写着"解放"的旌旗，那时的哲学家从神学的"掌心"中突围出来，赋予哲学真正的理性和独立，"人"的意识的觉醒，对人性自由的神往，成为那个时期生命观的核心价值取向。叔本华认为生命没有过去，也没有未来，"现在"就是生命可以确实把握的唯一形态，而有才能的人总是能利用好"现在"的时间，生命就是人的意志的体现。哈贝马斯畅想的生命是人与人、人与自我交往之中产生的丰盈的美感。马尔库塞高声呐喊——只有实现人的批判、否定、超越的多向度的回归，生命才会绽放绚烂之花。德里达却说，现代人的生命就是一场解构的游戏，生命是"延异"的，没有形态学所谓的空间概念。福柯渴望将人的生命异化的部分进行修复，实现对生命价值的重估。罗蒂则认为走向二十一世纪的人类应该在主客体二元对立充分消解的情形之下，完成对生命的认知。

再来看看马克思主义树起的生命大旗——全人类的解放。马克思认为，人应该是社会关系和社会意识的主人，"每个人的自由发展是一切人自由发展的条件"[1]，解放就是解开束缚每个人身心的锁链，"获得的将是整个世界"[2]；解放就是摆脱对物的所有依赖，获得彻底的独立性。马克思指出，生命有三种不断上升的形态：自然的生命、社会的生命、伦理的生命，生命伦理是对人的生命的深度关切，它的核心价值就是追求人类生命的本质，终极目的是促成人的全面发展，这是生命的至美形态，而理想生命的境界就是实现了对生命和生命价值双重尊重的境界。

回到现实中来，不少现象令人扼腕。在提速完成从产业社会向后产业化社会转型的过程中，由于缺乏对人的现代品格的全面孕育，我们正面临着如履薄冰的生命危机，这种危机更深刻地表现在精神层面，文化的破碎感和世俗生活对人心的全面入侵，使得我们的生命大厦缺少丰厚、润泽的价值基础。那么，教育应该如何应对当代人的生命危机？生命诉求的公共理性如何归位？生命意识又该如何在"将人作为目的"的合目的性面前，敞开自我，走向他者？有一条敞亮的路，即实现"教育者自我生命和受教育者生命的圆满、圆通和圆融"。[3]

人是一种历史文化的存在，语言则是历史文化的载体。人作为历史文化的存在，不是去占有语言，而是人被作为历史文化的语言而承载。人只有栖居在语言的世界里倾听语言，理解和解释语言，才能实现对人的存在意义的追问。

语言世界不仅是一个"自在"的、客观存在的世界，更是一个"自为"的、具有生命意义的世界。它与"此在"有着种种"关系"。语言世界的构建者将现实存在、内心精神，眼前的真实、心中的愿景"糅"起来，放进一个框架中，并由此构成一个语言世界，等待语言世界的解读者重新激活、重新构建。

语言世界的解读者把自己的精神世界融入作者的语言世界可以生成出各种可能的世界，这些可能的世界徘徊在纯粹物化的生活世界和无限崇高的精神世界两个极端之间。我们习惯于从中分割出艺术世界、宗教世界、科学世界、政治世

---

[1] 马克思恩格斯文集（第一卷）. 人民出版社 2009 年 12 月第一版. 第 53 页
[2] 同上书. 第 66 页
[3] 现代教育的生命关怀. 刘铁芳主编. 华东师范大学出版社 2007 年 11 月第一版. 第 26 页

界、伦理道德世界……这些形态以自洽或他洽的原则存在。

语言世界的构建者和解读者创造出不同的语言世界，这些语言世界又具有三种属性：物质属性、生命属性和社会文化属性。19世纪传统语言学研究者把生命从语言世界中剥离出去，强调语言世界的自然属性，把语言世界看成是一个封闭的、独立的系统。语言的声音、形态、节奏、结构成为语言的物质外衣，所谓的语法、修辞、表达方式、表现手法，各种各样的文学技巧，等等，它们脱离了生命，都是僵死的躯壳，如同一架标本，只有骨骼、皮肉，而没有灵魂。

语言世界不仅是物质的，更是生命的。生命赋予语言世界以生机勃勃的活力和意义，如果没有了生命，语言世界就没有意义。生命元素重新进入语言世界，就会重新塑造一个新的语言世界。生命层面指向人的生命充分自由发展的诉求。佛教有极乐世界、基督教有天堂，而穆罕默德要求"如果你有两块面包，你要用其中的一块去换取水仙花"，马克思则认为生命的意义是追求人的自由、充分发展。

语言世界里的生命超越形式的控制，是师生的生命在语言世界里的植根，是身处语言丛林之中的思想者们的自由穿行。语言世界里的生命涌动异质的生命形态，不同的语言世界的背后就是不同生态的作者实体，师生在如此多样的生命形态前，各取其饮，获得"自适其适"的审美愉悦。语言世界里的生命打开作者与读者交往的边界，因为语言世界就是作者的精神世界，而语言世界的解读者将自己的精神世界融入作者的语言世界，又可以生成存在着各种可能的世界，这些可能的世界也许会摆荡在物化世界与心灵世界之间，但真正优美、崇高的语言世界会领着人的心魂往和功利、物化相反的方向引渡，完成其内部世界哲学意义上的充分自洽。语言世界里的生命不是孤独的所在，是生命与生命共在同行的呼应，是"把生命放在生命里"，获得生命成长的幸福与尊严，即马克思所说的"解放"。

每一个人的精神生命都具有充分自由发展的潜能，都有向着真善美发展的愿望。每个独特的生命个体都有一个独特的语言世界，是不能复制的，但是可以自我更新，就像鸟儿更新羽毛，但这种更新有时要在另一个语言世界启发下才能完成。

语言世界还具有社会文化属性，语言世界本身就是一个社会文化情境。具体地来说，"语言并不仅仅是人的一种工具，而且是人自己的存在方式；人是一种历史文化的存在，语言则是储存历史文化的'水库'；人作为历史文化的存在，不是去占有语言，而是被作为历史文化'水库'的语言所占有；人从属于历史也从属于语言，人只有从属于语言才能实现人的自我理解和相互理解：因此，对人的存在意义的追问，应当诉诸对语言的理解和解释"[1]，世界存在于人的意识之外，存在于人的言语之中。而"学习与思考永远都是置身在文化情境里，并且永远都需要依赖文化资源的使用"[2]，新教育语文课堂以关注语言世界里的生命为文化自觉。语言世界作为社会文化情境，它既是历史的、客观的，又是当下的。它具有开放的结构意义，以人类隐秘的生命诉求，联系着"你"的语言世界、"我"的语言世界和"他"的语言世界。语言世界是雕塑着的一条通向生命的通达、审美、自由的通衢。

语言世界就是一个具有社会文化意义的生命世界。进入语言世界，就是进入别人的经验世界。在充满意义建构的经验世界里，每一个人都在找寻自我的生命之路，思考着"所以"——从哪里来，"所有"——生命的目的是什么，"所安"——放下内心的矛盾，获得充分的自由成长。而"语文课程与人的生命活动、精神活动有着天然的联系，在语文课中学习大量的经典作品，就是走近先哲和时贤，用他们健康高尚的心灵世界去影响和优化学生的心理结构"[3]。语文课程溢满生命意识，经典作品表现生命张力和生命美感；在认识的维度上，文学教育又实现作品生命在审美意义上的建构、重构；作家的生命哲学是以作品的生命范型来代言的，在这个意义上讲，语言世界就是一座学生体验丰富的人生样式、经验深刻的生命内涵、感悟崇高的生命哲学、更新自我的生命态度的花园。

实现"知识、生活与生命的共鸣"的语文课堂将为我们推开一扇窗，它面对着蔚蓝色的海洋，海洋之上是深邃的天空。在大海和天空之间，有一群寻梦的语文人，沐海之蓝、天之深，正用心书写着教育生命的传奇。

相信"内心观照下的知识"可以实现知识与学生精神的意义关联，"言语状态中的生活"可以让学生在言语实践中成长自我，而"语言世界里的生命"则可

---

[1] 简明哲学通论. 孙正聿著. 高等教育出版社 2000 年 7 月第一版. 第 18 页
[2] 布鲁纳教育文化观. 【美】布鲁纳著. 宋文里、黄小鹏译. 首都师范大学出版社 2011 年 6 月第一版. 第 102 页
[3] 语文教学内容重构. 王荣生等著. 上海教育出版社 2007 年 9 月第一版. 第 198 页

以让我们相信生命体存在的意义。我们期待语文课堂"知识、生活与生命的共鸣"的"轻舞飞扬",直至穿越语文课堂,完成理想的教育愿景。

张 悦

散文篇

《季氏将伐颛臾》教学分析

教学简案 ··

一、教学目标

1. 培养学生熟练阅读先秦经典文本的基本素养。
2. 理解孔子经世济民的政治情怀和强烈的社会责任感。
3. 学习有针对性并且艺术地阐明自己观点的方法。

二、教学重点和难点

《季氏将伐颛臾》充满思想和艺术的魅力。揣摩语言是学习的重点，论说的穿透力和感染力都是由语言的力量传递的，在学习过程中运用多种多样的语言活动方式，品味语言，揣摩深意。体会孔子的政治抱负和社会理想是学习的难点，要使学生"入得其里"，在对话推进过程中细细品味内涵，还要使学生"出得其外"，将孔子的思想精华放在整个儒家文化的大背景中来读解。

三、教学策略

1. 朗读涵泳。

运用朗读的方式涵泳文本，基本把握文章思想内涵和结构呈现方式。

2. 辨词积累。

辨析重点词语（句式）的意义和用法，积累文言文特有的语言现象和语言规律。

3. 语感品析。

着重于语言的品赏，丰富文言文语言的感受力。

4. 活动感悟。

运用综合性、创造性的语言活动，感悟孔子思想的光芒。

四、教学流程

1. 导入。

《季氏将伐颛臾》短短250字，字字珠玑，简洁动人，好文不厌百回读。我想和同学们一起朗读全文，初步感受、理解文章内涵。

【说明】朗读是文言文教学的起点，本文又充满先秦散文独特的气韵和魅力，值得一读再读。通过朗读，不仅得其味，关键还是品其理。在朗读过程中，要关注学生对句读节律的处理。几处停顿需要强调，比如：丘也闻有国有家者，君子疾夫舍曰欲之而必为之辞，无乃尔是过与……

2. 基础的厘清。

教师提问：你觉得哪些字词和句式，是这篇文言文里需要我们重点去掌握的？

【说明】疏通字词和句式是走进文本、进行学习性阅读的第一步。《季氏将伐颛臾》中有一些独特的语言现象可以积累。比如成语"分崩离析"、"祸起萧墙"、"既来之则安之"等等；特殊句式"无乃……与"等等。本文的语言表现形式多样，值得细细推敲。

3. 任务型朗读。

再次朗读全文，揣摩文体特征。

【说明】《季氏将伐颛臾》属于对话体文章，这在学生的学习认知中属于一个空白点，教师需要在这里给力，填补知识空缺。先秦文章里，对话体式是常见常用的文体样式，现场感强，人物还原很立体，是学生走近那个时代、品味先秦文化的一种重要文体。

4. 梳理全文核心话题。

全文话题概括起来只有一个字：伐。《季氏将伐颛臾》就是以"伐"作为话题的对话体议论文。

【说明】将本文的内容和形式统一在一句话之内。

5. 穿插孔门轶事。

①孔子弟子三千，得意门生72人，这72人之中，还有"四最"。颜渊（颜回）是孔子最得意的门生，颜渊死的时候，孔子大呼"天丧我予"，悲痛欲绝。子

贡是孔子最富有的学生，是中国私商第一人。有人问子贡：孔子有多伟大？子贡回答："他人之贤者，丘陵也，犹可逾。仲尼，日月也，无得而逾焉。人号欲自绝，其何伤于日月乎？多见于其不自量也。"冉有是孔子最善战的门生，孔子周游列国十四年，流亡颠沛，是冉有说服季康子，将孔子迎回鲁国。子路是孔子最可爱、最率真的学生。孔子曾评价子路、冉有从政的水平：由也果，求也艺。

②"伐"就是孔子和这"四最"之二冉有、子路一起探讨的一个话题。

③孔子的形象。孔子周游列国十四年，是百折不挠的跋涉者，是循循善诱的良师，是礼仪大师。

【说明】将孔子和学生的轶事作一次穿插，能让学生明确和孔子谈论"伐"这个话题的是孔子的优秀学生。他们在孔子心中有着一定的地位，可是他们的思想境界与孔子还存在着这样的落差，可见孔子思想的推行在当时的困难、逼仄的境地。按照课文注释①，孔子是"三家一者"——思想家、政治家、教育家，儒家学说的开创者。这样的介绍是抽象的，高度集约的，结合孔子具体的生平事迹，对孔子形象进行补充介绍，能够让孔子走下圣坛，让学生可以接住伟人的思想之臂。

6. 再读课文。

分角色演读课文。引导学生用声音来表现对孔子、冉有、子路的性格特征的理解。

【说明】这次朗读带有研读性质。在基本把握全文内容、文体特征、人物关系的基础上将阅读的重点放在对孔子（核心人物）的关注上，这是学习的关键。

7. 问题探究。

师生对话的三个回合中，我们看到了一个怎样的孔子？

①师徒过招第一回合。

得知季氏将伐颛臾之后，孔子的第一反应是什么？

学生补白：孔子当时的心理活动。（挨批的应该是你们。为什么挨批的应该是你们而不是季康子呢？你们接受我的教育，我希望你们在各国的政治舞台上推行我的政治理想。你们太令我失望了。）

除了批评，孔子是怎么对学生讲道理的？

高明的老师以理服人。孔子告诉学生——从历史观照，颛臾的国君是贤明高尚的；从现实来考察，颛臾是归附鲁国的；从关系上考虑，讨伐社稷之臣，那就是自毁墙角（老爸和儿子打内战，那成什么体统）。

如果季氏坚持打这一仗，战争的性质是什么？

师出无名：无道之战。那就是"不义"。

那么，我们从这一招中看到一个怎样的孔子？

讲原则。用朱熹的话来评价：理之至当。

这一回合师徒谁胜出？

孔子。

②师徒过招第二回合。

当冉有推托是"夫子之欲"时，孔子为什么还要"咄咄逼人"地对自己的弟子说"是谁之过与"？

冉有、季路是季康子的家臣，做"臣"要有"臣"的担当啊。

孔子运用哪些方法来教育自己的学生的？

引用名人名言（史官周任的话）讲道理，比喻的方式（老虎逃、龟玉毁）讲道理。

我们看到了一个怎样的孔子？

拥有丰富的历史掌故和生活常识，用历史人物的经历和常识来说服学生，绝不是一个满口"之乎者也"的说教者。

这一回合又是孔子胜出了。

③师徒过招第三回合。

冉有真是个聪明的人，他在三个回合中，从没有说过这是"我"的意愿，第一次陈述事实，第二次推托"夫子之欲"，第三次又将谁抬将出来了？

子孙后代。

孔子棋高一着，孔子说我最讨厌怎样的男人？

"君子疾夫舍曰欲之而必为之辞"。

一个好男人的标准是什么？

君子坦荡荡。

有国有家者真正的"忧"应该是什么？

不均、不安。

孔子最大的担忧是什么？

"吾恐季孙之忧，不在颛臾，而在萧墙之内也。"

孔子的担忧有没有变成现实？

不久，季氏家臣阳虎内叛，完全印证了孔子的预见。

在第三回合，我们看到了一个怎样的孔子？

高度的政治觉解，仁爱的经世理想。

【说明】将对话的整个过程分成三个回合，实际上是对整篇文章的内容进行梳理，让孔子的形象在每一个回合中清晰饱满地凸显出来，加深学生的阅读印象。孔子在这短短的250字里不是一个平面的个体，而是立体的，充满人性光芒的；孔子不是圣坛上的偶像，而是一个高尚的人，充满思想力度的人，他不是一个唯我独尊的教育者，而是一个循循善诱、是非分明、以理服人的好老师。三个回合中所有探究的问题，都可以交付给学生，在学习共同体中自行研讨、解决。教师只是一个共同的学习者、合作者，是和学生共生同在的。

8. 学习小结。

学完《季氏将伐颛臾》之后，如果再要我们在孔子之前加一个定语进行修饰，你会加什么？

世界诺贝尔奖获得者在巴黎聚会，发表了这样的宣言：人类要在21世纪生存下去，必须回头2500年，去吸取孔子的智慧。

这是一个智慧的孔子，在《季氏将伐颛臾》中我们看到了他丰富的人格内涵：坚定的理性原则，丰富的生活常识，坦荡的君子风度，仁爱的治世理想，高度的政治觉解。

【说明】这个教学环节是对第五个教学环节的回应。主要是考量经过七个教学环节的集中、深入、具体学习之后，对孔子的认识是否可以到达一个新的认知维度。这也是对文本主要探究的话题"我们看到了一个怎样的孔子"的总结提升。

9. 诵读全文。

提出朗读的最高要求：化境。入得文本，浸淫人物，走近伟人孔子，涵泳他卓尔不群的政治襟抱和人格力量。

【说明】课堂教学起于朗读，收于朗读，如扇面打开，移步换景，虽不能像《沂水春风》师徒其乐泄泄，但也乐音琤瑽，余味莞尔。

散文篇

教学反思

　　还原孔子和冉有、季路的对话场景，在对话中感受对话体文本的张力。《季氏将伐颛臾》是对话体的议论文，谈论的核心话题是"伐"。教学内容确定为解读孔子形象，怎么解读到位就成了关键。文言文文本又有自己独特的语言组合方式，不顾及文言文的本体特征，只是剖析人物性格，这又会跌入到在文言文的戏台上唱现代文明戏的迷谷，最后呈现的是现代文阅读教学的格局。这是在设计教学时，需要反复提醒自己的：走文言文自己的路，获得经典文本的现代启迪。

　　为了达成"培养学生熟练阅读先秦经典文本的基本素养"这个目标，我设计了多次的朗读，有感受性、感悟性的朗读，也有任务型的朗读，有通读，也有演读——通过朗读的方式，调动学生的文言文嗅觉，反复暗示学生文本语言模式的特殊性。这是我在教案设计时第一次的自觉追求。

　　文言文教学必定绕不开字词、句式的话题，屏蔽了这个话题，实际上就隐没了文言文最显性的文体特征。在设计教学时，我比较关注《季氏将伐颛臾》中独特的语言现象，甚至还刻意地关注语言背后的文化，使字词、句式的学习不至于落于肤浅的表面。这是我在设计教学时第二次的自觉追求。

　　文言为"体"，孔子的思想为"用"。文言的样式是承载孔子思想的载体。教学的重点当然应该放在孔子的政治襟抱上。怎么表现孔子的襟抱？设计教学的时候，我更多的考虑是贴着人物教、贴着学生教，所以就有了这样的一个核心话题：你看到了一个怎样的孔子？话题的答案藏在孔子师徒三个回合的过招中。这是我在教学设计时第三次的自觉追求。

　　这三个回合的学习是有侧重的，不能均衡用力。孔子的形象是渐入佳境，渐渐丰满起来的。在实际教学过程中，第三回合是最能表现孔子思想的，要讲深讲透，才能让学生获得全面认知。

　　这样的教学设计，最大的担忧是教师牵引了学生，也限制了学生，学生缺少主动建构的空间。教师容易成为问题话柄的持有者，决定着问题的走向甚至结果。要消除这种教学的危险，可以从以下几个角度思考改良的路径：

　　一是充分尊重学生的话语权，留出大量的时间，让学生互为学习伙伴，合作探究。二是让教学的节奏慢下来，教师对学生的回答暂缓评价，让学生畅所欲言，学生之言与学生之言，"言言"相证相补，直至通向对人物的深度觉解。三是"教学环节8"让学生来担纲，由此检验、评估课堂学习水平，教师再根据实际情况作针对性、发展性补充。

孔子是博大精深的。教学时要力避抽象、高调的概念的泛滥，任何标签式的定论都是没有价值的。学生心中的孔子形象，应该是学习了《季氏将伐颛臾》之后被更新的形象，但也绝不是一个固定的形象，孔子的形象是在不同的语文文本中可以被不断地刷新的，这才是成功的，也是必需的。此为余言。

听孔子说教育
——扫好落叶读《论语》

《论语》不是一部书，是一座城，是一个人和他的一座城。在这个精神的城堡里，有童话的真、诗歌的纯、散文的澄明，还有戏剧的爆发力……在时间的向度里，这座城和这个人走成了中国文化的洋洋大观，即便人生荼蘼，他们依旧保持了静美的风度，因为，他们属于思想，所以深刻到底。我想，我们可以走进这座城，听听这个人的说话声。

①子曰："唯上智与下愚不移。"

"上智"指绝顶聪明的人，"下愚"指绝对愚蠢的人。孔子认为，这两类人是教育改变不了的。那么，教育最广大的对象在哪里？中人，即排除了"上上"和"下下"的绝大多数。教育的功能有多大？师爱无疆，施教有界。孔子是教育的无神论者，在这个世界上的确有不用教的天才和不可教的"蠢材"。反观我们现在的教育：高考宝典、状元宝典、走向清华、走向北大（我手头的《优化设计》就号称是"中国教辅永远的神话"）……这些教育辅助用书大行其道，恰恰体现了整个社会对教育趋利化、物质化的膨胀追求和匍匐心态。教育不是包医百病的神药,两千五百年前的孔子就有了这样深刻的认识。但是,教育的功能又是极其巨大的,孔子用一个"唯"字来表达不可教育的仅是极少数罢了。我们做教师的职责是将我们的教育对象教好,这就善莫大焉。

②子以四教:文,行,忠,信。

假如沐浴于杏坛,我们可以学到什么,孔子希望我们成为怎样的人?"文",知识;"行",实践;"忠",尽心;"信",诚也。忝列孔门,我们会成为知识丰富、能力强大的好人。孔子提倡将"礼、乐、射、御、书、数"等六艺作为学习的内容,礼艺是关于社交能力的学问,乐艺是关于达情能力的学问,射艺是关于射箭能力的学问,御艺是关于主事能力的学问,书艺是关于记述能力的学问,数艺是关于数算能力的学问。如果把孔门弟子的所学迁移到今天的新课程体系中来考察,依旧是活泼的、新鲜的:孔子的教育内容洋溢着不可悖逆的现实意义。中国教育文化的早熟为后代教育理念的系统化打下扎实基础的同时,也造成了后世开掘余地逼仄和想象力缺失的尴尬。当然,我们也没有必要杞人忧天,孔子这个伟大的教育家离现代教育还是有一些距离的,孔子的一生离两个"动"最远,一个是运动,另一个是劳动。伟人之美,就在于它在趋于完美之处留下的小小的缝隙,我们也可以通过这个缝隙,透望前方更为广阔的天地,感受着在圣贤的智慧深处涌动充满生命张力的激情,并在激情的"激荡"之中,从容前行。

③子曰:"有教无类。"

无论贫富、贵贱、少长、才德的高下,都可以成为孔子的学生。按照钱穆先生的说法:孔子门墙之内,亦如山之广大,草木生之,禽兽居之,宝藏兴之。用当代最先进的教育理念来观照,孔子的"有教无类"体现了普及教育、追求教育的大众化、平等化的理想,实为当代为师者之垂范。教育是离功利最远的,它是人性往美好的方向发展的必然需求,让每一个教育对象得到受教育的权利,是教育最基本的要求。反观今天,在应试教育的挤压下,有多少人想尽办法让自己的孩子进入重点学校,又有多少人从幼儿园阶段就开始了漫漫"重点"求索路。贫富、贵贱、少长、才德的高下有没有成为我们择生的隐形标准?教育能否抵挡得了功利这把亮锃锃的利剑的锋芒?当教育的平等价值失去现实意义时,教育也就违背了它美好的初衷。回到老夫子那里吧,我们会感到赧然、耳根发热、脸颊红烫、心跳加快:当今教育的纯度依然不够啊,教育要好好提高"含人量"啊……

当然，夫子亦是十全九美之人，由此才让我们可以亲近。"有教无类"的瑕疵就在于它忽略了人与人之间一个基本的分类：男女。在杏坛，我们是看不到女弟子的，这真是极大的遗憾！女子要替父从军，女扮男装；女子要读书，女扮男装——主流社会拒绝女性的参与。无需多怪，在西方，女人的名字也曾经是弱者，《简•爱》成为维多利亚时代女性意识苏醒的最嘹亮的一声号角，简•爱那一句"我必须作为平等的人跟你站在一起"不仅是爱情的宣言，更是自我人格高度的更新。杏坛的大门向女性关上，这一关，关了整整两千四百多年，真是好长好长的一段征程。我们当然依旧敬重孔子，不会因为他将受教育的权利给了男性而耿耿于怀，因为，历史不是让人笑的，也不是让人哭的，它是让人明白的。

④陈亢问于伯鱼曰："子亦有异闻乎？"对曰："未也。尝独立，鲤趋而过庭。曰：'学诗乎？'对曰：'未也。''不学诗，无以言。'鲤退而学诗。他日又独立，鲤趋而过庭。曰：'学礼乎？'对曰：'未也。''不学礼，无以立。'鲤退而学礼。闻斯二者。"陈亢退而喜曰："问一得三。闻诗，闻礼，又闻君子之远其子也。"

孔子将学习的内容定为"诗"和"礼"，真是鞭辟入里，令人醍醐灌顶。古代知识分子靠什么来安身立命，他们爱智的激情在哪里释放，他们的精神避难所又在何方？他们都追求"立"。立言、立身成为一生孜孜默求的目标。孔子作为知识分子的杰出代表，深知自己需要的是什么。当他被政坛拒绝而自嘲为一只丧家犬的时候，他已经深谙退身教坛之后沉重的担当：他要擎起黑暗中的那支桨，划出一道冲天的光亮来。

那么，为什么要学诗呢？《论语•阳货》曰："诗可以兴，可以观，可以群，可以怨：迩之事父，远之事君。"诗，丰富多样的内容可以在交际场合引出话题；诗，写在万家灯火里，读《秦风》，听秦地尚武之音，受英雄主义的风骨濡染，读《卫风》，浸染于自由蓬勃的恋爱季节——读诗，读出一派风俗民情；诗，在唱歌般的节律中氤氲了和谐良善的人际关系，诗学就是人学；诗，借了你一双看待世界的慧眼，在你才情贲张、很多想法激荡于心不吐不快的时候，诗可以让你的思想披上一件美丽从容的外衣，既畅达了立场，又保护了自身，这个时候，诗，一改柔媚清亮的气质，成了一把利器。孔子将读诗的智慧悬置在人与人的交往场中，谆谆诲诫他的学生和孩子：读诗，让你获得了正统意义的话语权。

那么，又为什么要学礼呢？于丹说，"礼"是什么？"礼"就是自身修养，为己；又是"礼让"，为国。此言一出，有学者质疑，如果这样评价"礼"，孔子就像任人打扮的新娘。窃以为用经典解读经典是学习《论语》的好方法。我们还是听听孔子对"礼"的理解吧：礼本于天。再看看"礼"的繁体字"禮"，说说"禮"字的架构，左边是"示"，是祭神的意思，是"礼祭上帝"（《管子·幼官》）；右边是"乚"，繁体象形的意思是祭神工具——礼，就是对天的态度。"非礼"无以辨君臣、上下、长幼之位也；"非礼"无以别男女、父子、兄弟之亲，婚姻疏数之交也。"礼"是什么？"礼"就是人伦等级，"礼"就是规则制度。两千五百年前，孔子用"礼"立身，将规则意识定位为成功的首要标识，他真是人类思想史上一座光辉灿烂的文化星座。两千多年过去了，西方的康德漫步于他的那条哲学家之路，喟然叹出——在这个世界上，唯有两样东西深深地震撼着我们的心灵：一是我们头顶上的灿烂星空；一是我们内心的道德法则。"道德法则"当然不是简单化的道德，它是崇高理性，用马克思·韦伯的理论来表述就是可以精确计算的一切。西方哲人眼中心里的"道德法则"和孔子的"礼"在本质上是归一的，只是我们骄傲于我们的先贤，他竟然可以走在这么前面，而且走得那么自得从容。宕开一笔，孔子说的"立身"的标志又是什么？于丹解读得很好：超乎功利地去做一件内心真正认定的事情，舍弃那些不是你心灵真正需求的东西。的确，"立身"就是解决了所有的内心矛盾。晋朝名士王徽之在雪夜乘小舟去访问朋友戴逵，去的一路沉浸在对朋友无尽的思念里，想象着和朋友见面时欢愉的情景，可是，当他到了朋友的门前时，不敲门转身就走了。为什么？因为想念朋友，乘兴而来；到了朋友门前，兴尽而返。"雪夜访戴"的典故也许就是对放下功利去做内心认定的事情的最好解释。

⑤子曰："不愤不启，不悱不发。举一隅不以三隅反，则不复也。"

孔子有言：举一方给他看而他不能联想到其他三方，就不再教他了。这和孔子提倡的"诲人不倦"矛盾吗？什么时候是教育的最佳时机？郁结于心、不吐不快的时候。比如：跟初中生讲数论，过早；跟高中生讲惯性，过晚；早而不通，晚则无趣——只有到了想学而不得的阶段，"施教"才能实现最大的意义。充分尊重教育对象，尊重教育的规律，这是多好的老师！

⑥子谓子贡曰："女与回也孰愈？"对曰："赐也何敢望回？回也闻一知十，赐也闻一知二。"子曰："弗如也；吾与女，弗如也。"

颜回是孔子最得意的学生，这是人人尽知的事实。孔子为什么还要明知故问？我们不妨先从老师的角度解读。人怎样才能进步？需要参照，人是在比较、反思中前进的。孔子运用激赏的方式，设定一个确凿存在的目标，希望子贡这位优秀的学子走向卓越，成为有钱人中最有学问的人（子贡的社会身份是商人，是中国有史可考的私商第一人）。再从学生的角度考虑。子贡是个有自知之明的好学生，他看到自己和颜回的巨大差距，其实也是明白了自身努力的方向，有了这样明确的元认知，就没有获取不了的进步。正确的自我评价是非常重要的。撷来《世说新语》的掌故供一哂一思。潘岳上街，常有女子围观，入市，一片欢呼雀跃，不同年龄阶段的女子为了表示对他的喜爱，将新鲜的水果往潘先生的车上抛，赢得个"掷果盈车"的欢快结局，可以想见当时的盛况决不负于现在的"周董"出场。左思，也是个大大的才子，眼红于潘岳的艳福，暗暗思忖：我不妨也去市集走一遭，看看有没有水果吃，嘿嘿。可惜，满城只识潘安仁，那些老少女子都将脊背对着左思，有的还轻轻吐出唾沫来。左思啊左思，你这不是男人版的"东施效颦"吗？

......

《论语》是一座城。栏杆拍遍，风光无数。走在这座城，就踏实漫步于中国古文化的通衢。我们走在城市里那个名叫"教育"的街口，终于明白，自古到今，我们的路，就是这样一步一步走过来的，可以超，不可越。也许，在某一个拐角，春之暮野，你会邂逅一个玉树临风的伟男子。

《陈情表》课堂实录

师：同学们好。一起来学习《陈情表》。今天的课堂研习分三步走。

散文篇

（一）整体阅读，回归文本

1. 文体常识推展课堂学习的宽度。

教师："表"是一种怎样的文体？你以前有没有接触过这类文章？

生：表，古代奏章的一种，多用于臣向君陈、请、谢、贺。

生：初中阶段我们学习过像《出师表》这样的文章。

2. 《陈情表》丰富的语言造型能力开掘课堂学习的深度。

教师：作者创造、改造、运用了一系列富有生命力的成语，增添了语言的魅力，丰富了情感的表达，你能举些例子并且加以体会吗？

生："形影相吊"，作者用来表现自己孑然一身，无依无靠的景况是十分妥贴形象的。

生："日薄西山"由扬雄《反骚》中的"恐日薄于西山"演化而来，而"朝不虑夕"则出自《左传·昭公元年》"朝不谋夕"的表达，它们一起渲染了祖母病情的危急现实和作者的眷眷忧心。

生：我觉得，运用成语是一种重要的修辞手段，因为成语具有极强的表现力，成语本身是用比喻、夸张、形容等手法构成的。

师：你们体会得很好。不仅如此，作者在强烈的情感的支配下，赋予了语言新的生命力，创造了"茕茕孑立"、"气息奄奄"、"人命危浅"、"零丁孤苦"等成语，这些成语以多姿多彩的情感样式牵动着人们内心柔弱敏感的部分，直到今天都充满了生命意义。

3. 牵动情感的红丝线，用情感的丰沛预热课堂学习的温度。

教师：只有将自己的感情倾诉出来，才有可能获得别人最大限度的同情与共鸣。挚情是《陈情表》的生命。李密的一腔衷情是敬奉给谁的？他又是对谁倾诉的？当时那个拥有至高无上地位的人听了他的诉说之后有没有动心？你本人听了之后有什么感受呢？

生：李密的一腔衷情是敬奉给他九十六岁的祖母的，祖孙二人相互间的深情厚谊就像一片冷漠中的微火那样暖人、动人、感人。

生：当李密言辞恳切地向晋武帝尽倾衷肠时，那温情脉脉的丝带便牵动了皇帝的共情。

师：武帝读完奏章，仿佛看到李密泣涕零落地站在自己面前，便喟然而叹：

"密不空有名者也!"并"嘉其诚款,赐奴婢两人,使郡县供其祖母奉膳",特批了他的辞职请求。

生:老师,我觉得这就是真心真情付出的回报!就像我最近在学习的《古文观止》所说的那样:"至性之言,自尔悲恻动人。"

4. 推开情感之门,和学生一起走进闪动着冷静宽宥之光的理智世界。

教师:有人说,《陈情表》在感情的外衣里面包裹着一颗理智的心,在以情动人的同时,作者又以怎样的"理"服人?你有没有被李密打动呢?请以小组合作讨论的方式学习。

小组发言:我们认为,文章要说的"理",就是那句"臣密今年四十有四,祖母今年九十有六,是臣尽节于陛下之日长,报养刘之日短也",它是如此鲜亮夺目。

小组发言:作者正因为详尽而委婉地叙述了作者和祖母刘氏相依为命的处境,由此生发感情,才使"情到理成",情理相容。

小组发言:我们认为,放"我"的真情在"你"的手心,固然可以将凄苦、诚恳、惶恐的思想感情曲折斡旋地表达,但如果没有充分的理由,肯定说服不了皇帝。李密的文章入情入理,委婉恳切,直达人心。

(二)建构整合,创造文本

1. 品味李密的"陈情"艺术,感悟美文的情感魅力。

(1)学生独立阅读涵泳。

师:品读全文,找找看,文中作者一共用了多少个"臣"字以自称?这样的措辞可能会产生怎样的表达效果,你能体会到吗?

生:《陈情表》全文475字,一共用了29个"臣"字,其中除了"前太守臣逵"和"后刺史臣荣"中的两个"臣"字指朝臣外,其余27个"臣"字均是李密自称。

师:这样的措辞产生怎样的效果呢?你没有说明。请其他同学补充。

生:一口一个"臣",心意切切,诚惶诚恐,卑微谦恭,将"听话者"置于至高无上的位置,既感念皇恩之浩荡,又感谢武帝之宠幸,巧妙地拉近了对话者彼此的心灵距离。

师:我再补充你的见解。对自我地位的清醒认识和对皇帝拳拳敬意溢于言表，使人如沐春阳之温情。

(2) 想一想，说一说，体会难以割舍的殷殷祖孙情。

教师：写《陈情表》的真正目的是辞官不就，可在开篇部分李密倾诉了些什么？你觉得，他这样做的用意可能是什么呢？

生：寻常家事见真情。开头部分是凡人俗事的家境铺叙。

生：拉家常是人际交往中沟通思想、联络感情的一种方式。我们学过的《触龙说赵太后》也是这样。人皆有情，封建帝王也不例外。

师：这是对武帝进行情感诱导。祖母对自己有养育之恩，自己对祖母存报恩之心，中间维系的还有"孤"与"独"构筑的亲情通衢和"相依为命"凝结的惺惺相惜，祖孙之情经历了近半个世纪岁月的积淀，实现了从血缘相连到心灵相通的逐渐演进。亲情的滋养成为生活的慰藉，在经历了人生种种不幸之后，特殊的祖孙之情更是成为李密精神世界的一炳光辉的烛照。

生：这也许可以看作是作者深谙曲径通幽的道理的"有意"为之。

师：我赞成你的认识。

(3) 议一议，写一写，李密突破常规的底气在哪里。

教师：古代有一个不成文的规定，推让的表文以三次为限。《文心雕龙·章表篇》说："昔晋文受册，三辞从命，是以汉末让去，以之为断。"虽然有这样的历史背景和不成文的惯例，李密却敢于突破成规。小组合作学习：根据文章内容，看看李密有没有打破这种规定？你又是怎样看待他对常规的超越的？能写一写吗？

小组发言：我们认为李密打破了这种规定，具体的表述如下："前太守臣逵察臣孝廉，后刺史臣荣举臣秀才，臣以供养无主，辞不赴命"，此为一、二；"诏书特下，拜臣郎中，寻蒙国恩，除臣洗马，猥以微贱，当侍东宫，非臣陨首所能上报。臣具以表闻，辞不就职"，此为三；"臣欲奉诏奔驰，则刘病日笃；欲苟顺私情，则告诉不许：臣之进退，实为狼狈"，此为四也。

小组发言：我来补充。前三次是对地方官的拒绝，写得较为干脆利索，而最后一次可是对皇帝的拒绝，写得委婉曲致，充满惶恐与感激。

教师：大家还是没有涉及核心问题——李密打破以"三"为限的成规的勇气来自于哪里呢？

小组发言：那是因为李密被逼入了两难的困境，是"尽忠"与"尽孝"的矛盾。我们小组还没有完全讨论好。

教师：在必须作出二选一的抉择面前，李密突破了"三"的势力圈，在成为一个"忠臣"之前，先做好一个"孝孙"。他对常理的突破是以对祖母的至爱至孝为底子的，情切理直，于是充满了合理的因素。

2. 暂时悬置情感的热度，踏上理智之途。

(1) 教师先作学习背景的补充，再引领学生进行二度文本阅读。

教师：皇帝的地位与特权决定了他们往往听不得不顺耳的声音，君臣相谐的主要条件是臣子的自我意识和主体需求的"退隐"。李密这样"固执"地僭越而行，你认为会触怒龙颜吗？试着从文中找到确凿的依据来支撑自己的观点。

生：为了避免触怒龙颜，李密将"圣朝以孝治天下"的儒家伦理作为说理的起点，这是对政治十分机敏而成功的切入。

生：是的。"忠孝"是封建政权赖以巩固和延续的最高准则，而"孝"又是晋武帝的治国纲领，具有无可置疑的权威性，以此为理由，皇帝就无从驳辩。

师：而且"以孝治天下"这句富有政治色彩的话，对特定的说话对象武帝来说，表现出了感情色彩，这是下属请求的矜悯，而这种请求又处处从儒家伦理道德观念出发，"凡在故老，犹蒙矜育，况臣孤苦，特为尤甚"。这称得上是说话艺术的一箭双雕。

生：大家的读解给了我启发。我突然觉得，李密侍奉刘氏之举恰恰成为了武帝"孝政"的经典楷模，而创国之初当然不能或缺垂范的意义。

师：你的读解有深度了。这对于武帝而言，毫无损失，仅仅是以一个好官的暂时缺席换得了对全国臣民持久的精神鼓舞之源泉，这样好的机会任何一个有头脑的国君都不会轻易放过。

(2) 依托集体智慧，组织小组研读、讨论。

教师：李密是如何在名节问题上表明自己的态度的？你觉得，他为什么会对这个问题如此在乎？小组探讨，选定首席发言代表。

小组发言：作者写道："臣少仕伪朝，历职郎署，本图宦达，不矜名节。今臣亡国贱俘，至微至陋，过蒙拔擢，宠命优渥，岂敢盘桓，有所希冀。"这种自怨自艾的表述，是晋武帝非常希望看到的降臣的心理状态。

散文篇

师：同时，适度的自责也是一种真诚，一种坦率，一种心灵的深层剖露，容易使对方感到亲近并产生信任感。其他小组可以联系李密写作《陈情表》时的背景吗？

小组发言：我们查阅了相关的资料。李密写《陈情表》时，正处在改朝换代的非常时期，曹氏的天下变成了司马氏的天下，蜀魏两国旧臣中的不少人，为了保全名节而不愿同司马氏合作，如"竹林七贤"中的阮籍、嵇康就是例子。阮籍整天饮酒，常常处于醉醺醺的状态，从不过问政事，以此来曲折地表示不合作的态度。嵇康则公开表示不同司马氏集团合作，写了《与山巨源绝交书》，最终在李密写《陈情表》的前四年，为司马氏集团所杀。

师：这些资料找得好。在这种情况下，一旦晋武帝怀疑李密辞官是为保全"不事二主"之类的名节，那么，非但辞官不成，可能还要遭到杀身之祸。因此，李密必须在名节问题上表明自己的态度，以打消晋武帝的猜疑，扫清获准辞职道路上的障碍。为九十有六的祖母终养余年，是人伦之常情，尽孝之情足以使武帝为之动容；不矜名节的表态以及对新朝溢于言表的忠敬感激，又足以消解武帝的疑心。具有超乎平常的说服能力的李密保持的不仅是作为一个孝孙的心意，更是一个谦臣的风度。

（3）精选文段，师生一起进行文本细读。

师：品读文章第四段，品味文字的言外之意；思考李密是怎样解开忠孝不能两全的死结的？哪些语句委婉地表达了先尽孝再尽忠的两全态度？

生："臣密今年四十有四，祖母今年九十有六，是臣尽节于陛下之日长，报养刘之日短也"，"臣生当陨首，死当结草"。

师：这样看来，《陈情表》不啻一纸即将兑现的"卖身契约"，一纸死心塌地的"卖身契约"，李密似乎隐隐表明了刘氏去后的全部心愿。（生笑。）这样的衷恳即便是铁石心肠的帝王也会存同情之心、掬哀怜之泪。此可谓信誓旦旦，忠情可嘉。

师：全班讨论——从晋武帝的角度来看，试着揣摩一下，如果答应了李密请辞的奏章，可以从哪些方面树立一个君王的威信？

生：数番征召已经表现出自己的求贤若渴。

生：树立李密这一典范可以表明自己以孝治国的恩德，准许李密的请求显示自己的体察民情、宽容大度，还得到了李密"生死陨首，死当结草"的保证，还怕他日后不来做官吗？

师：真是个顺水推舟的人情。

（生笑。）

3. 品读全文，"敏化"情感，升华理性。

教师：苏轼曾说，"读李令伯《陈情表》而不堕泪者，其人必不孝"。这话虽然说得有些绝对，但文中李密用至孝之心编织的款款深情确实是动人心魄的。再次品读文章中你最有感触的部分，走进作者的内心，感受文章"万世撼人心"的真情魅力。

（学生自由选择文段进行品读。）

（三）意义再造，跳出文本

师：最后，我给同学们提供课外进一步学习的小课题。

1. 一介文臣李密固然文采出色，有握椽之力，但他从哪里来的自信，相信自己可以将皇帝说服？除了以情动人、以理服人之外，有没有其他的奥秘呢？

2. 以下是史书对晋武帝司马炎的评价，请谈谈你对这位国君的基本看法，并从中揣测他接受李密恳请的原因。

①聪明神武，明达善谋，能断大事。

②帝宇量弘厚，造次于仁恕，容纳谠正，未尝失色于人……权得抚宁万国，绥静四方。

——《晋书·武帝纪》

师：下课。

软山温水之外：被亲情濡湿的独门意蕴

当嵇康以《与山巨源绝交书》公开明示与司马氏政府的不合作态度，以《广陵散》荡气回肠的绝唱之音潇洒挥别夕照里的满天晚霞，有一个叫李密的男子正立腕提起重重的毫笔，试图去撞开一道无比坚重的门。个人的力量完全不足以与门内的世界相抗衡，稍有闪失，甚至会有陨首的不虞之难。李密究竟靠什么战胜了常人"战战兢兢，如履薄冰"的矜持之态，在根本不可能逆转的情势中突围而出，给正统的政治势力圈以强劲的一击？而因此留下的《陈情表》，则穿过悠远的时空，在迂回逶迤的历史中被雕塑为永远令人缅怀的文字，发散着抵抗不了的绵长魅力。

面对《陈情表》，我们应该做些什么？是穿上它的至情之衣，让自己狠狠地在心里落一次泪，飘一场雪；是领受它的理智之光，拨动思想的根须，延展生命的宽度。《陈情表》的教学有一个绕不过去的话题：传统伦理之下的"忠"与"孝"的艰难选择。多少知识分子跌在它们的"天平"上，无法将最关键的权重圈定；而李密，却在遥远的晋朝跳出了一曲有悖常规的"华尔兹"，真正地让心灵起舞了一次。

在现代汉语的通俗语境中，《陈情表》可以看作是一份长期请假条。有事请假，只要事理充分，任何讲人情的政治似乎都没有拒绝的道理。李密又何必以诚惶诚恐的卑臣姿态白白给晋武帝一次展示皇恩浩荡的机会呢？中国传统价值观和儒家知识分子的道统决定了"出仕"的生命意义。很多人将一生最远迈的追求都寄托在"出仕"上，达济天下是读书人的共同抱负，一旦成功"出仕"，个体的生命意义就被赋予了不可推卸的社会使命。当机遇垂青的时候，当命运由此转折的时候，有多少人点燃心中一直萌动着的火种，用熠熠的火光诠释冲天的豪情？"出仕"不是对某个人行为方式的价值判断，而是读书人的集体无意识，是一个浓缩了时代价值精华的符号。

　　终于有人站出来，用克制平稳的语调吐出了一个"不"字。当这个简单的"不"字拼尽勇气而被舒放出来的时候，那个稳健聪明持重的李密又在想些什么？让我们从李密的嘤嘤倾诉出发，但愿，在每一个停靠的驿站都能快速翻检到他的拳拳深情和款款爱意。

　　《陈情表》不能回避逃开的首先是一个"情"字，"情"就是"我心中你最重"。感情是隐秘的所在，一个人的至情一般不容易向外人倾吐，可是李密却打破这种常规，在给晋武帝的表章中将感情表达得淋漓尽致。这种感情的告白基于进退两难的狼狈境地：一边是晋武帝的切峻诏书，一边是祖母的朝不虑夕。忠孝不能两全的痛苦如一把尖尖的钢刀扎在李密抉择的路口。历史上"忠"的极致有方孝孺不肯为篡位君主写诏书的株连十族，有苏武牧羊十九年守节不渝的须发尽白，有文天祥一气呵成的二十二次置之死地而后生的壮怀……他们高举"忠"的大纛，在历史的书页里留下了自己的身影；他们中的每一个都将尽孝而不得的愧疚隐藏在心灵的最深处，在夜阑之刻，悄悄舔舐疼痛的伤口，为了那个人写的"人"，将个人利益的获得推向最小化的极限，隐没自己、放弃家庭，只为了自古以来知识分子心中的那抹亮色：生命的取向就是问鼎社会价值的至高意义。在封建时代，忠君是一个士大夫的道德标杆，是社会赋予的使命和责任，是"出仕"的知识分子必须承受的担当。李密自然推不开道统的波澜，从他"出仕"的轨迹来考量：先为蜀国尚书郎，刘氏离世后，在司马氏的政府官至汉中太守——为时所用是李密较为强烈的心理定势，暂时的缺席、冒死的请辞必定有深刻的原因。所有的一切就是一个沉甸甸的"情"。

　　但是，怎么诉情，并且让晋武帝欣然接受请辞呢？打通情关。特殊的人生经历历练成特殊的祖孙之情。祖母刘氏是少小失怙、命途多舛的李密生命中最温暖的烛照，她对李密的爱护和教养是李密成长底色中最敞亮的一束光芒：养育之恩经过近半个世纪的沉淀，在李密心中成为牢不可破、第一重要的人生元素，陪着九十六岁的祖母走完生命最后的一段旅程成为李密当下唯一的人生诉求。李密的"孤"和祖母的"独"牵起一根紧紧维系着的黄丝带，相依为命在他们那儿就是生命彻底的敞亮与欢快，就是精神的避难所。当晋武帝读懂李密的殷殷之情时，凡人俗事的家境和家常一定会在他的内心氤氲出一道波澜，而李密也迈出了说服国君的第一步，关键的一步。

　　李密对常规的"破译"还在于"请辞"的次数，古代有一个不成文的规定：请辞必以"三"为限。而李密在《陈情表》之前已经推却了三次，那么这一次的请辞无疑是士大夫之族的"道德飙车"，忤逆国君，触怒龙颜，该当死罪。是什么力量挺起了李密直直的精神脊梁，保住性命并且化解皇帝对自己的信任危机？光有感情是不够的，必须讲政治。那么，讲政治的通道在哪里？从晋武帝的治国纲领里寻找可以支撑自己请辞的理由。"圣朝以孝治天下"，这真是一个极佳的"抓手"，"我"的请辞完全符合您推崇的伦理道德圭臬，准许"我"的请辞恰恰是您治国纲领实施的有效证明，也许您还可以拿"我"垂范，在全国上下推进一场以"孝"为核心内容的道德构建的运动，这对于一个刚刚成立的国家兴许也就是一次必需。答应"我"的请辞对于您来说，不过是顺水推舟的人情，既获得官员们的崇敬，又得到了最广泛的民心。李密深知"民心"对于一个新王朝的重要性，晋武帝在民心问题上肯定是慎之又慎的，李密的这一番陈词当然打通了晋武帝的关键"穴道"。

　　至此，"情"与"理"相融，建构了一个知识分子"小我"满足与"大我"追求的和美关系。聪明的李密并没有就此收住"煽情"和"诉理"的脚步，一国之君的特位特权决定了国君处事的与众不同，他往往需要更强大的说服力才会特事特办，这既是位置使然，又是治国所需，没有一个恰如其分的"制衡点"，或者没有充分饱满的"认同度"，他是不可能轻易从自己制定的规则中跳开去的，即便仅是开一个小小的口子换换气，也要拥有大大的理由。《陈情表》仅仅倾诉"孝"情肯定不够，那么，将"情"再往前推进一步的门径又在哪里呢？名节问题是李密面对的大问题，那时的一些名士例如嵇康、阮籍等都矜于名节不事二主，作为蜀的旧臣，李密委婉表达了自己愿意在新朝为官的意愿。今日的请辞只是暂时的离开，若不是因为情不得已，自己是不矜名节的，是愿意效忠于晋武帝的，这样的信誓旦旦无疑是交付给晋武帝的一颗定心丸，这也是新朝成立之初一个国君愿意看到的降臣心态，今天好好尽孝是为了日后没有遗憾地尽忠，所谓来日方长，海阔天空。《陈情表》"情"的内涵如此丰富蕴藉，怎能不打动晋武帝的心呢？

　　由此看来，世上没有无法逾越的距离，关键是赤心和智慧。

　　面对充满传统文化内涵的文本，教学的实施者应该在哪里摇橹挥棹，才能洒落一船星辉，斑斓放歌？文言文教学如何承担传播文化的任务？面对《陈情表》，我们从哪里进入文本，直抵作者内心？李密碰到的难题是什么？怎样呈现这个难题、化解难题，通过对文本的有效学习提升学生的语言承受力、分解力以及品鉴审美的能力，是《陈情表》的学习必须面对和解决的具体问题。确定难题就是"破解"《陈情表》的核心教学内容。文中第二节写道：臣之进退，实为狼狈。教学的生长点似乎就在这里：传统伦理道德之中的两难抉择。一种悲壮的生命激情和自我诉求被唤醒，强烈的自我意识和沉重的社会使命缠绕一处，分别以自己的力量拖拽着李密，何去何从，百转千回。

怎么作出最后的抉择，决定之后的瞬间有没有难以自己的"小心翼翼"的快意？这种快意的背后到底有没有传统文化内部因素的冲突？教学的过程如何让学生凭借已有的文化批判力消解由于与作品现实上的距离而造成的理解落差？品读全文，安静地入得文本，就是很受用的策略；还原学生的生活体验，与文本所呈现的进行比较、整合、净化，可以让学生获得"植根"文化的知识；延伸一些学习的宽度，引入一两篇同样主旨的文章，体悟《陈情表》克制、平静的藏锋式艺术形式：在如此的出出入入的过程中，渐入学习妙境。当然，有质感的教学应该理性剔除文本的不利因素，绕开李密落笔处的低沉暮气，择取活色生香的达情方式进行语言的品鉴……

问号一路铺排。

教学会呈现什么样子取决于你想让它成为什么样子。

《秋水》课堂实录

教学地点：校多媒体教室。
教学课时：两课时。

由"秋水"导入文言字、词、句式的研究性学习。

师：带"秋水"的成语有"秋水伊人"、"望穿秋水"等等，"秋水"比喻眼睛清澈，那又为何不用"春水"呢？诸如"春水伊人"、"望穿春水"等等。

（学生四人小组讨论。）

生：春回大地，春水温暖，春江水暖鸭先知嘛！

生：秋天萧瑟，秋水清冷，天凉好个秋嘛！

师：思念而不得，想见而不得见的心境与秋水的情态多么吻合。

生：课文中的"秋水"（指题目）也和"明澈的眼睛"有关吗？

（学生小声议论。）

师：取文章首段首句的字词为题，是先秦文字的传统。

生：学过的选自《诗经》《论语》《孟子》的篇章好像都如此。

【说明】这一段的研究似乎与课文无多干系，但可以拓宽学生古文化的知识面，对一些语言文字现象进行"得其意"、"探其源"的学习，教师不应放过教学资源中隐藏了上述信息的研究机会。

（师范读课文。）

（生朗读课文。）

（一生朗读"望洋向若而叹曰"后面的一段话。）

【说明】范读、齐读、选读调动学生较快地进入研究的案本，就像吟诵是诗的发端一样，文言文的味道也在诵读里，不读不可能生疑。只有浸淫于文本，才能与他者、自我进行对话。

（生四人小组讨论需要解决的字词句式，对其中的相类文言现象进行归整，用手头常备工具书——商务印书馆的《古汉语常用字词典》辅助自学。）

生："涘"、"渚"为一组，"涘"：水边，岸；"渚"：水中的小块陆地。

师：《蒹葭》"宛在水中坻，宛在水中沚"中的"坻"、"沚"为何意？

（生查阅字典。）

生："坻"：小渚；"沚"：水中的沙洲。

师："涘、渚、坻、沚"同中有异，异中有似，要注意区分。

生："顺流而东行"、"东面而视"、"望洋向若而叹曰"、"而轻伯夷之义者"，四个"而"的用法我认为有必要说明。前三个"而"是表示修饰的连词，而后一个"而"恰恰是表示"并列"的连词。

生：我同意他的说法。课文中"然"、"端"、"旋"、"穷"、"少"、"殆"等字词的意义和用法也是相当典型的，不能忽视。

生：你有一个重大的疏忽，"见"字不可不见。"见笑"之见，是表示被动的，相当于"被"，如"见杀"就是被杀了，"见笑"就是被耻笑，可是，同样放在动词后，如"见恕"、"见教"，表示的是对自己怎么样，"见恕"就是"原谅我"，"见教"就是"教导我"。这是我们组的讨论研究成果。

（生笑。）

师：有没有研究特殊句式的小组？

生：有省略句、判断句、倒装句、被动句。

师：面面俱到，语焉不详。

生：我来补充。"以为莫己若"，是宾语前置句，否定句中代词作宾语，宾语提前；"吾长见笑于大方之家"是被动句，"于"表被动。

师：关于"省略句、判断句"，大家可以课后作补充整理。我来总结文中出现的三个成语。"望洋兴叹"中的"望洋"是联绵字，分开来解释会闹笑语，那叫"望文生义"；"贻笑大方"一般用来表示谦虚；"大方之家"专指学识渊博或专精于某种技艺的人。

【说明】文言文学习离不开字词句意义的理解，但一味由教师将内隐的知识外化，课堂教学会流于程式化、机械化，大胆放手让学生在课内研讨自学，不必面面俱到，有重点有目的有特色地逐一突破，方能收到理想的教学效果。字词和句式的学习主要是为了疏通文面，而成语的学习恰是为了字面底下的文化意义。

（课后，一部分学生对《庄子》的其他篇目进行了阅读研究，发现"朝三暮四"、"得心应手"、"运斤成风"、"得鱼忘筌"、"踌躇满志"、"一日千里"、"游刃有余"、"扶摇直上"等成语都出自《庄子》，庄子寓言中富有创造性的成语对文学形象的塑造有重要作用。）

（默读课文。）

【说明】这次阅读课文，是学生的二次阅读，要概括出这则寓言的内容精要。

（个体默读之后，四人小组集体探讨。）

生：故事很简单，作者表述得很精炼，再概括有些困难。

...... 散 文 篇 ......

生：我怕将它说得美感全无，索然无味了。抓住人物及其特征来概括应该不会错吧？

师：是"神物"，非"人物"。

（生笑。）

生：概括为"黄河壮阔，河伯自满；邂逅海神，自叹不如"。

（生鼓掌。）

师：我改一个字，"黄河壮阔，河伯自满；邂逅海神，喟叹不如"，避免用词重复。

（欣赏《黄河大合唱》。）

【说明】这又是一次阅读，是音乐阅读，从听觉的角度感受黄河的汹涌澎湃，气势磅礴，也可以将学生两次文本阅读的信息立体化，将书本阅读与音乐阅读和谐对接，为文本作创作性的扩容。

（通过阅读，学生向学生提问，自主激疑、释疑。）

生：我的问题是，怎样描写黄河的气势、河伯的神态的？

生：泾流之大，两涘渚崖之间，不辨牛马，河伯欣然自喜。

生：又是怎样描写北海的气势的，河伯的神态有什么变化，变化的原因又是什么？

生：东面而视，不见水端，河伯望洋兴叹。睹北海之无穷，觉得自己是小巫见大巫，相形见绌。

【说明】学生自主提问回答的过程中，教师要参与其中，对关键性的问题要及时作好引导，点燃质疑兴奋点。

师：河伯的"欣然自喜"可以理解吗？

生：不可以，井底之蛙，夜郎自大。

生：可以，不知者无罪嘛！

【说明】重要的是过程，思考探究的过程，而非整齐划一的结论，究竟可以不可以，不要给出答案，带着问题走进课堂，"激活"学生的学习动因，才是我们进行课堂研究性学习的目的。

师：那么，河伯从"欣然自喜"到"望洋兴叹"，有这样大的变化可以理解吗？

（生讨论之后，得出了一致的结论。）

生：可以理解，事不耳闻目见，难以使人信服。"睹子之无穷也"之"睹"强调身临其境，亲身体验，强调实践性，河伯被北海的浩淼气势所折服，心灵的震撼当然是巨大的。

（再次齐读课文。）

【说明】这次阅读，是建立在理解基础上的品读。

（学生通过网络查阅并探讨教师布置的以下问题：1. 中国有没有专门的寓言集？2.《秋水》在意境、语言、手法上有哪些特色？）

【说明】在教学流程中，安排这段自由学习的目的是为了让学生进入"庄子寓言为什么会与众不同"的问题情境中，以上这两个问题，是教学设计中的"锚"；通过"锚"的设置体现特色，突出重点，解决难点，是课堂研究性学习的重要环节。

生：本组通过上网查询，得知中国没有专门的寓言集，许多寓言散见于先秦诸子散文之中。

师：世界有三大寓言集：《伊索寓言》《拉·封丹寓言》《克雷洛夫寓言》。

【说明】教师的补充看似打断了学生的答问，但实质上拓宽了学生的寓言知识，教师的补充要比阐述来得有爆发力。

生：可是《庄子》中的寓言文学更是独具魅力，充满了浪漫主义色彩！

【说明】"点火"成功。

生：刚才一组同学的代表从宏观角度谈庄子寓言的特色，我们小组将从微观角度谈《秋水》的特色。

【说明】立足于文本的言语因素，不作架空分析，好。

生：浑茫开阔的意境：百川归河，河引入海，生发无限，黄河浩浩荡荡，北海茫无际涯，多么开阔、壮观的境界！

生：层次丰富的对比，富有意趣的拟人：黄河与北海的对比，河伯神态的先后变化之比，河神与海神的邂逅，多有人情味！

生：简洁的语言。

师：简洁诗意的语言。

生："秋水时至，百川灌河"概括了多少景象？我想请其他小组同学回答这个问题。

师：想象需要投入，投入需要时间。

（生做思考状。）

生：我想至少有以下几幅图画：秋雨缠绵图，秋水时涨图，河流潺潺图，以及百川注入黄河时的汪洋恣肆图。

（生轻笑，表示赞同。）

【说明】提问起于疑问，小疑则小进，大疑则大进。让语言承载问题，并将问题准确地表达出来，是一种重要的语文能力。答问缘于兴趣，枯燥无味、内涵单薄的问题当然无法激趣，提问与答问建构了平等的语文活动关系。在课堂教学的践履中，要求提问的学生不光给其他同学提供思索探究的机会，自己也要勇于解疑、释疑。

师：其他先秦诸子散文中也保留了大量的寓言故事。

生：还有《山海经》。

（生笑。）

师：对。但从文学欣赏的角度看，似乎还没有谁的寓言文学可以与庄子的相媲美。庄子的寓言作品意境旷达，充满诗意美，富有浪漫主义色彩，那么，庄子的寓言为什么会这样的与众不同？除了他作为一个大文学家的素养之外，还有什么原因？

（一石激起千层浪。学生认为这个问题具有探究的价值，兴味十足。）

【说明】学习任务分为三类，一类是学生根本不能完成的，第二类是借助于教师帮助可以完成的，还有一类就是学生已经学会的知识技能。"最近发展区"是介于第二类和第三类两端的中间地带。对于研究性学习而言，恰如其分地掌握问题的梯度与难度，是至关重要的，这将对探究的顺利进行起到关键性的作用。

（学生四人小组开始讨论，查阅资料。）

师：清华园的荷塘，也是一个有满月的夜晚，你独自出行，肯定找不到朱自清先生的独特感受，如果你找到了，肯定是矫情的！

（生大笑。）

生：我们小组认为，蝴蝶的生机盎然与庄周的人性烂漫在充满浪漫主义的想象之中，打破了自然界不同属种的界限，人与物合二为一，浑然一体，物我两忘，这是多么富有幻想的精神境界！

（生大声鼓掌。）

师：庄子的齐物思想值得探究。

生：《庄子·至乐篇》中有"庄子妻死"的寓言。写的是妻子死，庄子反而鼓盆而歌，多么超脱尘俗，愤世嫉俗，表达了庄子对生死的达观态度。

（生表示赞同。）

生：这和陶潜的"死去何所道，托体同山阿"；与嵇康因为友人受迫害而死，跑到田野上痛哭一场而回；与刘伶让人拿一个铁铲，跟人说"死就埋我"；与鲁迅的"长歌当哭"都一样：表达了超凡脱俗的人生态度。

师：只有有浪漫主义情怀的文学家才能写出有浪漫主义色彩的寓言文学。有些人认为《秋水》的寓意是"个人的见识有限，经过比较就会显示出自己的不足，如果骄傲自满，就难免贻笑大方"，大家认同这种说法吗？

（四人小组进一步探讨。）

生：我们认为不全错。但这是寓言的浅层意义。

生：山外有山，天外有天，人外有人，强中自有强中手，只有青蛙才坐井观天。真正有学问的人总是虚怀若谷，觉得自己有许多的不足。

生：可是深层的寓意究竟是什么，我们把握不好。

【说明】自主的研究性学习，教师当然应该参与整个过程，学生自主学习能力的形成离不开教师指导这个外在条件，教师仍是学习活动中的重要引领、参与者。

师：初中时学过庄子的另一则寓言。

生：《效颦》。

师：人说"爱美之心，人皆有之"，但必须有正确的自我认识，否则就会落到"富人坚闭门而不出，穷人挈妻子而去之走"的地步了。

生：认识自己很重要，最初的河伯缺少的就是正确的自我认识，自以为"天下第一"，见到海神之后，才发现了自己的渺小，我认为寓言的深层含义是要有正确的自我认识。

（生纷纷表示赞同。）

师：古希腊神话中阿波罗曾经神谕人类"认识你自己"，苏格拉底先哲也提出过人面对的一个最大的难题，就是你自己。"认识你自己"太重要了，同学们，你认识你自己吗？认识你的精神世界吗？

（课堂里一片肃静。）

【说明】寓言的解说最怕流于空泛、说教，连句式都统一，诸如"讽刺了……""……是没有好下场的"等等，让学生对《秋水》约定俗成的寓意进行质疑，动机不是推翻权威之说，而是为了让学生自己去发掘庄子寓言的理性光彩。那浪漫主义的外衣里包裹的是一颗冷静禅思的心。

（朗读全文。）

【说明】起于朗读，收于朗读，回环谐和，留出一段思考的时光。

《祭十二郎文》教学分析

学习准备

一、谈谈你所认识的韩愈。

（了解作者，知人论世，突出韩愈在唐宋文学史上的地位。可以提炼的有以下几点：1. 唐代古文运动的倡导者之一，提倡"务去陈言，文从字顺"，追求"善并美具"，文起八代之衰，道济天下之溺；2. 唐宋八大家之首，散文风格雄奇奔放，汪洋恣肆，如大江大河，浑浩流转；3. 诗歌创作工于古体，注重气势，诗风奇特雄伟，光怪陆离。）

二、阅读韩愈的《河之水二首寄子侄老成》，体味作者寄寓在诗歌中的感情，联系本文，说说"孤侄"何许人也？

河之水二首寄子侄老成

韩 愈

一

河之水，去悠悠。我不如，水东流。我有孤侄在海陬①，三年不见兮，使我生忧。日复日，夜复夜，三年不见汝，使我鬓发未老而先化②。

二

河之水，悠悠去。我不如，水东注。我有孤侄在海浦③，三年不见兮，使我心苦。采蕨④于山，缗⑤鱼于泉，我徂京师，不远其还⑥。

【注释】① [陬（zōu）] 隅，角落。② [化] 同"花"。③ [浦] 岸边。④ [蕨（jué）] 植物名，可供食用。⑤ [缗（mín）] 钓丝，这里用如动词，钓。⑥ "采蕨"四句，清代王元启《读韩记疑》说："按《联句》诗云：'我家本瀍（chán）榖，有地介皋巩。'瀍榖、皋巩者皆今河南府地，唐为洛川。公去徐即洛，盖是返其故居。祭老成文云，'将成家而致汝'即谓致之于洛也。采蕨者必于山，缗鱼者必于渊，洛既为公故居，则虽有京师之役，终当不远其还耳。"

（这两首诗写的是韩愈对"三年不见"的十二郎的思念，产生"忧"、"苦"之情，说的是"生离"之痛。阅读诗歌可以帮助学生体验本文在"死别"情形下的韩愈所表达的至情至性，这是情感上的蓄势。孤侄，就是本文中所叙的"十二郎"，名老成，韩愈之侄，本为韩愈次兄韩介之子，过继给长兄韩会为子，在族中排行第十二，唐代习惯以行第、郡望、官职称呼别人，这里是以行第称韩老成。培养学生读选文读注释的习惯，大致了解十二郎，初步感知人物，消除学生与作品之"隔"。）

三、本文共用了 40 个"汝"字，以第二人称"面称"老成，好像老成正坐在作者对面听他倾诉衷肠。你觉得这种对话的写法有什么作用？你以前有没有尝试过这种形式？

（这种"对话"形式，具有强烈的"现场感"和"参与意识"，从而产生特殊的情味和独特的审美效果。第一问是想将学生自主阅读的目光牵引到对韩愈所诉之"情"与诉"情"方式的关注上。第二个问题旨在点燃共鸣，唤醒体验。）

四、东坡曾说："读《祭十二郎文》而不下泪者，其人必不友。"《古文观止》有言："读此等文，须想其一面哭一面写，字字是血，字字是泪。"韩愈打破了祭文为死者歌功颂德的传统格局，那么，他在文中含泪倾诉了些什么？最打动你的又是什么？

（有效阅读的起点应该是对文意的把握，不了解祭文的内容，就无法深入到对"情意"的感悟、共振的层面。第一个问题的设置主要是为了让学生整体感知、熟悉内容。祭文的主体部分〈除去引语和结语〉主要叙写的家常琐事有：丧兄失嫂，孤苦伶仃，与十二郎相依为命；外出谋生，与十二郎聚少离多，接到十二郎早亡的噩耗；少殁长存，强夭病全，十二郎遗留幼子；责己怨人，不知十二郎因何而终，何时而终；许改葬十二郎之诺，抚养、教育十二郎遗子，冀其成人。第二个问题的回答不求千人一面、众口一词，因为个体的生活体验以及对文本的阅读体验各各有别，应该尊重学生阅读的自主性、个性化。）

建构整合

一、着重探究领会叙事之中的抒情。

叔侄之情是隔代之情，为什么韩愈与十二郎的感情会这么深？

这是特殊条件下所形成的特殊的叔侄之情。

（考虑到一般学生缺少像韩愈这样的生活体验，很难理解为什么叔侄之情会这么深，因而产生阅读上的陌生感、疏离感，所以要将重点放在体味叔侄之情上。）

1. 韩愈的生卒年、籍贯。

（公元768～公元824年，河南河阳人，今河南孟县人。）

2. 根据本文内容，列出韩愈简历，突出年龄、地点。

〔768年，出生，河阳；770年（3岁）丧父，河阳；781年（14岁）宣城；786年（19岁）长安；790年（23岁）宣城；794年（27岁）河阳（嫂死）；796

年（29岁）汴州；799年（32岁）徐州；802年（35岁）长安；803年（36岁）十二郎死。]

3. 依据文章内容，对照简历，简述韩愈19岁以前的生活经历。

（突出韩愈与十二郎幼年丧父、历尽忧患的相同经历，突出两人在韩门的特殊的传脉地位；突出韩愈和十二郎共度悠悠十六载，惺惺相惜、"未曾一日相离"的深厚情谊。这种名为叔侄、胜于手足的特殊情感，是艰难日子里一束人性的光辉，它直抵韩愈的灵魂，成为终生的寄托。）

4. 根据简历，19岁到36岁这段时间里，韩愈的生活有什么特点？

（迫于生计，南北奔走，应科举、任幕僚、擢品官，仕途多舛，宦海浮沉，变数多端。）

5. 韩愈19岁到36岁之间和十二郎见了几次面，中间间隔多少时间，最后见十二郎是在何地何时？这些数字堆积、叠放在一起，会给你怎样的联想？

（一共只见了三次面，中间间隔时间分别为四年、四年、两年，最后见十二郎是在公元796年，韩愈时年29岁，一直到803年，韩愈36岁时，十二郎去世就不再团聚。这些数字能很好地说明在他们分开的17年中，两人饱受聚少离多的生别之恨！韩愈之所以无法接受十二郎已经离开的事实，除了情感之外，活着的时候没有好好珍惜、人为物役是重要的原因，这真的是此恨绵绵无绝期。这些数字好比浇在韩愈心头的一盆冰水，让他痛不欲生，万念俱灰；又好比一块厚重的巨石，让他呼吸到的尽是自己的疼痛。）

6. 宦游入仕是读书人的最高追求，作为朝廷官员，君国第一，个人悲欢次之，但韩愈写道："诚知其如此，虽万乘之公相，吾不以一日辍汝而就也。"你是怎么理解韩愈这个儒家士子的"肺腑直言"的？

（特殊条件下产生的特殊的叔侄之情可以超越一切，情到深处，难以自已。心之所思，率性成文，情感汩汩而出，无可遏止，一切顾虑禁忌，在巨大的悲痛面前，都显得微不足道，表面上看是对儒家信条的"违背"，实质上，是一个真正的儒者没有实现"孝悌、慈爱"的痛悔。）

7. 善事父母为孝，上爱下曰慈，韩愈自责"不孝不慈"，你能从文中找到依据吗？

（韩愈幼年失怙，无法尽孝；年少兄殁，无法尽孝；嫂子早亡，还是无法尽

······ 散文篇 ······

33

孝。韩愈走的是封建及第士子都走的宦游之路，有慈爱之心，却难尽慈爱之力，无法与十二郎"相养以生"、"相守以死"，这对有强烈的家族意识和家庭责任感的韩愈来说是切肤之痛，"不孝不慈"的罪名是韩愈自己给自己加上去的，他因为"忠慈难全"的尴尬境地，而透支了自己的生命，并且欠了十二郎一家人一笔永远无法偿还的情债，"不孝不慈"的骂名与其说是韩愈痛疚之言，还不如说是一个情感觉醒者郁郁不平之鸣。这个问题的设计，是为了让学生明白韩愈与十二郎感情的特殊性的另一层原因，即家族遗传性早衰之悲，而叔侄之情恰恰起源于两人从儿时孤苦相依而发展起来的特殊关系。）

二、延伸探究韩文之"气"。

1. 韩愈在《答李翊书》中写道："气，水也；言，浮物也。水大而物之浮者大小毕浮。气之与言犹是也；气盛则言之长短与声之高下者皆宜。"曹丕《典论·论文》中也称："文以气为主。"你认为"气"具体应该指的是什么？

（从文本探究到作者精神本质的探究，是学习的再深入。"气"指的是作者对于所欲表达的内容有充分自信而具有的昂扬的精神状态。文贵有气，作者之"气"应表现为文章的气势。而气之盛大与否，当然取决于平日的修养。）

2. "气盛"则"言宜"，"言宜"则"情显"，本文是如何表现浩大之文气的？

（文中短语短句使文势断续而略显局促，便于生情；感情高潮处插入长句，声调急促，句句相接，字字相连，呼天抢地的悲痛之情呼之尽出，语势雄健；虚词连续选用，构成紧促的排比句，气势情味皆俱；结构的过渡转换、回环转折，沉郁激越。"气"似乎是看不见，摸不着的，但"气"无处不在，无"气"不成文，本文是表现悲怆痛绝之"气"的典范。）

3. 下列材料都是评价韩愈诗文之"气"的，品味其意，课外阅读韩愈散文《柳子厚墓志铭》《送孟东野序》，品赏韩文"鲸铿春丽，惊耀天下"之浩浩文气。

（1）韩吏部之文，如长江大注，千里一道，冲飚激浪，瀚流不滞。

　　　　　　　　　　　　　　　　唐·皇甫湜《皇甫持正·谕业》

（2）愚常览韩吏部歌诗数百首，其驱驾气势，若掀雷扶电，撑扶于天地之间，物状奇怪，不得不鼓舞而徇其呼吸也。

　　　　　　　　　　　　　唐·司空图《司空表圣文集卷二·题柳柳州集后》

（3）韩子之文如长江大河，浑浩流转，鱼鼋蛟龙，万怪惶惑，而抑遏蔽掩，不使自露，而人望见其渊然之光，苍然之色，亦自畏避，不敢迫视。

宋·苏洵《上欧阳内翰第一书》

（本文无疑是韩愈散文的一个范例，韩愈作为唐宋八大家之首，散文创作备受历代推崇，达到"杜诗韩文"并举的高度。如果说情感是散文的本体，那么文气就是文章的生命，韩愈的文章是人的气质、气度与文的气韵、气势完美的统一，有必要引导学生在课外继续"触摸"其气，品读其意，从而尽获其味。）

应用拓展

祭文是对死者表示崇敬和怀念的一种文体，一般着重叙述死者的功业。为了应和当时礼仪的需要，作者往往作一番无泪之哭，不哀之嚎，常让人感到浮而不实，夸而失信，缺少一种感人的力量。但是韩愈的《祭十二郎文》和清代袁枚的《祭妹文》叙写的是亲人之间的笃深情意，它们一改过去祭文的矫揉造作之弊，让人感到字字出肺腑，句句断肝肠，因而成为祭文中不可多得的千古绝唱，也是古代抒情散文中的不朽名篇。两篇祭文均为长辈为晚辈所写，文章字字饱含真情；文中所叙之事均颇为琐碎，却自有一种打动人的效果。试仔细阅读下列两个段落，对字里行间所蕴含的真情以及文章在选材上的特色仔细加以体会。

吾年十九，始来京城。其后四年，而归视汝。又四年，吾往河阳省坟墓，遇汝从嫂丧来葬。又二年，吾佐董丞相于汴州，汝来省吾，止一岁，请归取其孥。明年，丞相薨，吾去汴州，汝不果来。是年，吾佐戎徐州，使取汝者始行，吾又罢去，汝又不果来。吾念，汝从于东，东亦客也，不可以久；图久远者，莫如西归，将成家而致汝。呜呼！孰谓汝遽去吾而殁乎！吾与汝俱少年，以为虽暂相别，终当久与相处。故舍汝而旅食京师，以求升斗之禄。诚知其如此，虽万乘之公相，吾不以一日辍汝而就也。

——《祭十二郎文》

余捉蟋蟀，汝奋臂出其间；岁寒虫僵，同临其穴。今予殓汝葬汝，而当日之情形憬然赴目。予九岁，憩书斋，汝梳双髻，披单缣来，温《缁衣》一章。适先生户入，闻两童子音琅琅然，不觉莞尔，连呼则则。此七月望日事也，汝在九原，当分明记之。予弱冠粤行，汝掎裳悲恸。逾三年，予披宫锦还家，汝从东厢扶案出,一家瞠视而笑,不记语从何起,大概说长安登科,函使报信迟早云尔。凡此琐琐,虽为陈迹,然我一日未死,则一日不能忘。旧事填膺,思之凄梗,如影历历,逼取便逝。悔当时不将婴婉情状,罗缕纪存。然而汝已不在人间,则虽年光倒流,儿时可再,而亦无与为证印者矣。

——《祭妹文》

索引链接

（一）参考文献

1．《柳志厚墓志铭》（韩愈）．古文观止．[清]吴楚材、吴楚调．中华书局1959版
2．《张中丞传后叙》（韩愈）．古文观止．[清]吴楚材、吴楚调．中华书局1959版
3．《韩愈评传》．孝萱、张清华．南京大学出版社．2002年版
4．《唐宋八大家的故事》．秦岭、川之．内蒙古人民出版社．1982年版

（二）《祭十二郎文》集评

1．读《出师表》不下泪者,其人必不忠;读《陈情表》不下泪者,其人必不孝;读《祭十二郎文》不下泪者,其人必不友。

章懋勋《古文析观解》卷五引苏轼语

2．情之至者,自然流为至文。读此等文,须想其一面哭一面写,字字是血,字字是泪,未尝有意为文,而文无不工。祭文中千年绝调。

吴楚材、吴楚调《古文观止》卷八

3．祭文中出以情至之语,以兹为最。盖以其一身承世代之单传,可哀一;年少且强而早逝,可哀二;子女俱幼,无以为自立计,可哀三;就死者论之,已不堪道如此,而韩公以不料其死而遽死,可哀四;相依日久,以求禄远离不能送终,可哀五;报者年月不符,不知是何病亡,何日殁,可哀六。……总见自生至死,无不一体关情,悱恻无极,所以为绝世奇文。

林云铭《韩文起》卷八

4．想提笔作此文,定自夹哭夹写,乃是逐段连结语,不是一气贯注语。看其中幅,接连几个"乎"字,一句作一顿,恸极后人,真有如此一番恍惚猜疑光景。又接连几个"矣"字,一句作一顿,恸极后人,又真有如此一番捶胸顿足光景。写生前离合,是追叙处要哭;写死后惨切,是处置处要哭。至今犹疑满纸血泪,不敢多读。

过珙《古文评注》卷七

5. 退之《祭十二郎文》一篇，大率皆用助语，其最妙处，自"其信然"以下，至"几何不从汝而死也"一段，仅三十句，连用"耶"字三，连用"乎"字三，连用"也"字四，连用"矣"字七，几于句句用助辞矣。而反复出没，如怒涛惊湍，变化不测，非妙于文章者，安得及此！其后，欧阳公作《醉翁亭记》继之，又特尽纡徐不迫之态。二公因以为游戏，然非大手笔不能也。

费衮《梁溪漫志》卷六《文字用语》

6. 通篇词意刺骨，无限凄切，祭文中千年绝调。

茅坤《唐宋八大家文钞》卷十六)

7. 情辞痛恻，何必又说？须要看其通篇凡作无数文法，忽然烟波窅渺，忽然山径盘纡。论情事，只是一直说话，却偏有如许多文法者，由其平日戛戛乎难，汩汩乎来，实自有其素也。

金圣叹《天下才子必读书》卷十一

8. 以痛哭为文章，有泣，有呼，有诵，有絮语，有放声长号。此文而外，惟柳河东《太夫人墓表》同其惨烈。

储欣《唐宋八大家全集录·吕衡先生全集录》卷四

9. 此等文，岂有法以为之耶？然文章到纯熟后，随手写出，便能达其难达之情，情达则法在矣。

吕留良《古文精选·韩文》

《故都的秋》课堂实录

师：同学们，这节课我们一起来评赏、探究郁达夫写于七十年前的一篇散文《故都的秋》。

我们先作第一次感受性的朗读，我先来。

（放音乐，范读。）

接下来，我邀请一位男生来选读你最有感触的一段。

（学生配乐读。）

我想再邀请一位女生来读，也选择你最喜欢的一个段落。

（配乐朗读，前排的一位男孩禁不住想鼓掌，然而他在那种静悄悄的氛围中，又不敢把他的掌击响，表达得很含蓄。）

那么，我们全体同学是不是也来诵读一段，当然也配上音乐，我们选择75页第二段。

朗读时请注意字的读音，"廿四桥的明月"中的"廿"、"混混沌沌地过去"中的"混混沌沌"、"不能自已的深情"中的"已"。

（全体学生配乐读。）

读了这篇文章之后，你觉得郁达夫先生是一个怎样的人呢？

生：我觉得他是一个很安静的人。

生：我觉得他是一个感情比较丰富又很怀旧的人。

生：有浪漫的艺术色彩。

生：比较有思想，比较有自己的品位和个性。

师：你觉得郁达夫先生是个这样的人，你是从哪里看出来的？

生：我觉得他的文字很优美。

师：你能选一个句子来佐证自己的看法吗？

生：第三段第二个句子。

师：你将优美的句子用优美的调子演绎一下。

（生朗读。）

师：你又是从哪里看出来的？

生：我觉得他很细腻，他写北国的槐树，"早晨起来铺得满地，脚踏上去一点声音也没有……"，写得很细腻。

师：我觉得写得很细腻是不够的，要有一颗细腻之心的人才能品味到细腻，所以，我觉得你也很细腻。郁达夫笔下故都的秋的特点是什么？

生：清净悲凉而浓郁。

师：一个地地道道的南方人为什么会对故都的秋产生如此深厚的情感呢？你可以用自己的话语来谈感受。

生：……

师：再思考一下，我们请后面这位男生来谈谈感受。

生：因为二者不同。

师：怎么不同？

生：有很多不同。就拿秋雨来说，北方秋雨比南方下得迟、下得有味，下得更响亮。

师：就是一切尽在"不同"中。我能补充一个理由么？我觉得还有一个原因：距离产生美。郁达夫已经有十几年没到北平了，这是时间距离；杭州与北平相聚1300多公里，这是空间距离。实际上，文章和人是有一种内在的联系的。因为，很多作品，特别是优秀的作品，都是从作者生命的根里流出来的。那么，这篇文章我们能不能以"言为心声，文见其人——走近郁达夫"为一个探究的小话题，在故都清净悲凉的秋色中，通过语言的品味，看到文字的背后站着一个怎样的郁达夫。可以吗？

（学生点头同意。）

既然可以，我就说一说探究的要求了。首先，既然说是探究，就要立足文本，揣摩语言，不能做架空分析、无关猜测。第二，探究强调的是合作的精神，探究的顺利推展要靠同学们集体的力量。我刚才跟同学做了交流，同学说，今天的位置跟课堂的坐法不一样，这是老板（班主任）决定的。我问，如果我课堂里有些事情协调应该找谁呢？他说，你别找我，你找我们班老大（班长），你一眼瞭过去，那个身材最魁梧的就是老大。我顺着他这么有典型特征的介绍，一眼就把后面的这个男生看到了。老大，我跟你商量一件事，你把话筒拿起来，好吗？咱们能不能采用自由组合、自愿结合的方式，来寻找自己的学习伙伴，形成一个探究的小组，就这个话题进行探究？你觉得可行吗？

生（老大）：我觉得这样挺好的吧，按每个人自己的意愿，联系自己的想法，相互配合起来，这样效果会更好。

师：那好，那我就更有信心了。探究学习的第三点，必须从点上细化、深化，这篇文章咱们不可能面面俱到，因此，为探究学习的顺利推展，我有点先入为主、自作主张，把我认为集中描写了故都之秋"清、净、悲凉"的第三到第十一语段整合成了五幅图画，而且还为这五幅画分别起了一个名字，咱们不可能就每

散 文 篇

一幅画面泛泛而谈、面面俱到，因此，组合的小组不管人数多少，大家都选择五幅画中的一幅所涉及的语段作为探究的对象，然后细细品味语言，探究文字背后究竟站立着怎样一个郁达夫。同学们，明确探究的要求了吗？好，请选择你的学习伙伴吧。

（学生走动，自由组合并探究。）

师：不好意思，我要暂时打断同学们的讨论了。探究"破院秋色"的请举手示意（学生举手），那么，"落蕊秋意"的呢（学生举手），"秋蝉残声"（学生举手），好，我看到了，"秋雨话凉"（学生举手），最后是"秋枣奇景"（没有学生举手）。没有同学选，没有关系，我们就讲同学们选了的。从品赏"破院秋色"开始吧。

生：我们认为郁达夫比较安闲，早晨起来，泡一碗浓茶，院子里一坐，看到碧绿的天，这是比较安闲的，但是，他写的时候是在1934年，全国人民正处于水深火热之中……

师：我觉得你们探究的思路很好，知人论世，联系到七十多年前的1934年，继续说。

生：听到驯鸽，就是在比喻，在战争下生活的人民，我看还是比较关心天下的人民。

师：他是一个非常安闲的人，是一个非常关心生活、关心天下百姓的人，这是你的见解，对吧？那我能追问你几个问题吗？早晨起来，他泡一碗浓茶，没有泡咖啡，也没有喝饮料，也不是一碗白开水，是一碗浓茶，泡一碗浓茶，有什么意味？

生：……

师：好，没关系，这个问题先放一放，郁达夫到了北京之后，他没有住星级宾馆，他选了一个什么地方来住呢？

生：破院。

师：然后，他每天面对的是什么？破壁腰，是吧？他坐在破院里，每天对着破壁腰，你又有些什么感想？除了是个安闲的人之外，这两个"破"字和这碗浓茶，它有什么意味？好，旁边的同学来补充，同一个小组的。

生：我觉得郁达夫很潇洒、很浪漫，我认为潇洒的原因，因为他早上泡浓茶，住破院，我觉得这是一种很潇洒的行为，也是一种很浪漫的行为。在我们这种社会，这种事情是做不到的。再说，我觉得早上喝浓茶特别有意思，又是秋天，从他的潇洒、浪漫里边可感受出他是很有文化底蕴的人，因为，只有有文化底蕴的人，才能做出这种事情来。

师：你的意思是说，如果没有文化底蕴，那样去做肯定是附庸风雅，是吗？真正做一件事要发自内心去做，才让人看着觉着潇洒。关于这一点，我有一点不同的见解跟你交流，我觉得你说的是一种方向，但我说的也可能是一种方向。我觉得浓茶的感觉是一种很醇厚的苦味，在这样一个清净、悲凉的氛围中，他在品味茶的这种浓厚的苦味时，是不是有点在品味他自己悲凉的人生的感觉呢？

生：感怀身世，我觉得找个地方感怀感怀身世也是不错的，也是蛮好的。

师：好，那我还是要说这两个"破"字，因为你们组里刚才两位同学都绕过了这个"破"字，没有回答我。我觉得"破"有北京古城历史感的象征，沧桑的、沉重的、衰败的。住在破院里，面对破墙壁，他想到的更多的是故都的过去，而不是现在，你怎么看？

生：赞同。

师：你如果有不同意见，请再谈谈你的看法。郁达夫除了关注以上这些之外，你再看看，他还关注了什么？

生：牵牛花、天空、鸽子。

师：他看天空，听鸽子的飞声，数日光，等等，他还坐在那里静对牵牛花的兰朵，在那里欣赏，这都是很安闲轻适的生活情调的表现，对吧？他对色彩有没有自己的看法？

生：有，他说蓝色、白色的最好。

师：跟你一样吗？你知道我为什么问这个问题，你知道吗？

生：因为我穿的衣服。

师：刚好蓝白相隔，所以你回答得也很自信，是吧？

生：本来就是嘛。

师：本来就喜欢，很好。那你就推己及人吧。你觉得郁达夫喜欢白色和蓝色这种色调，他应该是个怎样的人？

生：我喜欢蓝色、白色是因为天空是蓝色的，云朵是白色的，这两种色彩给我的感觉便是：天空好像很深远广阔，云朵好像很轻盈飘逸。

师：这是你的感觉。郁达夫不光喜欢蓝色、白色，他好像还画了一幅画，他画了一幅什么画？

生：就是牵牛花，然后长几根草。

师：长几根草，我不赞同你的说法，这个草不能随便乱长吧？

生：疏疏落落，尖且细长的秋草，作陪衬。

师：他认为这样的一幅画是怎样的？是最漂亮的，对吧？

生：是。

师：那你想不想看一看这幅画？

生：想。

师：看了以后不要失望。（幻灯片展示）跟你想象中有区别吗？

生：有区别。

师：跟你想象中的区别在哪里？

生：牵牛花太少了。

师：牵牛花太少了！还有什么区别？

生：颜色不对。好像紫色。

师：再从文章的内容上、语言上去看，还有距离吗？

生：草太多。

师：语言都很整齐，颜色太深了，草呢，是太多了，花又是太少了，三个句子一气呵成排比句。

生：他说，草是作陪衬，我认为幻灯片展示的这幅画喧宾夺主了。

师：你说得太好了，谢谢。在"破院秋色"这个部分当中，我们探讨了这么多，从中可以看出郁达夫的审美取向，也就是他审美的眼光。从颜色上看，他是以淡雅为美的；从他秋天的写意画来看，是以简单质朴为美；再从他的破院、破墙壁、浓茶来看，他又是以厚重感为美。那么，接下来，我想阅读"落蕊秋意"的应该发言了。

生：我觉得"落蕊秋意"讲的就是厚重感，因为一般讲到槐花，掉落到地上，踩上去，一般认为都是有声的，但是他认为没有声音。像张爱玲这些人都是非常喜欢踩落叶的这种感觉，我觉得可以类比一下，我觉得他很深沉，非常的怀旧。

因为喜欢秋天的人都是喜欢过去的人，但是他处在那种历史背景下，他又想隐藏这种感情，所以，我觉得他就是有一点想悟禅却又不得其门，说来说去是禅意了，特别他的那句"梧桐一叶而天下知秋"，更让我们想到一句禅语，叫做"一叶一菩提，一沙一世界"。（掌声。）然后我觉得"落蕊秋意"，老师这四个字归纳得蛮好的。

师：谢谢。

生：他的深沉就体现在他对任何事物都有非常细腻的心，他想把自己的极其微妙的感情都用他的文字表达出来。反正看他的文章，心就一下子静下来，就像刚才泡一碗浓茶，在那光的影子下面看着茶，一颗颗茶或者还有茶锈在热开水冲击下，上下浮腾，非常漂亮，再慢慢地沉淀下来；反正一下感觉到心里的任何杂事全部都沉淀下来了，随着时间的流逝慢慢走远吧。

师：我想不用再说什么了，咱们这个组的讨论结论，加上这位同学的主观体验之后，已经把"落蕊秋意"中看到的郁达夫告诉我们了。的确，郁达夫具有一颗敏感纤细的文人之心，只有拥有敏感纤细之心，才能对生活中的爱、生活中的美去加以感悟和体验。那么，"秋蝉残声"是哪个组探究的？请发言。

生：第五段"秋蝉"主要是以平静的叙述来描述的，大家刚才说郁达夫非常敏感，我从这一段看出郁达夫应该是以平凡自居的人，他不以名作家自居，他以平常心看待问题。因为北平处处长着树，我认为他是把北平的每一处都走过了，他的细腻应该从这里有体现。另外，还有前面他所说的是秋蝉的衰落的蝉声，衰落的蝉声应该是比较小、比较轻的，他能聆听，我想，更能体现出他的敏感，他能够体味生活中很细小的一些东西。

师：那么，他听到蝉的哀鸣的时候，你感觉他可能会想到什么？

生：应该说是自己的人生，或者是那种……

师：想到自己的人生，是的，他的确是想到自己的人生了。就在同一年，他写过一首诗歌，我选了当中的两句，同学们一起来看一下。（幻灯片展示："旧梦豪华已化烟，渐趋枯淡入中年。"）中年的郁达夫，他感到自己的创作枯淡了，自己的婚姻和爱情也枯淡了，听着秋蝉衰落的蝉声，他甚至想到了人生啊，你如此短暂。而通过听蝉声，来感悟自己人生的并不是郁达夫一个人的做法，很多文人都从蝉声中听到过自己的人生。（幻灯片展示《在狱咏蝉》全诗。）唐朝的骆宾王写过一首《在狱咏蝉》，说的是三十多岁的骆宾王关在监狱中等着下达"他是被冤枉的、他是清白的"这一道命令，突然听到了监狱外的蝉唱；诗中写的"西陆"是监狱，"南冠"是囚犯，"玄鬓影"是说盛年时期，诗人说自己这样一个处在盛年时期的人却要来悲伤地吟诵"白头吟"这样的悲曲。他由蝉的残声想到的是自由失去了、人生的理想没有人共鸣的一种哀愁。我们一起把这首诗歌朗读一下。（齐读。）

在"秋蝉残声"这幅画面当中，我们能够听到郁达夫先生人生苦短的感叹，感受到他作为一个文人非常强烈的生命意识。接下来，好多同学选的那一段最具有京腔、京调、京韵、京味的"秋雨话凉"要登场了。要发言的组请做好准备。我们的老大看一下，搜索一下，把你的话筒递给探究"秋雨话凉"的小组。

生：郁达夫描写秋雨，可以看出他是一个非常细腻的人，他在第六段写出北方的秋雨也似乎比南方下得有味，下得更像样，我觉得他能够比较得出南方的雨跟北方的雨不同，就跟我们这些人不一样，他能细细体味出不同在哪里，还有第七段他能……（生思考。）

师：好，你说了北方的雨和南方的雨是不同的，那我们还是通过朗读再来感受一下，好吗？你请坐。第七段我们一起读，然后有两句话，都市闲人的对话，咱们请两位男生来读。先看看，哪两位男生来读？（学生推荐。）两位闲人请注意，闲人甲由李正兴担任，同桌担任闲人乙。闲人甲里面有一个"勒"字，在北方口语中，可以读成"啰"字，否则，既念不高，也拖不长。先稍微感受一下。我们一起读。（朗读。）

师：感觉还是咱们南方的男孩子在读北方的京腔京味的东西。郁达夫站在那个街头，看到的人有很多很多，他偏偏选了两位都市闲人。刚才这边的同学在低声说，因为他们是故都特有的一道风景线，那么由这个故都特有的都市闲人来谈故都的秋风秋雨就特别有一种沧桑感和悲凉感，所以，我们觉得在"秋雨话凉"中能看到郁达夫先生他那种很独特的生活情趣。请老大总结这节课探究的"成果"。

学生（老大）：故都的秋"清、净、悲凉"，我们感受到了，文字背后的郁达夫先生是个怎样的人？我们看到了他的审美情趣，我们也感受到了他的强烈的文人的生命意识，我们甚至还感受了他那颗纤细敏感的心和他那对生活的独特的一种欣赏的口味。

师：我在备课时，想到有一首歌，那是当我还是一个中学生时，在校园里唱的，这首歌的名字叫《秋蝉》，我不知道有没有同学会唱这首歌的？如果没有，我们就一起来欣赏，感受这首歌要告诉我们的东西，也许能帮助我们更深地理解郁达夫先生和他的《故都的秋》。（放歌曲，歌声中下课。）

我这样教《故都的秋》

大赛的帷幕已经落下，留给自己的思考却是恒久的。这当中，有冲淡平朴的美丽，有刻骨铭心的遗憾。我将参赛看作人生一次滑翔的过程，一次愉快高雅的精神散步，它使我坚信：语文教学只有心中有"人"，才能挥洒出伟美畅亮的风度。

（一）将研究性学习纳入语文课堂教学的常态

课的生命力在于常态，培植常态意识，上常态的课，应该成为公开课、研究课、比赛课努力追求的境界，常态的语文才是有魅力有深度的语文。因此，我是基于用一颗常态心来呈现一堂常态课的认识参加比赛的。在课堂里应避免痕迹过重、预设过满的情况出现，因为课的价值是在过程中实现的。我以课堂研究性学习作为本节课的主体范式，将"言为心声，文见其人——走近郁达夫"作为探究的话题，在"将话语权还给学生"的教育主臬的指导下，把握教学节奏，爬梳教学层次，推展教学进程，和学生一起聆听作品、感悟作品，在《故都的秋》中寻找郁达夫先生看待世界与人生的那双智慧、忧郁的眼睛。

合作学习是研究性学习的基础，首席发言人的确定为实现组内学生体验的整合和提升准备了条件。合作学习由于重视对学生归属感的满足，使教学活动一直在充满情意的氛围中推展，组内同学结成你中有我、我中有你的关系，在过程中体验诗意的语文境界，品味诗意的语文生活。自由组合的合作小组满足了学生选择学习伙伴的愿望。乐学是好学、学好的基础，学习的伙伴如果在志趣上相投、情意上相谐，就能为学习创造良好的契机。《故都的秋》的小组合作模式，允许学生在全班范围内选择学习伙伴，它冲破了前后左右四人一组的势力圈，学生从排与排、组与组、前与后、左与右的束缚中走了出来，自愿组成由两人到六人不等的大大小小的学习小组，为圈内合作、圈外竞争营设了积极有利的氛围。同学们围绕核心问题"你们看到了一个怎样的郁达夫"展开研究，整合小组讨论意见，由首席发言人代表小组成员发言。本次教学实践证明：研究性学习是可以纳入课堂教学的常态的，它不是日常教学的热闹点缀，而是语文教学的普遍需求。

课堂教学的研究化，对教师提出了一些具体的要求。首先，要充分相信学生的阅读建构能力。高中学生在知识储备、心智结构等方面渐趋成熟，已积淀了一定的语文素养。我参赛任教的班级来自省一级重点中学，低估学生的语文能力将成为教学的败笔。我以一个合作者的身份，引导学生完善阅读手段，并有意识地对整个学习过程加以调控。其次，教师要为学生的探究阅读提供情境。《故都的秋》的教学，我弃绝了"知识传递"这个教学目标，为学生探究阅读设计可以依靠的客观情境，允许学生对学习内容，即以文本言语为媒介而走近郁达夫进行自主探索，在"你们看到了一个怎样的郁达夫"的问题情境中不断调节自我，并用首席发言人制度更好地表达阅读建构的意图，满足学生自由阅读的快乐。《故都的秋》的教学实践使我再一次品尝了开放式的课堂探究性学习课型非预设的快乐，它使我相信，即使在师生彼此陌生的情况下，也可以践履"学习的空间让学生说话"的教育哲学。

（二）教师是平等的首席

教师是平等的首席，他的角色意义在于充分尊重学生主体地位的同时坚持自我主体地位。我在设计《故都的秋》这个教学案例时，一直将理解平等、走向平等作为目标向度，使教与学互动的过程，成为一次难忘的精神之旅。

学习策略自主权的回归实现了学生与世界"我"与"你"的相遇。人是生活在言语世界里的，在言语搭建的平台里，学生才有可能向文本敞亮自己，并在变得敞亮的过程中接纳一个美好化、扩大化、深刻化的自己，实现对自我精神的重构。我在教学环节的安排上，设计了与被学生们称为"老大"（该班班长）的对话，围绕该选择何种策略走近郁达夫进行探讨。学生在简单介绍了班级同学语文学习的特点之后，提出将朗读与讨论作为最重要的学习方法。我们不得不折服于学生精确的价值判断，就这篇美文而言，美读是靠近作品心脏的捷径，而立足于言语形式进行探讨，的确可以感悟情感之美，并将学生引渡到充满品性之美、精神之美的作品面前。《故都的秋》的教学是在美读、探讨的循环往复中不断向时间、空间的深度推进的。

学习评价的尝试性调整培植了学生的信心。语文面对的是一个需要解释的世界，不是一个需要接受的世界。而公开课容易出现假平等状况，教师一味取悦于学生，评估学生缺乏判断是与非、对与错的尺度，只有赞扬声，没有商榷声、否定声，这其实违背了师生平等的精神要义。一味的"好"、"太好"、"精彩极了"的评价语言以廉价赞美的方式伤害着学生进行自我反思的自尊，浇灭了学生进一步学习的欲望；但是一味打击学生，指摘学生的不是，又会挫伤他们的自信，使教与学处于离立分割的尴尬状态。《故都的秋》的教学，我引入了暂缓评价的教学行为。各个合作小组首席代表发言之后，不作评价，由该组其他成员继续补充探究结果，充实结论。当然，暂缓评价不是评价的隐退，而是将学生的回答纳入到动态的学习过程中，并不是一味静态地以一对一的方式赋予它在"彼时彼刻"对某一具体问题的瞬间意义。暂缓评价既留出进一步探讨的余地，又在真正意义上实现了对学生人格的尊重。我在小组发言全部结束之后，对发言作整体的补充性整合与提升，收到了良好的教学效果。暂缓评价的实施，使我在情感上更趋向于这样的一种认识，"对"与"错"本身没有意义可言，作为教师，要关注的恰恰是"对"与"错"背后的情感、态度、价值观，这才是语文教学的终极意义，也是人文教育呼唤的精神感召力。

此外，我还将学习内容的决定权给了学生。学生没有选择的，如"秋枣奇景"这幅画面，就不涉及。由于所学内容是自己的选择，他们也就特别珍视自己的选择，由此点燃了学生探究的热情，也使教学进入了高潮状态，在多个环节呈现亮点。

参加本次大赛，是我从事语文教学工作一个新的起点。深深致谢省市教研室的扶持和所有善良的谋面及未曾谋面的良师益友。

《说"木叶"》教学分析

一、教学发端

师:"木"、"树"、"叶"这三个独立的词,有几种组合方式?最常用常见的是哪一种?

生自由发言,畅所欲言。

【说明】诗歌语言最大的特点就是凝练。所谓凝练,就是在精简字数的时候,仍旧保持了内涵的丰富。本文的学习重点是诗歌语言的暗示性,将"木"、"树"、"叶"这三个最常见的词作为联想的起点,既符合学生原有的知识储备,又兼顾了这篇文化随笔的内容。

二、教学铺展

1. 吟咏含有"木"、"树"、"叶"等意象的古代诗词。

【说明】教学必须有它的宽度。唤醒学生原有的知识积累,既是温故,又是"催"新。搭建这个脚手架,便于学生尽快进入学习情境,将鉴赏的重点放在对意象的推敲上。

2. 默读全文,将文章中引用的古诗词句找出来,确定每一句中的核心意象。(说明文中诗句的核心意象都围绕着"木"、"树"、"叶",这和前一个学习内容对接,真正起到"新旧相连"、紧固知识链的作用。同时,为文本教学内容的实施做好铺垫。)

3. 畅读文章1~3段,思考结构作用。

【说明】1~3段是文章的领起部分。提出了"木叶"的形象发端于屈原的《九歌》,在很多作品中也找到了呼应;阐发了"木叶"的意思,并且和"树"、"叶"等意象在古诗中的意蕴进行比对阅读赏鉴。指出:一字之差在艺术鉴赏的领域也许就是别样的洞天。这为下文解读"木"的艺术特征和语言的暗示性作了知识储备。

4. 品读1～3段中的句子，涵泳内涵。

①古代诗人们在前人的创造中学习，又在自己的学习中创造，使得中国诗歌语言如此丰富多彩。

②诗歌语言的精妙不同于一般的概念，差一点就会差得很多；而诗歌语言之不能单凭借概念，也就由此可见。

③像"无边落木萧萧下"这样大胆的发挥创造性，难道不怕死心眼的人会误以为是木头自天而降吗？而我们的诗人杜甫，却宁可冒这危险，创造出那千古流传形象鲜明的诗句；这冒险，这形象，其实又都在这一个"木"字上，然则这一字的来历岂不大可思索吗？

【说明】这三个句子是1～3段的关键句子，文化随笔有一个基本的表征，即作者总是需要适时适地发表见解，以表达自己鲜明的写作意图。而这三个句子在文段中恰恰担当了这样的角色。①句是在阐发了"落木"是从"木叶"发展而来之后得出的结论，作者带着我们从屈原一路行吟，走到唐朝的杜甫，用历史的真相和深刻的评析告诉阅读者，中国诗歌语言的丰富多彩得益于继承和发展。②句是林庚先生在指出"木叶"和"落木"仅一"木"之差，而"木"又恰恰是关键之后得出的结论。诗歌语言具有不可复制的特征：精妙。所谓"精"，凝练；所谓"妙"，神秘，这样的议论就非常清晰地将诗歌语言的个性传达了出来。③句由两个问句组成。充满对死心眼的人的微讽，对杜甫的敬崇。进一步指出大胆创新才能保持诗歌语言鲜活的生命力。这也是对①句巧妙的回应。将这三个句子作充分涵泳，进入下文4～6段主体内容的学习就不会存在太多的认知缺失了。

5. 探究学习4～6段。

(1) 齐读。

【说明】4～6段是全文的主体部分，是这篇文化随笔最有文化内涵的所在。学生仅仅通过泛览不能得其精髓，因此不让一字溜过、控制好音量节奏的齐读是熟知内容的起步阶段。

(2) "木"具有哪两种艺术特征？

(这是齐读之后对信息的锁定："木"本身含有落叶的因素；"木"透着黄色、

触感干燥。)

(3)"木"为什么会有这样的艺术特征？

(这个问题很关键。"木"之所以不同于"树"或"叶"，起作用的是诗歌语言的暗示性。"暗示"顾名思义是难以察觉，需要留心留意进行悟读，方能觅其芳踪。"木"总是联系着清秋疏朗的形象，包含落叶的因素。"木"的黄色和干燥，使得"木叶"也就属于爽朗的晴空，被赋予清秋的性格。这就是诗歌语言的暗示性达成的默契。我们在阅读诗歌时涌上心头的美感很多时候与这种潜在的暗示有关，有修养的诗人总是能将暗示发挥到极致。)

(4)为了阐明暗示性的问题，将"木"和"木叶"在艺术领域说得更加清晰，作者主要采用了哪些写作方式？

【说明】行文方式也是学习内容。文化随笔高容量的文化知识决定了泛泛说理的无力，容易造成说者激情昂扬，听者如堕云里。让事实说话，是很好的方法。林庚先生引用了大量有价值的诗句，并且围绕核心任务进行诗句的比对阅读鉴赏，使说理落到诗句的实处，还避免了引用的杂乱无序，采用历史发展衍变的序列，将诗句尤其是诗句中的核心意象的内涵及其变化作出梳理。4~6段中引用、比较这两种主要的写作方式帮助学生较充分地走进文本，保证了学习的有效。

(5)举例品味语言。

【说明】这里的教学设计是为了打破对文化随笔的偏见。有些学生会认为，文化随笔，应该是写得言辞华美，才显得有文化品位；更有甚者，认为文化随笔形式大于内容，文采的铺张凌厉，方显"英雄本色"。这两种认识都有偏差。本文语言工稳扎实，功力深厚，没有张扬之势，力求立足于诗歌发展的历史，将诗歌语言丰富的暗示性阐发明确。这也是一个严谨的学者的学术姿态。一个哗众取宠的人很难不借着"文化"的幌子，搞一些大而无当、不着边际的噱头。学习作品，其实也在学习文品，还有人品。

三、教学收束

探究深化：著名美学大家朱光潜先生坦言，联想意义也最容易产生流弊。联想起了习惯，习惯老是喜欢走熟路，熟路抵抗力最低，引诱力最大，一人走过，人人跟着走，愈走愈平滑俗滥，没有一点新奇的意味。美人都是"柳腰桃面"，才子都是"学富五车，才高八斗"，谈风景必是"春花秋月"，叙离别，总是"柳岸灞桥"……后人受屈原"木叶"诗句的影响，于是"一用再用"，那么，怎么避免流弊的产生呢？

【说明】本文着力于"木叶"在古诗中的历史流变，着笔于"木"的艺术特征，畅谈"木叶"的暗示性。在继承文学传统的时候，一定要考虑创新的问题。这也是作者在文中多次提及杜甫及其诗句的原因。林庚一边叙述历史，一边关心着诗歌发展的生命力，强调再创的意义。这次学习迁移，就是为了让学生的认识有一次二度提升，诗歌美感的"守成"固然重要，用智慧和真心去感受诗歌，品出新意，创造崭新的暗示性同样意义非凡。

每一篇文化随笔都有一颗文化的心

写诗的人，希望读诗的人"琴瑟和鸣"。林庚先生既是坚执敏锐的写诗者，又是落拓恬淡的读诗者，集诗人和学者的双重身份，使他的文笔思路既信马由缰又沉稳温和。《说"木叶"》就是一个负责的诗人对诗歌语言暗示性的学理赏析。走进文本，其实就是走近作者，我们甚至可以读出作者的寄兴。

文章的发微始于屈原的《九歌》。林庚认为，从战国的屈原到南朝的谢庄、陆厥，再到北朝的王褒，都曾经将"木叶"作为寄情的意象。这样的起笔富有深厚的历史感和文化感，它将"木叶"置于诗歌发展的大背景之中，体现了历代文人在流变之中保持诗歌传统的可贵。没有这种持续的传统意义，对"木叶"的探讨就会显得力不从心。一个悬置的起点，往往可以为下文的推展提供宽阔的空间，不至于陷入逼仄之境，舒放无力。

文章的主体部分层次错落有致，盈满解读的智慧。

林庚并没有将考证的文笔致力于"木叶"静止的内涵，而是从古代诗歌钟情"木叶"舍弃"树叶"说起，并且荡开一个更圆实的表达弧度："树"和"叶"的意象俯拾即是。那就提醒阅读者，有"树"有"叶"唯独没有"树叶"，这是何故？保留"树"而去掉"叶"，是诗歌传统精神的体现，这和诗歌追求凝练没有关系。林庚深刻地提醒读者：在前人的创造中学习，又在自己的学习中创造，是诗歌语言丰富多彩的保证。

在比较阐发的基础上，文本将对"木"的暗示性的理解往更纵深的方向推进。作者指出"木"的内涵是在"木叶"发展到"落木"的过程中被不断地丰富的。诗歌是离抽象最远的文学样式，它和概念没有必然的关联，它的每一个精妙而细微的变化都和诗人盛放在诗里的情感相关。同时，越是富有生命感的诗人，就越能对意象的暗示性作出创新。为了具有深透的说服力，林庚不失时机地用杜甫的"无边落木萧萧下"对"落木"的创新作为佐证，告诉读者这种大胆的冒险恰恰是诗人心智和才情的喷薄。

有了上面的蓄势，写作重点的推出就显得水到渠成了。林庚用旁征博引、追本溯源的方式对"木"的使用场合和传统进行了探究。作为一个严谨的学者，作者没有凭借自己的学术功底和学术权威，给出既定的判断，而是用大量的诗歌事实来铺展自己的见解，这种尊重历史真相和文学流变的态度，增强了这篇文艺随笔的底气。屈原将"木"用在一个秋风叶落的季节，开启了"木"在诗歌发展中的新传统，历代文人都在这个传统之中丰富着"木"的秋天形象。不仅如此，为了进一步阐发"木"的典型性意义，作者不惜笔墨再次引入比较的方式，将带有"高木"和"高树"的诗歌意境进行品味，调动自己自觉的想象力，将它们不同的内涵，尤其是着力于内涵的差异性进行阐发，非常有创造性地提出，"木"暗示着落叶的因素，这是一个很典型的艺术特征。作者为了使比较有说服力，特别引用了吴均、曹植的诗歌，将两者进行鉴赏性的分析，充满智者的理性和平静。更为可贵的是，在圆满得出结论之后，作者并没有戛然而止，而是将阐发从"怎么样"推进到"为什么"，于是触发了对诗歌语言暗示性的认识。

"木"带有"落叶"的因素，是因为诗歌语言的暗示性。要把诗歌语言的暗示性讲清楚，必须依托具体感性的例子。林庚还是走笔在"木"上，在强调诗人敏感和修养的重要性的同时，特别指出语言的暗示性总是在不知不觉之中影响着我们，不断加深我们对诗歌的认识，不断丰富我们的诗歌鉴赏感受力。暗示性由潜在的形象触发，"木"有疏朗的暗示，"树"有浓密的暗示，从而形成了"木"与

"树"不同的艺术特征。这部分的阐发细致缜密,理据完备,分析充分,前后勾连,无论是"木",还是"树"或者"叶",都作了富有个性和创造性的赏析。

诗歌语言的暗示性不光连接着形象,还和颜色关联。林庚在阐发第二种艺术特征之前,重视前后两种艺术特征之间的关系和照应,重视行文结构的紧凑和谐,用简洁准确的语言表达了一个严谨学者的学术素质。暗示性和形象有关联,符合诗歌欣赏的惯常思路,因为诗歌的鉴赏从形象入手,是很平常的。但是,较少人会想到颜色。从颜色的角度品味诗歌是创新之举。关于"木"的颜色,作者巧妙地调动读者的视觉和触觉,提示读者"木"是黄色的、干燥的,然后启发读者的联想,"木"充满疏朗的清秋的联想。同时,林庚还引领读者对"树"和"叶"进行了探究:"树"是褐色的,触觉是润湿的;而"叶"是碧绿的,触觉是柔软的。在探究了"木"、"树"、"叶"三者不同的艺术特征之后,林庚先生进一步阐发了"木叶"、"树叶"在艺术特征上的差异,"木叶"带有典型的清秋的性格;还阐发了"落木"和"木叶"的差异,指出前者显得空阔,洗净绵密,而"木叶"则是一个刚柔相济的艺术形象。这真是写到了读者的内心,顿时了悟:屈原将深情美丽的"木叶"形象赋予了湘夫人,杜甫将刚健遒劲的"落木"气质承奉给了秋天。这样的选择取决于诗人敏锐的美感,还有对诗歌艺术特征精准的把握。从屈原到杜甫,诗歌语言的暗示性在诗歌发展的流程里不断丰富,不断创新,艺术领域真是一个生机勃勃充满伟美风度的领域。

林庚先生用一颗诗歌的心、一支哲思的笔,带领我们徜徉于中国古典诗歌的海洋,撷取美丽的海浪,聆听珠贝的歌声。一次美丽的邂逅,就让我们领略了诗歌语言暗示性无尽的魅力,感受了"木"在形象上的艺术特征。

除了主体部分深沉细致、从容不迫的解读让阅读者思想丰盈,心智起飞;作者轻车熟路的引用也是本文的一道风景。本文谈论的话题带有较强的专业性,作者充分考虑了这篇文化随笔的阅读对象,为了实现它的普及意义,作者引用大量诗句,并且对这些诗句的背景因素、写作态势、语言内涵以及彼此之间的差异,作了透辟的分析。这样务实的姿态,对于这篇文章的读者来说,是一件欣慰的事情:如果作者反其道而行,那么,当读者陷入云里雾里的混沌状态时,很难想象,读者是否还能和文本作出真诚清晰的对话。当然,为了使引用的内容发挥更为扎实的作用,作者时时不忘将引用的内容进行互证,使自己要阐明的诗歌语言的暗示性得到落实。

每一篇文化随笔都有一颗文化的心。当借助缜密的结构、有效的阐发,将自己的真心放于阅读者的眼前时,每一个渴求在阅读中飞扬自身的人,都会有被赋予了翅膀的感受。《说"木叶"》就是这样的精品。

《传统文化与文化传统》课堂实录

一、导入

师:同学们,有的文章篇幅不长,同一个词语却在文章中反复出现,这样的文章,你们见得多吗?

生:我不太有印象。

生:好像有时在诗歌中会碰到这样的情形。

师:今天,我想和同学们一起学习一篇议论文,在这篇文章中,"文化"一词出现了四十多次,"传统"一词出现了近六十次。这篇文章就是著名学者庞朴写的《传统文化与文化传统》。(学生小声议论。)根据你们的学习经验,议论文可以怎么学?

生:我们初中的时候,就学得很有章法。(生笑。)

师:什么章法?

生:论点、论据、论证。

生:这是议论文三要素,不是章法。(生呼应。)

生:老师你觉得这篇文章应该怎么学?

师:没有"应该",只有"可以"。

生:哦。我更正一下,老师你觉得这篇文章可以怎么学?(生笑。)

师:我们一起试一试下面的学习方式,好吗?(生同意。)

二、你说我说作者说

师：你能举一两个例子来说说什么是传统文化吗？

生：民以食为天。我想说说"吃"和节日的关系。元宵吃汤圆，清明吃青团，端午吃粽子，中秋吃月饼。

师：这样的习惯一直保留到今天。同样，元宵闹花灯，清明踏青，端午赛龙舟，中秋赏明月也流传到了今天。它们都是传统文化。

生：他说"吃"的，我说"游"的。我们的"瘦西湖"充满着传统文化的因素。

师："充满着因素"这种表达不够妥当。可以说成"洋溢着传统文化的浓郁气息"。你看行吗？

生：谢谢老师。

师：再来模拟一个场景。你们这个四人小组的同学们来参与表演——你是广东人，你是上海人，你是成都人，你呢，是北京人；现在，请大家抬头（老师指着一盏灯），你们看见了什么？

生：灯。

师：不，不是。我们看到的是不明飞行物。（生笑。）你们四个人的反应会是什么？（生先沉默，后交流。）我的版本是这样的——广东人：真好，可以煲汤喝；上海人：送到动物园，可以卖门票；成都人：正好三缺一呢，找它；北京人：不行，我得报告党中央，010—00000000，喂，温总理在吗？（生会意，大笑。）大家不是那里的人，当然答不上来啦。

生：因为背后也有传统文化。

师：我倒有兴趣听大家分析一下。

生：大概是广东人的饮食文化里，汤水养生吧……（生笑。）

生：上海人处于国际大都市的背景下……

师：经济才是硬道理呵。成都是自古富庶之地，成都人讲享受的。北京人长期皇城根下的生活，练就了高度的政治敏感性——这就是文化。文化文化，关键在于一个"化"字，和而不同。

三、朗读和品味

师：这是我们对传统文化的认识。作者庞朴是个学者，他是怎么解释传统文化的？请从"传统文化"部分筛选信息。

一生朗读第一节。

全体学生再读第一节。

师：议论文讲究语言的准确，这是论证严密的基础。能从刚才朗读的部分举例揣摩这个特点吗？

生：定语运用很准确。

生：举例时很注意类别，不重复。

师：语感不错。我想做个补充。"大概"、"通常"两个副词，都表述得留有余地；留有余地，就是准确。

学生朗读"传统文化"部分的2~4节，要求放声、自由朗读。

师：议论文的语言不仅要求准确，还要力求生动。你能从刚刚朗读的部分充分体会到这一点吗？

生互相讨论，交流。

生：你看成语运用得多好啊。（生笑。）短短五行半的文字，用了六个成语：应运而生、时过境迁、与时俱进、抱残守缺、明日黄花、昙花一现。

师：你说得真好。要写好传统文化，没有传统文化的功底肯定不行。按照于丹教授的说法，"文化"就是将"文""化"在心中。看来，"文"是真的"化"在庞朴先生的心中了，于是，庞朴也就成为文化学者了。

生全体朗读"传统文化"部分。

四、你说我说作者说

师：你愿意跟我说说你们学校的文化传统吗？

生：诚、朴、善、美。

生：为了人的一切。（生笑。）

生：求真、求善、至美、至慧。

师：我给同学们吟诵几首诗，大家不妨听听这里面有没有文化传统在。

师朗诵。

(1) 江南（汉乐府）

江南可采莲，

莲叶何田田。

鱼戏莲叶间,

鱼戏莲叶东,

鱼戏莲叶西,

鱼戏莲叶南,

鱼戏莲叶北。

(2) 忆江南

白居易

江南好,

风景旧曾谙,

日出江花红胜火,

春来江水绿如蓝,

能不忆江南?

(3) 菩萨蛮

韦庄

人人尽说江南好,

游人只合江南老。

春水碧于天,

画船听雨眠。

垆边人似月,

皓腕凝霜雪。

未老莫还乡,

还乡须断肠。

(生鼓掌。)

师：请围绕刚才的提问，品味这三首诗。

生：这三首诗中，都有一个核心意象：江南。

师：鉴赏诗歌从意象开始，这路径是对的。

生：用江南来寄托美好就是文化传统。

师：千古文人，江南同梦。

生：老师，您的解读启发了我，朱自清的《荷塘月色》里也用江南来寄托对美好的向往。

师：你的补充非常重要。朱先生说："这令我到底惦着江南了。""江南"是他精神避难所的最后一站，当"江南"也无法"救赎"自己的时候，他只有回到现实中了，"推门进去，妻已熟睡好久了"。门外是理想，门内是现实。传统重在"传"字上，有连续性、稳定性，几乎难以改变。

五、朗读和品味

师：那么，作者又是怎样解释"文化传统"的呢？请从"文化传统部分"筛选信息。

生全体朗读"文化传统"部分1、2节。

生：如果说传统文化就是文化遗产，那么文化传统就是民族精神。

师：说得真好。赞一个。（生笑。）议论文不仅追求文学之美，还要讲究议论结构的逻辑之美。请全体同学齐读"文化传统"部分，一共6节，思考每个段落的核心内容，用最简洁的语言概括。

生朗读、思考、交流。

生：1~2节介绍文化传统的概念。

师：很精准。

生：第3节的内容可以提炼为"条件"。

师：很好。也可以说是"过程"。

生：第4节是不是在论述"特征"？

师：是的。也可以提炼为"作用"。

生：5~6节应该写的是"变化"，或者说是"关系"。

师：这样的议论顺序合理吗？

生：先谈本质，再说表现，应该是合理的。

生：说"表现"的部分，又环环相扣，彼此相关。

师：是啊。文字有着内在的紧凑联系，呈现议论文的逻辑之美。

六、"1+1"的辩论

师：文章的"传统文化"让我们感受议论性语言的文字之美，"文化传统"部分又让我们分析了议论文的逻辑之美。还有第三部分"财富和包袱"，我们学什么，怎么学？

生：学态度。(生笑。)

生：学思想。

师：你们都比我有高度。但是，大家都只说了"学什么"，还有"怎么学"的问题要解决。

生：你说说我说说作者说说。(生欢笑。)

师：是啊。带有会话性的对话已然成为21世纪的标志了。"言说"很重要。不好意思，我可能有点先入为主、自作主张了。我们搞一对一的小辩论，好吗？

(生同意。)

师：第一、二组同学的共同立场是：传统是财富，第三、四组同学的共同立场是：传统是包袱。请同学们阅读这个部分，找出能够支持本方立场的说法，将它们组织起来，准备发言，每方各有3分钟的时间。

双方学生围绕各自的立场，选出首席代表，进行两轮辩论。

师：请听"主席"总结——传统既是财富，也是包袱。对待传统的态度，即取其精华，又弃其糟粕，推陈出新，古为今用。谢谢双方的同学。(生鼓掌。)

生：老师，你觉得是哪一方赢了呢？

师：你觉得呢？

生：重在参与，友谊第一，辩论第二嘛！

师：你的态度也体现了咱中华文化的传统。(生笑。)

七、布置课外学习

师：看看方文山的"中国风"歌词，思考他在为周杰伦创作《青花瓷》、《千里之外》等歌词时，是如何在传统之中获得创新的。今天的学习到这里结束，下课。

《在马克思墓前的讲话》课堂实录

一、导入

师：如果填一张履历表，"职业"这一栏，马克思会填什么？

生：呵呵，还真不知道。

师：难住你了。没关系，你不是马克思，你可以沉默。职业的意思是"个人在社会中所从事的作为主要生活来源的工作"。马克思似乎不能从任何一个老板手中领到薪水。同学们觉得呢？

生：是啊。马克思不是教师。

师：尽管他对教育有很多真知灼见。

生：马克思能不能算是作家呢？他写了这么多文章。（生笑。）

师：不是作家，尽管他拥有非凡的写作功底和感人的表现力，有人说过，马克思的文笔如波涛翻涌的大海般壮阔。马克思也不是记者，尽管他的笔对正直负责，对时代负责。

生：那就难了，照老师的说法，好像无论哪一种职业都无法填写在马克思的履历表上。（生纷纷赞同。）

师：你们着急啊。（生笑。）马克思是个自由职业者，没有固定的收入。可是，这个自由职业者的去世，却在西方产生了巨大的影响。文章的哪个段落表述了这种影响？让我们的学习从这里开始。

二、学习

1. 着力第二段，确定学习内容。

生：文章第二段直接表述了这种影响。

全体同学朗读第二段。

师：由此可见，马克思是个非同寻常的人。这是个在社会上、历史上拥有崇高地位的人。千年交替之际，英国BBC广播公司进行了"千年伟人"的评选，活动持续了一个月，马克思高居榜首，得票率远远领先于排名第二、三、四的爱因斯坦、牛顿、达尔文。（生议论，表示惊异和敬意。）当然，对这样一名杰出人物的一生进行评价，可能也只有同为千年伟人的恩格斯才能胜任。

生阅览课文。

师：在这篇悼词中恩格斯给了马克思哪些称谓？

生：当代最伟大的思想家、这位巨人、科学家、革命家。

师：这就是这位自由职业者的地位。1883年3月17日，一个下着蒙蒙细雨的早晨，马克思安葬在英国伦敦海格特公墓，恩格斯在那个只有9个人参加的葬礼上用英文发表了这篇演讲。（生小声议论，对"9个人"表示意外。）

师生一起自由高声朗读文章。

师：请用一句话概括这篇悼词的内容。

生：这篇文章高度概括了马克思的丰功伟绩。

师：你概括得非常准确。我只是想给你的表述替换一个词，将"文章"替换为"悼词"。"悼词"大致会有怎样的文体特征？

生：原来没有学习过。好像应该以"议论"为主要的表达方式吧。

生：应该还要抒发情感。

师："议论"用来展现、评价功绩，"抒情"用来安放情感。没有鲜明的悲悼意味，就是对死者极大的不敬。

生：老师，我觉得恩格斯好像没有抒情，都是评价。

师：在"有疑处"的学习才有价值。恩格斯的悲悼没有一处是直接抒发出来的，而是自然地渗透在字里行间，所谓"羚羊挂角，无迹可求"。我们为学习这篇悼词确立一个核心话题——情透纸背的悲悼，好吗？

生：好。可是怎么学呢？（生沉思。）

师：问得好啊。确定了学习内容，没有好的学习路径，白搭。（生点头同意。）我们一起寻找，贴着文本寻找：哪些地方表现了恩格斯对真挚的朋友、真诚的同志、伟大的导师马克思含蓄而深沉的悲悼？

2. 着力第一段，品味悲悼之意。

散 文 篇

61

生自由组合，自主讨论，自愿发言。

生：我仔细阅读了第一段。我想从以下几个语言点谈谈恩格斯的悲悼之情。

师："语言点"这个词用得很专业。

生："停止思想了"就是"去世"的意思，但是意味不一样。恩格斯说马克思是一个思想家，一个思想家不能再思想了，这是多痛苦的事情啊。

师：思想是思想家的天职，也是思想家认识世界的方式。恩格斯克制地表达了自己的痛心，不直接使用"去世"、"逝世"之类的言辞，用一种讳饰的方式隐忍地发布这个消息，这是欲说还休的悲痛，含而不露的崇敬。

生："3月14日下午两点三刻"这个时间状语也是很有意味的。时间记录得越具体，表示自己的悲痛越深重。

师：这个时间会一辈子刻在恩格斯的心中，成为一个永生难忘的悲痛的标志。你还有要补充吗？

生：要说的还有很多很多。把交流的机会留给其他同学吧。（生微笑。）

生：他刚刚品味了时间，我想补充说的还是时间。"让他一个人留在房间里还不到两分钟"，潜台词是恩格斯一直陪伴着马克思的，瞬间的分开，却是永恒的别离了。这是多悲痛的事情！（生鼓掌。）

师：我被你深深感染了。想多说几句，请同学们不要介意。1871年恩格斯移居伦敦之后，每天下午都会去探望马克思。疾病是晚年马克思的劲敌，但不是最大的敌人。1881年的冬天，马克思的夫人燕妮病逝，恩格斯说过，燕妮死了，马克思也死了。祸不单行，1883年1月，马克思得到了钟爱的大女儿猝死的噩耗。马克思的小女儿说过：姐姐的死亡是将死刑判决书带给了我的父亲。两个月后，马克思病逝。恩格斯陪伴着马克思度过了人生最后的岁月。但是令人遗憾并痛心的是，这个最亲密的友人却没有在伟人的弥留之际听到半句遗言。"还"这个副词真实地传递了恩格斯由遗憾而造成的痛心疾首：两分钟，不过是短短的120秒而已，而恰恰是短短的120秒，成为缔结了伟大友谊的人儿之间的屏障，这是一条永远也无法淌过去的悲痛欲绝的河！（生鼓掌。）

生：老师，您说得太好了。我还想补充的是——马克思是在安乐椅上离开世界的，恩格斯特别指出是一把安乐椅，大概是希望天堂里的马克思安安乐乐的，是生者对逝者的祝福。

师：文本是一个开放的结构，每一个虔诚的读者都可以言说。你做得很好。我和你的理解有点不同。对于晚年马克思而言，活着也许就是一种痛苦，他的生活和工作因为疾病受到严重的影响。也许，死亡也包含着一种安慰，恩格斯想说的会不会是——平静地睡去，也许对受着精神和肉体双重折磨的老友来说是一种解脱，甚至可以说，是一种幸福。一把安乐椅，寄托了恩格斯深沉的理解之情。不知我这样的解读，是否符合同学们的立场？

生：老师，你也启发了我。古代的人说大音希声、大巧若拙……我能不能说恩格斯对马克思是"大痛无痕"？

师：更恰切的表达可以是"大悲无泪"。

3. 着力第四段，品读敬佩之情。

一生朗读第四段，明确信息丰富、内涵深刻的句子。

师：同学们理解第四段的核心意义了吗？可以试着说一说。

生：一共三句话。最后一句最重要。

师：请你再朗读一遍。

生读"由于剩余价值的发现，这里就豁然开朗了，而先前无论资产阶级经济学家或者社会主义批评家所做的一切研究都只是在黑暗中摸索"。

师：请品味恩格斯的感情。

生：我不知道另外的这些"什么家"、"什么家"的，有什么成就。恩格斯对他们好像不太满意，他们比不上马克思。

师：你的感觉是对的。但是，恩格斯无意于小看那些资产阶级经济学家、社会主义批评家，但是他的战友老马实在太伟大了，不用对比的方法不足以显示他的与众不同、高人一等。

生：恩格斯好像是用很骄傲的语气来写这句话的。

师：是啊。只有马克思发现了"桃花源"，恩格斯的确是对马克思充满了敬意，自己作为他的同道者，当然也是充满欣喜的。这是一个崇拜者对精神偶像的啧啧赞美。

4. 着力第六段，品鉴殷切之愿。

师生共读第六段。

师：同学们觉得作为一个科学家，应该具备哪些品质？

散文篇

63

生：涉猎广泛，深入钻研。

生：我觉得，关键是充满发现、创造、执着的热情。

师：可是恩格斯认为这些品质在马克思身上"远不是主要的"。为什么远不是主要的？同学们可以根据文本，作出自己的一些判断吗？

生：因为恩格斯说，"科学是一种在历史上起推动作用的、革命的力量"。

生：说明科学指导实践的价值比理论价值大，而只有马克思看到了这点，第六段有这样的意思在里头。

师："远不是"表明我们认识马克思对待科学的态度比认识马克思的任何理论研究的成果来得重要。这段文字，尤其是这句话既表现了恩格斯对马克思的深刻理解，又包含了他对后人研究马克思的态度的殷切希望。

5. 着力第八段，感受人格辉芒。

师生共读第八段。

师：马克思为几家报纸、几个组织工作过？

生：第七段有具体的罗列。（生朗读。）

师：是的。马克思又是怎样对待生活中的失意、冷落和不公平的待遇，甚至是人格的诋毁？

生：当做"蛛丝"。恩格斯说他有敌人，但没有一个是私敌。

师：伟人总有惊人的相似。时隔52年后的1935年，爱因斯坦在纽约罗里奇博物馆举行的居里夫人悼念会上说："第一流人物对于时代和历史进程的意义，在其道德品质方面，也许比单纯的才智成就方面还要大。"

生：在恩格斯心中，马克思人格的卓异更为突出。

生：恩格斯对马克思充满了崇敬之情。

师：高山仰止，景行行止。

6. 朗读全文，涵泳情感。

三、小结

师：请同学们对今天的学习作小结。

生：恩格斯对马克思的感情是丰富而复杂的。这是战友写给战友的悼词，充满深厚的情谊。

师：他们四十年的友谊超越了全人类关于友谊的一切最动人的传说。

生：这是同志写给同志的悼词，有着风雨同舟的理解和支持。

师：这也是一个革命者写给革命导师的悼词，充满由衷的敬仰。所有情感的表达都没有泼墨般宣泄，而是躲藏在文字的背后，这就是"情透纸背的悲悼"。

四、延伸

师：想请同学们来听一首歌曲，全世界无产阶级的共同心曲，当巴黎公社插上那面鲜亮的旗帜时，它就已经在全世界追求幸福的人民那儿开始传唱，我想，它和马克思的精神一样，是永恒的。

生（众）：是《国际歌》吧？

师：是的。(师生一起静听《国际歌》。)

师：今天学到这里。下课。

《世间最美的坟墓——记1928年的一次俄国旅行》课堂实录

一、导入学习

师：同学们好，学习这篇文章，我们先按照次序做好下面三件事。

1. 初步了解茨威格。奥地利作家茨威格一生仰慕列夫·托尔斯泰。1928年秋天，托尔斯泰100周年诞辰的特殊日子，茨威格到俄国拜谒了托尔斯泰墓。

2. 教师朗读全文，学生初步感受散文氛围。

3. 学生评价教师朗读。

二、整体感知

师：请在文中筛选一个形容词。这个词语既可以形容托尔斯泰墓的特征又可以概括墓地环境的特点。

生：朴素。

师："朴素"怎么解释？

生:"朴素"追求"三不主义":不浓艳,不华丽,不奢侈。
(生笑,赞同。)
师:我们确定研习的第一个重点:品味"朴素"。

三、细部感悟

师:请朗读最能表现托尔斯泰墓地环境朴素的句子。

生(全体朗读):这里,逼人的朴素禁锢住任何一种观赏的闲情,并且不容许你大声说话。夏天,风儿在俯临这座无名者之墓的树木之间飒飒响着,和暖的阳光在坟头嬉戏;冬天,白雪温柔地覆盖这片幽暗的土地。

师:请品悟"朴素"。夏天,漫步于墓地,我们会听到什么声音?

生:没有喧哗声,只有飒飒风声。

师:你在其他文学作品中听到过风唱歌的声音吗?

生:我在《荆轲刺秦》中听到过"风萧萧兮易水寒",《霸王别姬》中听到过"我站在猎猎风中,恨不能荡尽绵绵心痛"。

生:在唐诗《风不鸣条》中听过"习习和风至"。

师:文学的世界何尝不是一个自然的世界!托尔斯泰墓地的风声"飒飒"。飒飒,翔风也。多么自由自在,多么了无拘束。这里的"朴素"的意义,同学们品到、品足了吗?

生:"朴素"就是自由。(师板书。)

师:冬天,漫步于墓地,我们会看到什么景象?

生:冬天,白雪温柔地覆盖这片幽暗的土地。

生:就是如此宁静、简单。

师:是的,"朴素"就是纯净。(师板书。)请朗读最能表现托尔斯泰墓朴素的句子。

生(全体朗读):①这只是一个长方形的土堆而已,无人守护,无人管理,只有几株大树荫蔽。②它只是树林中的一个小小长方形土丘,上面开满鲜花,没有十字架,没有墓碑,没有墓志铭,连托尔斯泰这个名字也没有。

师:请继续品悟"朴素"。这两个句子是怎么表现托尔斯泰之墓的朴素的?

生:形状朴素,只是长方形的土堆、土丘。

生:还用了副词"只是"进行修饰,强调它的朴素。

生：还采用了"有……没有……"的句式。

师：请具体作些鉴赏。

生：好的。有树有花，没有十字架没有墓碑没有名字。

师：我来补充大家的想法——有的是自然，没有的是物俗。"朴素"就是弃俗。(师板书。)

四、比衬升华

师：我想和大家一起探究、讨论以下学习内容。

1. 文中还提到了哪几个人的墓地？

明确：拿破仑、歌德、莎士比亚。

2. 用简洁的语言评价这几个人物。

生：马克·吐温说，19世纪出了两个了不起的人物，一个是海伦·凯勒，一个是拿破仑。

生：拿破仑是法国杰出的军事家。

生：歌德——德国民族文学最杰出的代表。

生：马克思称莎士比亚为"人类最伟大的天才之一"。

师：是的，他的逝世日4月23日被联合国教科文组织设定为"世界读书日"。根据《简明不列颠百科全书》的介绍，托尔斯泰是世界上最伟大的小说家之一、最重要的思想家之一。

生：老师，我们讨论这个问题的目的是什么？

师：你问得好。他们和托尔斯泰一样都是伟人，他们拥有豪华的墓地可以理解吗？

生：这样的墓地是和他们作为伟人的声名相统一的，也符合常人心理，当伟人逝世之后，人们会用自己认为最隆重的方式纪念他们。

师：完全有资格和他们一样拥有豪华墓地的托尔斯泰为什么偏偏选择了"朴素"？

生：哦，你是为了提出这个问题考我们啊。

(生轻声议论。)

师：是啊。答案也许在我们接下来的探究里。现在，我们可以进入第二个研习重点了——理解"幸福"。

散 文 篇

生（全体朗读）：托尔斯泰晚年才想起这桩儿时往事和关于幸福的奇妙许诺，饱经忧患的老人突然从中获得了一个新的、更美好的启示。他当即表示愿意将来埋骨于那些亲手栽种的树木之下。

师：你认为"幸福"是什么？托尔斯泰有哪些在旁人眼里已经足够幸福的资本？为什么在死后还要追求幸福？请讨论。

学生各抒己见，畅谈幸福观。

学生发言，盘点托尔斯泰的"幸福"：声名卓著，创作了大量的惊世之作；婚姻美满，34岁时和比自己小16岁的索菲亚结婚，育有8个儿女；妻子帮他誊抄了所有的文稿，托尔斯泰认为索菲亚是一个认真的助手；拥有大量的土地和数不完的金币……在旁人眼里，托尔斯泰真是幸福得可以了。

学生互相评价，教师小结：托尔斯泰要在死后继续追求幸福，说明他自认为在活着的时候是不够幸福的，他要的幸福在哪里？

生（插说）：我以前在资料中看到过，82岁高龄的托尔斯泰离家出走，肺炎发作，死于一个小火车站。托尔斯泰一直没有想明白为什么自己这么富有，可是人民这么贫穷。他的妻子、家人都无法理解他。

师：你说得很好。托尔斯泰曾痛苦地说：大地上千百万生灵在受苦；你们为什么在这里照顾一个列夫·托尔斯泰？他的女儿亚历山大拉·托尔斯泰娅说过，我的父亲的伟大之处就在于他从童年时代起就毕生追求善。什么是托尔斯泰的幸福？（生沉思。）

生：实现大众的幸福。

师：当他倒在小火车站的时候，他的心中一定还有方向，他在期待走向更远的下一站，

只是为了"心"的幸福。于是，这个最朴素的坟墓也成了世间最美的坟墓，那些豪华的墓冢突然变得"微不足道"；这个最朴素的坟墓里，因为埋葬了一颗高贵的、永远追求"心"的幸福的灵魂，而令人肃然起敬。

五、合卷索思

师：请全体同学朗读全文，我给大家的朗读配上音乐。

生全体朗读全文，用情地。

师：请用一句话评价托尔斯泰的一生。

生讨论、对话。

生①：追求朴素的一生。

生②：成就卓越的一生。

生③：永不满足、充满悲悯的一生。

生④：渴望"心"的幸福的一生。老师，你会怎么评价？

师：就用泰戈尔的诗句吧：生如夏花之绚烂，死如秋叶之静美。下课。

教学是特殊的言说
浙江省宁波市教育局教研室　特级教师　褚树荣

眼看着张悦从宁波市起步，走出浙江，走向全国。从《长亭送别》到《故都的秋》，从《将进酒》到《半张纸》，似乎没有文体的偏好，现代散文、古诗文，张悦都可以演绎得不同凡响。后来张悦读了朱永新教授的教育哲学博士，在全国各地展示课堂教学，高层次的学术进修和高频率的公开教学使她的课堂产生了变化。这样的变化获得了普遍的赞誉，也生发出学术的探讨。如果说，我对张悦的前期课堂有发言权（因为进入教学现场，明确课所从何来），现在则很难中肯地评说张悦的课了（因为我不知道张悦读博期间，读了哪些书，这些书又怎样影响了她的课堂，我不知道张悦在各地展示了哪些公开教学，这些教学隐含着她对教学怎样的主张），不了解一个理论视野不断变化的老师，不了解课堂背后不断更新的理念和追求，而去评价这个教师的课堂，就会失之武断和片面。可惜很多时候，我都是凭着"我以为"式的先入之见，去评价教师的课堂的，今天，我面对张悦的课堂，也只能"故伎重演"。

我以为教学是一种特殊的言说方式。说它特殊，正如吕叔湘先生所言，语文教学带上了农业（抑或手工业？）时代的印记，有着很鲜明的个人化倾向；说它特殊，正如哲人说的人不可能走进两条相同的河流，课堂要素变化不居，一个人不可能上出完全相同的两堂课；说它特殊，是因为"言说"不是随意地交谈，也不能立竿见影。所有因地制宜、因材施教、顺势而为、随机应变、因人而异的教学都是好课。由此看来，要用某种判断来评价张悦的课堂，也只能"管窥蠡测"。

在我看来，张悦的"言说"有这样几个特点：

1. 主持人风格

天生的亲和力。一看到学生就会有真诚的笑容，就有探寻和关注的目光，这是一个优秀教师必需的先天条件，张悦的先天条件甚好。

清醒的现场感。无论怎样的课堂，张悦总是很快地进入状态，很快地成为教学现场的一员，很快地把握全场，很少有顾此失彼、目中无人的时候。

随机对话的睿智。我以为这是衡量教学优劣的主要指标，也是衡量教师素质高低的主要指标。大凡生手总是在背诵教案语言，而优秀的教师总能够随机应变，随堂生成教学语言。张悦无疑是这方面的高手。

深谙学生兴奋点的旁逸斜出。张悦的课堂为什么总是其乐融融？因为张悦太了解现在少男少女们的关切，一切时髦的时尚的网络的生活的正经的玩笑的资源，视教学的需要会左右逢源，手到擒来。

华丽炫酷的语言表达。张悦课堂的语言是感性的，她会用一些散文化的句子作为课堂语言，尤其是她的教学分析和教案设计，理性的分析总是内蕴在华丽炫酷的语言之中。当然，最近几次的公开教学，又多了哲学名词和学术概念了。

发自内心对于学生的尊重。我想这种主持人风格，不仅仅是先天禀赋，而是根植于对学生的尊重，可以说，如果没有学生第一的理念，张悦的课堂便不会如此轻松活泼，流光溢彩。

2. 另辟进入文本的蹊径

各种教学活动方式的融会贯通。教学是特殊的言说，还因为它是师生为了完成既定任务、达成预设目标的活动过程，虽然也要注重课堂生成性的资源。既然是活动，就要策划、设计，采用一定的方式和方法，最高的境界是有机结合、自然而然。这一方面，《故都的秋》《长亭送别》两堂课是典范。本章节中的几个教例也不例外。如《祭十二郎文》有四个大的活动："谈谈"你所认识的韩愈、"讨论"40个"汝"字的作用、"领会"叙事之中的抒情、延伸"探究"韩文之"气"。如《陈情表》的研习分三步走。第一步，整体阅读，回归文本。在学生独立阅读涵泳的基础上，以小组合作讨论的方式，要求"想一想，说一说"，"议一议，写一写"；第二步，建构整合，创造文本。依托集体智慧，组织小组研读、全班讨论。最后美读全文，敏化情感，升华理性；第三步，意义再造，跳出文本，做一个研究性学习的小课题。再如《季氏将伐颛臾》中分角色朗读课文，"师徒过招三回合"的分析设计成课堂主要环节，在《秋水》中甚至播放《黄河大合唱》的音频。张悦的课堂总是有不走寻常路的追求。

沙龙对话。张悦在《将进酒》课后，发表了《语文教学是一场沙龙》的教后感，可以看作是她对语文教学的某种理解。暂且不去审议这种形象化的说法的合理内核是什么，单去感觉课堂里涌动的思想潜流和闪烁的思维火花，我们就可以高度评价张悦在处理师生对话时的艺术。确实，随机而又准确、感性中透着理性、时尚又不被流行左右、传统话题中有现代元素、一本正经又插科打诨……师生对话犹如目不暇接的风景，学生不知不觉就进入文本。总之，沙龙式的师生对话，是张悦课堂的最大亮点。

自觉不自觉的学术化。自从张悦读了教育哲学博士以后，我听了她上的这几堂课：《将进酒》、《现代文阅读理解》、《半张纸》、《寻找意义的载体》，分别是古诗文、外国小说、高考应试复习、写作。这种学术化的追求体现在两个方面：一个是整体教学设计努力实践某种教育哲学观念，如《半张纸》的"体验"，写作教学的"意义"，古诗文的"对话"，高考现代文的"细读"。另一方面是教学语言的概念化，各种术语渐渐见诸课堂。我只能说，这只是一个尝试进入文本和打开课堂的过程，努力值得肯定，至于效果，还要进一步考察和审议。

3. 独具只眼的发现

张悦的课堂，总有一般人没有的风景，这可能源于她对于教学内容的独特理解和创意解读。如《秋水》，由"秋水"导入文言字、词、句式的研究性学习后，要学生通过网络查阅并探讨教师布置的问题：(1) 中国有没有专门的寓言集？(2)《秋水》在意境、语言、手法上有哪些特色？(3) 庄子的寓言为什么会这样的与众不同？最后让学生对《秋水》约定俗成的寓意进行质疑，动机不是推翻权威之说，而是为了让学生自己去感受庄子寓言的理性光彩。这跟多数人通过《秋水》解读寓言的寓意不同，也不同于有人通过《秋水》构建庄子的相对主义哲学观。再如《祭十二郎文》教学着力点主要有两个：一是着重探究领会叙事之中的抒情。张悦提出了很平易但又非常有包孕的问题：叔侄之情是隔代之情，为什么韩愈与十二郎的感情会这么深？然后通过7个问题探究来领会。二是延伸探究韩文之"气"。文以气为主，这在韩愈的文章里得到很好的印证。教学时先讨论"气"具体应该指的是什么，再探究"气盛"则"言宜"，"言宜"则"情显"，本文是如何表现浩大之文气的；最后列举评价韩愈诗文之"气"的材料，品赏韩文"鲸铿春丽，惊耀天下"之浩浩文气。"情"和"气"确实是解读《祭十二郎文》最好的突破口。

没有最好，只有更好，教学永远是一个不断进步的过程；不会凝固，只有变化，教学永远是常教常新的过程。愿张悦不断突破自我，改进教学，不断成熟，形成独特的教学风格。

"干净"的语文课

湖北省教育厅教研室　特级教师　史绍典

把语文课上得"干净"，不简单。张悦做到了这一点。听张悦上课，看张悦"课堂实录"，第一印象，就是"干净"。

当然，"干净"，只是一种说法。我这里权且赋予语文课的"干净"这样一些品质：充盈而不枝蔓、清新而无杂质、本色而兼多彩，等等。这些品质，既由"干净"解说得来，更由张悦的语文课得来。

看看"实录"中五篇所谓现代文教学的开头：

1. 同学们，这节课我们一起来评赏、探究一下郁达夫写于七十年前的一篇散文《故都的秋》。（《故都的秋》）

2. "木"、"树"、"叶"这三个独立的词汇，有几种组合方式？最常用常见的是哪一种？（《说"木叶"》）

3. 同学们，有的文章篇幅不长，同一个词语却在文章中反复出现，这样的

文章，你们见得多吗？（《传统文化与文化传统》）

4. 如果填一张履历表，"职业"这一栏，马克思会填什么？（《在马克思墓前的讲话》）

5. 同学们好，学习这篇文章，我们先按照次序做好下面三件事。（《世间最美的坟墓》）

无不是中规中矩的"干净"。看似不经意，实则匠心独具。(1)确按教学要求进入；(2)以与文本相关的词语进入；(3)以文章作法进入；(4)以文本相关内容进入。不论是语句的叙、问、抑或呼告，都能唤起注意，启迪思维，引领对话。

结尾也是如此。如《世间最美的坟墓》：

师：请用一句话评价托尔斯泰的一生。

生讨论、对话。

生①：追求朴素的一生。

生②：成就卓越的一生。

生③：永不满足、充满悲悯的一生。

生④：渴望"心"的幸福的一生。老师，你会怎么评价？

师：就用泰戈尔的诗句吧：生如夏花之绚烂，死如秋叶之静美。下课。

明确的语言训练要求（概括），角度不同的个性评价。老师应同学之请的"一句"，干净利落，尤为精彩。

这是说"干净"其外的表象。

而"干净"其里的肌理，还说三点：

文化深度

张悦引导学生"探究文字背后究竟站立着怎样的一个郁达夫"，围绕"破院"、"破壁腰"和"泡一碗浓茶"，有一段很有些意思的师生对话。

对话中，我们可以知道，学生读出来了"潇洒"和"浪漫"，并据此评判郁达夫有"文化底蕴"。这是学生对于"这两个'破'字和这碗浓茶"的体验。看得出，学生的体验，略显稚嫩些。他感受得出郁达夫的"不一般"了，但人生况味毕竟不同，能读出这点，也属不易。接下来，张悦说了：

你的意思是说，如果没有文化底蕴，那样去做肯定是附庸风雅，是吗？真正做一件事要发自内心做起来，才让人看着觉着潇洒，关于这一点，我有一点不同的见解跟你交流，我觉得你说的是一种方向，但我说的也可能是一种方向。我觉着泡一碗浓茶，浓茶的感觉是一种很醇厚的苦味，当在这样一个清净、悲凉的氛围中，他在品味茶的这种浓厚的苦味时，是不是有一点在品味他自己的这种有点悲凉的人生的感觉？

张悦以"如果"领起，是退后一步的意思，那是"附庸风雅"。这里边隐含着对学生体验的一定程度上的认可。张悦跟学生探讨"文化"了。但真正的"文化"，绝不是简单的概念的敷衍，而是文字背后的人生。张悦将郁达夫的日常的生存，注入了意义，她把"破"和"苦"（浓茶之味）放在生存的状况之中考察，概念层面转化成了文化层面的主体认识。

这段对话的"教学"价值也值得开掘，诸如教学主体间的平等对话、个体体验中的自然生成等等。尤其是点破文字背后的文化含量，其根本的文化根植，当是语文作为"人类文化的重要组成"之必不可少！

生活厚度

语文与生活天然相连。我们可以说，语文是生活的一部分，或者，语文本身就是生活。但是，语文课堂上，割裂与生活的联系，已不是一两天的事儿了。看看张悦的课，《传统文化与文化传统》教学中，有举例说传统文化的一节，她这样引导学生关注生活，留意日常：

师：你能举一两个例子来说说什么是传统文化吗？

生①：民以食为天。我想说说"吃"和节日的关系。元宵吃汤圆，清明吃青团，端午吃粽子，中秋吃月饼。

师：这样的习惯一直保留到今天。同样，元宵闹花灯，清明踏青，端午赛龙舟，中秋赏明月也流传到了今天。它们都是传统文化。

生②：他说"吃"的，我说"游"的。我们的"瘦西湖"充满着传统文化的因素。

师："充满着因素"这种表达不够妥当。可以说成"洋溢着传统文化的浓郁气息"。你看行吗？

生②：谢谢老师。

毫无疑问，传统节日，是传统文化的组成，而传统节日之吃、之玩、之游、之乐，正是构成传统节日的重要元素。同时，也都是老百姓日常生活的丰厚积淀

（这一积淀即源自传统）。而抽象的"传统文化"，只有当它具象化为学生所熟知的生活，他们也才能对概念有更深层次的领悟。马克思将衣食住行列为人类生存的最基本需要，就因为它是人类的基本生活。传统节日凝固下来的这些生活方式，无疑加深了学生对"传统文化"的体验。又，前引"木"、"树"、"叶"、"职业"之种种，亦无不是对生活的刻意关照。

可以这样说，语文教学一经与生活相连，必然焕发无限活力。生活乃学生所亲历，以亲历之体验，参与教学过程（文本解读过程），"自主"、"独特"、"多元"、"生成"之功效立显。

理想高度

理想，一为人生观之理想，一为教学观之理想；高度，则表现为，一为对未来所抱希望之高度，一为希望所实际达到之高度。我想，张悦在这几方面应该都有所思考、探究。

《在马克思墓前的讲话》，说到马克思"让他一个人留在房间里还不到两分钟"，即溘然辞世。张悦有一段"独白"：

我被你深深感染了。想多说几句，请同学们不要介意。1871年恩格斯移居伦敦之后，每天下午都会去探望马克思。疾病是晚年马克思的劲敌，但不是最大的敌人。1881年的冬天，马克思的夫人燕妮病逝，恩格斯说过，燕妮死了，马克思也死了。祸不单行，1883年1月，马克思得到了钟爱的大女儿猝死的噩耗。马克思的小女儿说过：姐姐的死亡是将死刑判决书带给了我的父亲。两个月后，马克思病逝。恩格斯陪伴着马克思度过了人生最后的岁月。但是令人遗憾并痛心的是，这个最亲密的友人却没有在伟人的弥留之际听到半句遗言。"还"这个副词真实地传递了恩格斯由遗憾而造成的痛心疾首：两分钟，不过是短短的120秒而已，而恰恰是短短的120秒，成为缔结了伟大友谊的人儿之间的屏障，这是一条永远也无法淌过去的悲痛欲绝的河！（生鼓掌。）

这里，说到了恩格斯和马克思的关系，说到了马克思与亲人的关系。在说到这些关系的时候，我们并没有见到作为"当代最伟大的思想家、这位巨人、科学家、革命家"的这些耀眼光环，我们看到的是一个充满了人情、亲情、友情的人的最后弥留，以及所带来的无以言表的哀痛、痛惜与震撼。它加深了学生对这位让我们产生"理想"的伟人的敬重，又更由于他与我们有着一般的常人情怀，所给我们的"悲痛感"就更为切肤。

我说，这是张悦语文教学的"技巧"。其技巧，让我们更加贴近了马克思（也贴近了文本）。

所以，就有了学生的最后发言：

生④：老师，你也启发了我。古代的人说大音希声、大巧若拙……我能不能说恩格斯对马克思是"大痛无痕"？

师：更恰切的表达可以是"大悲无泪"。

于是，在"马克思墓前的讲话"时分，我们都有了痛哉斯人的哀痛！

张悦在《我这样教〈故都的秋〉》中这样说："大赛的帷幕已经落下……"大赛云云，指的是第五届"语文报杯"全国中青年课堂教学大赛。张悦参赛执教的正是《故都的秋》，而我，则是张悦所在组——高中组评委组长。当时，我们把张悦列为高中组第一。我与同组的另一评委陈仲樑先生说起张悦的课，下的判词正是"干净"。"干净"的语文课，当是张悦语文教学的实践与追求。

戏 剧 篇

《长亭送别》课堂实录

一、[美] 奥德韦作曲的《送别》音乐作为课前迎接音乐。

【说明】让学生静下心来品味"送别"的意境，为上课创设与课文内容相谐的教学情境。

二、相关剧情介绍导入新课。

师：《西厢记》是元杂剧的压卷之作。故事还得从普救寺说起。普救寺里，风流倜傥的才子张珙和具有倾国倾城之貌的贵族小姐崔莺莺不期而遇，一见钟情。后来，叛将张飞虎要抢走莺莺做压寨夫人，崔莺莺的母亲老夫人百般无奈之下许下诺言：谁能从虎口救出莺莺，就将女儿许配给他。张珙连忙请来八拜之交武状元杜确帮忙，杜确一举击退了贼兵。可老夫人却变了卦，她说："我堂堂相国府怎可以容你这个白衣女婿？你们还是以兄妹相称吧！"张珙气得生了病，崔莺莺对自己的母亲也是又怨又恨。在月色溶溶的夜晚，张珙弹琴向莺莺表明心意，莺莺听出了琴声中的相思之意，深受感动。于是，在红娘的帮助下，几经周折，终于私下里成了婚。老夫人知道后，勃然大怒，又使了一招："张珙，你赶紧进京赶考，咱三代不招白衣女婿！"于是，在暮秋季节，马儿迍迍的行，车儿快快的随，一对心爱的人儿在长亭别离。

【说明】突出戏曲中人物的矛盾冲突。倾听是一种积极的对话方式，教师声情并茂的"说书"形式可以拨动学生的心弦，产生和谐的共振。

三、教师设问：女主人公崔莺莺最打动你的是哪一点？

生：倔强的个性。

生：对爱情的忠贞。

生：叛逆性格。

师：崔莺莺最打动我的是她的眼泪，崔莺莺用眼泪表达了"倔强、忠贞、叛逆"。在长亭，莺莺以"离愁别恨"为菜，以"眼泪"为酒，为张珙举行了一场特殊的送别宴。我们这节课就以"泪光盈盈处的离愁别恨——走进崔莺莺的情感世界"为小课题，进行课堂探究式的学习，就叫"满纸莺莺泪，共解其中味"吧。我们以下面四首带泪的曲词［端正好］、［朝天子］、［耍孩儿］、［四煞］作为例子，进行探讨。先作第一次感受性朗读，尽可能进入作品的情境中。我读曲牌，大家读曲词。

【说明】探究性学习的主阵地应该是课堂。放弃师生平等对话、共同探究的课堂教学模式，而在课外花大量时间作研究，固然有其积极的效度，但"师生是交响乐的创造者"这个理念也许在师生进行直接的精神碰撞的课堂里，能更有效地得到体现。

四、教师设问：请看［端正好］，泪从哪里来，泪表达了崔莺莺怎样的感情？描写的是哪个季节的景物？

生（全体）：暮秋时节。

【说明】问答式过渡，预热课堂。

师：这些景物有什么特点？

生（全体）：凄美。

师：［端正好］共有五个意象。分别是碧天白云、黄花满地、西风阵阵、北雁南飞、霜林如血，这五个意象组成了凄美的意境，看到了这样情景的人肯定会产生忧伤的心境。如果是一个已经被离愁别恨困扰的人看到这样的情景，肯定会愁上添愁。崔莺莺在送别路上所看到的景触动了她内心的情，她内心的情又赋予景以别样的色彩，借景抒情，移情入景，在她看来，连霜林也是由离人的眼泪染红的，景中有泪，泪中含情，这是莺莺的内心独白，这眼泪包含了她即将与张珙告别的无限悲愁。多情自古伤离别，更那堪冷落清秋节！

【说明】教师对［端正好］的品读围绕"意象——意境——心境"展开，着力品味莺莺的眼泪，直奔研究的主题。

师：我们经常说，诗中有画，画中有诗，如果将［端正好］中描绘的秋景用一幅画来表现，画的主体应该是什么？

生：离人的眼泪，画一个流泪的崔莺莺。

生：不好，太直白，画"霜林"。

师：画上如血霜林，崔莺莺的悲愁就能表现了。

【说明】为了提升鉴赏的品位，以想象绘画的形式对［端正好］进行二度再创解读。

五、布置学习内容，提出学习要求。

师：剩下的三首曲词就交给同学们讨论学习了。以一首曲词为主，解读崔莺莺的眼泪。我们讨论的主干问题是：1. 这首曲词是在什么场合唱的？2. 眼泪表达了崔莺莺怎样的情感？我们要明确学习的方式：字不离句，句不离段，段不离篇，不要将眼泪从特定的场景、情境中抽绎出来，一定要联系剧情的发展，联系这折戏甚至是整部戏的内容。明确探讨的问题了吗？（生点头。）好，前后左右同学自由组成学习小组。所谓自由搭配，干活不累；选好首席发言人，并在讨论中做好记录。

【说明】此为关键的"三明确"：选定一首曲词，明确探究的内容；选定合作的伙伴，明确交流的对象；提出学习的要求，避免架空探究，发射"空"对"空"导弹。

六、师：开始"招标"，学习［朝天子］的，打个招呼，学习［耍孩儿］有没有？［四煞］呢？按照剧情发展，先解读［朝天子］处崔莺莺的眼泪，请全体女生朗读。

【说明】"招标"的形式，可以点燃学生的对话热情；从［朝天子］开始解读，是为了不打破剧情的发展。

生：我是本组首席发言人，这是告别宴上的唱词，是离别的苦泪。

师：端起酒杯，想到流泪。酒本美味，为什么在莺莺喝来却清淡如水？

生：离别的苦味冲淡了酒的美味，这叫"酒入愁肠，化作相思泪"，高兴了，有酒，"白日放歌须纵酒，青春作伴好还乡"；不高兴，还是酒，"抽刀断水水更流，举杯消愁愁更愁"。

师：酒可以寄托情感。再换一组同学，先评价一下前一组同学发言，再代表小组发言。

生：我是本组首席发言人。他回答得比较表面，但还没有进入崔莺莺的内心世界，这是无奈的泪。

师：你从哪里看出来？崔莺莺愿不愿张珙去考状元？

生：不愿意。"蜗角虚名，蝇头微利"，爱情第一，功名不值一提。

师：可她又为什么要送张珙去考？

生：母命难违，自己的婚姻必须得到母亲的承认，为了婚姻的美好前程，只好答应了。

师：那她对母亲怀着怎样的感情？

生：恨，怨恨，恨母亲棒打鸳鸯。

生：仅仅恨母亲吗？假如张珙出身名门，家有上亿资产，老夫人还会不会反对？结婚是两家人的事，不是两个人的事，崔莺莺还恨门当户对的婚姻观。

师：你们（指这个组的学生①和学生②）对自己的发言满意吗？我来补充一点。大家知道狗仔队吗？（生点头、议论、微笑。）假如堂堂相国府小姐嫁给了一介书生，那肯定会成为小报的头条八卦新闻。这颗眼泪里包含了崔莺莺的两重恨，对母亲的怨恨，对世俗观念的愤恨。莺莺含着眼泪坐在饭桌旁，此"恨"绵绵无绝期啊！

【说明】学生的见解结合了整个小组同学的探究意见，有一定的深度。如果教师一味打断，肯定要影响学生发言的情绪，影响水平的发挥。这里设计的学生对学生的评价与学生自我评价，是为了更多地将激赏性评价引进探究的课堂，激起课堂探究的千层之浪。

全体学生朗读［朝天子］，读出"恨"的感情来。

【说明】［端正好］以品味画意解读诗意，［朝天子］改为朗读体味莺莺带泪的怨恨、愤恨。

七、教师设问：宴会结束，母亲、法本和尚退场，夫妻话别的时候到了。我们一起来探讨［耍孩儿］。流泪时的莺莺心态如何？

生：我是本组首席发言人。［耍孩儿］多处写到泪。"淋漓"，流泪的情态；"比司马青衫更湿"，比较的方法写泪；"眼中流血"，夸张摹泪。

师（插说）：为什么会未登程先问归期？在担忧什么？她希不希望张珙考中状元？考中后会怎样？

生：最理想的结局是"有情人终成眷属"。

师（追问）：有没有其他可能？

生：皇帝招驸马，高门贵族要招婿，社会地位的改变会对婚姻的稳定性产生影响。在封建社会，女子被休是很容易的事，一纸休书就可以了断一桩婚姻。

师：文学作品中有没有这样典型的例子？

生：《铡美案》。

师（追问）：那如果没有考中呢？

生：丈母娘会翻脸不认人，眼见着婚姻无望，张珙"黄鹤"一去不复返怎么办？还有一种可能，张珙会留在京城继续考，直到考中为止。

师：你的意思是张珙要进高考复习班了。（生笑。）这叫"中"亦忧，不"中"亦忧，崔莺莺忧心如焚。这颗眼泪包含了莺莺对婚姻前途深深的担忧。这是莺莺对张珙的真情告白：内心忧愁，才下眉头，却上心头。

【说明】这段问答式的师生交流，是师生与作品的近距离碰撞，自然消解了与作品的远距离。

八、教师设问：全体女生把自己当作崔莺莺，全体男生你们就是张珙，进入角色，进行体验。分别在即，根据［耍孩儿］前后的剧情，莺莺有什么要嘱咐张珙的，张珙又有什么要表白？用简洁的语言表达出来。我们来体验男女主人公此时此刻的心情。（教师选一位崔莺莺，女生选一位张珙。）

女生（低声）：保重身体，早早回来。

男生（略微思考）：考中了再回来。（生鼓掌。）

师："崔莺莺"的临别赠言联系了［五煞］，"张珙"的表白联系了"金榜无名誓不归"，很好。

【说明】文学作品鉴赏重在主体体验，［端正好］采用想象画境的方式，［朝天了］采用朗读的方式，［耍孩儿］采用表演的方式，让学生进入情境，体会情感。

九、学习［四煞］。

师：送君千里，终须一别。张珙要走了——开始［四煞］的学习。

生：我是本组首席发言人。这是莺莺想象在与张珙告别后，也许会终日以泪洗面的场景。这颗眼泪同样表达了崔莺莺无限的悲愁，真是"过尽千帆皆不是，斜晖脉脉水悠悠，肠断白蘋洲"。

师：这些曲词都是崔莺莺的唱词，当然我们已经无法用元杂剧的形式来唱它了。但古典诗词恰恰以歌曲的形式更深地走入了人们的心灵世界，成为广为流传的经典。李煜的《虞美人》、苏轼的《水调歌头》、岳飞的《满江红》唱遍了大江南北。根据[四煞]的意境，你可以用现代音乐给它配上乐曲，选唱其中的几句吗？请说明你选的是什么曲子？为什么选这首曲子？

生：……（像是临时自编的调子。）

生：……（周杰伦的《东风破》，不是很"搭调"。）

生：老师，你试试吧。（生期待，轻声击掌。）

师：好吧。我选择徐小凤演唱的《相见时难别时难》的曲，原词是李商隐的《无题》诗，我认为这个旋律能恰如其分地表现离别悲愁。（师唱读，生鼓掌。）

【说明】画了，读了，演了，这次采用"唱"的形式对文本进行创造性解读。

十、课代表主持课堂探究学习小结。

师：在《长亭送别》中，崔莺莺用眼泪为张珙编织了一张情网，用眼泪表达了离别的悲愁、对婚姻前途的忧愁、对母亲棒打鸳鸯的怨恨、对世俗观念的愤恨。

生（课代表）：带泪的曲词还有《叨叨令》《小梁州》《幺篇》《三煞》，课后还可以进一步研究。当然，"眼泪"只是我们研究的一个突破口，《西厢记》是博大精深的，你还有别的研究角度吗？（学生讨论。）

生：研究崔莺莺的情感。

生：研究情境交融。

生：研究修辞手法。

师：可以"试与莺莺共悲愁"为题，走进她的情感世界；可以"一景一物总关情"探究情境交融，可以"等闲拈来皆超然"为题研究用典；还可以"揣摩语言品意蕴"为题，钻研语言魅力，甚至研究作品背后站着的作者……老舍先生说过：任何伟大的作品都是从作者生命的根里流出来的。经典不厌百回读，这就是《西厢记》的魅力。要研究，必须搜集资料，网络是个容量很大的平台，我给大家提供几个学术网络，还有我的邮箱，欢迎交流。

【说明】"泪"的探究只是个例子。阅读文本是读者主动建构的过程，文本的生命是在阅读创造的过程中被赋予的。同时，探究不能流于形式而架空，要给学生搭好支架，提供探究之"锚"，否则会使探究成为无源之死水。

师：弘一法师李叔同先生根据《长亭送别》的意境，创作了《送别》这首歌，我们就在歌声中与崔莺莺告别，我也和大家说再见了。下课。（再放《送别》一歌。）

诗意语文，灼灼其华

与《长亭送别》邂逅，满足的是自己的审美期待。在比赛备选篇目中看到它时，眼前出现了崔莺莺"梨花一枝春带雨"的妙曼形象，耳畔回响起在时间的深度中，由她与张珙用平平仄仄的爱情走成的一首千古绝唱：我准备在《长亭送别》中与学生一起享受一次美妙的精神漫游。沈永廷老师非常支持我的选择，他说这是一篇新课文，体裁上又属于中国古典戏曲，应该有挑战意义。

那么，从哪里走近崔莺莺呢？崔莺莺与张珙告别时缱绻绸缪、复杂纠葛的情感是学习鉴赏的重点，这种欲说还休、千言难尽的感情是由女主人公的唱词、科白共同来完成的。而学生与文本有两个主要落差：一是与崔莺莺情感世界的距离，另一是与中国古典戏曲的距离。这双重距离的缩短、消弭是走近经典、产生阅读美感的要素。否则，学生与文本、作者分割离立的假平衡状态就无法打破。阅读必须借助于生活体验，有没有零距离的、可以体验的元素在课文中存在？在通读《西厢记》的基础上，我反复阅读节选部分。终于，我看到了一个小精灵在活泼泼地向我颔首，那就是崔莺莺的眼泪。眼泪是人类的集体记忆，流泪是表情达意的主要方式，每一个善良易感的心灵都会对眼泪产生柔软细微的感觉，即便是最刚性粗犷的汉子也会有被眼泪潮湿灵魂的经历。解读眼泪成为了学生走近崔莺莺与崔莺莺走向学生的通衢，它甚至可以让我们看清躲藏在眼泪背后的真正打动着我们的那个世界。我确立了上课的主题：泪光盈盈处的离愁别恨——走近崔莺莺的情感世界。依稀仿佛中，长亭外，古道边，美丽的莺莺以离愁别恨为菜、眼泪为酒，在秋风秋意中展示着充满悲愁的风华绝代……

教无定法，选有定则，适合的就是最好的。如何让学生在《长亭送别》的学习中充分地实现自我意义呢？教师不是交响乐表演的指挥家，不应该成为课堂的主宰。如果我们目中无"人",将学生放逐出了课堂,那么,语文教学的生命力也就丧失殆尽了。我想到可以让探究性学习在语文课堂教学中"施展拳脚"。这折戏中有许多带"泪"的曲词,让学生做了阅读整折戏的"热身运动"后,自由选择曲词,自愿组成学习小组,自主选定首席发言人,围绕核心问题"眼泪表达了崔莺莺怎样的思想感情"进行独立探究、合作探讨,在小组学习中品味语文学习的诗意。

我将粗糙的毛坯放在了专家前辈的面前。为了体现自己的底气与勇气,增强应对能力与课堂调控能力,我第一次试教就借班上课。关于那堂课的记忆,除了逼仄之外,别无其他。下课铃声已经响过,我和学生们还在眼泪的"势力圈"中难以自拔,我隐隐觉得自己没有把握好课堂的节奏。褚树荣老师肯定了我的进步,他说我的教学设计要比三年前在省青语会上的观摩课成熟多了,但我知道后面会听到金玉良言。"崔莺莺在流泪,课堂探究的问题也是泪,应该是摹画悲情悲心的。学生却笑着在解读泪,教师调控学生的阅读情绪很重要……"真的是一语中的,四两千斤。这就是这堂课的症结,这就是教学中以热闹为外衣的假平衡现象。学生根本没有入戏、入境,他们徘徊在"戏门"之外,连看戏、读戏的感觉都没有找到,更不用说品尝戏里人生了。褚老师关键的指正,是一剂良方,使我逐步学会追求真实自然的课堂教学的常态境界,坚持清贵与精致,拒绝矫情与柔媚。沈永廷老师也给了我中肯的建议,学习戏剧作品,不依托于"演",学生与作品依旧有"隔",教师总归有些左支右绌,底气不足。何不让学生精选其中的片断,让自己成为角色本身,来演读,甚至表演呢?的确,课堂有时也可以是一个舞台,搭台者是教师,演戏者是学生。

任何成功都离不开有力的帮助和温暖的扶持。专家前辈的建议促使我反思自己的教学思路与教学行为,力求使整堂课处于悲美、干净、从容的状态中,努力用教师的个人气质与对文本的独特理解去营造、烘托学习的氛围,让"教"与"学"都成为水到渠成似的自然喷薄过程。市里的比赛我有幸获得了一等奖,担任评委的胡勤老师在点评时反复强调涵泳品读《长亭送别》情景交融的重要性。任何作品都有自己的精华,上《西厢记》不提情景关系,似乎是一种有所或缺的遗憾。由"泪"入课,我们看到的是《西厢记》的冰山一角,但文本的解读方式与角度是多样的,精品不厌百回读;所谓经典,就是初次阅读好像碰到熟悉的朋友，又是再次阅读好像结识新的朋友。受到胡勤老师的精辟提点，我在课的延伸拓展部分增加了另外一些可以作为课外进一步探究的话题。多一些探究话题不是简单的"量"的增加，其实是给了学生更多的学习途径，为学生走近作品、靠近作者，完成对话搭建了有益的平台。后来的教学实践也告诉我，有了这个平台，课堂由平面走向了立体，变得丰满厚重、有深度和宽度了。《长亭送别》这节课凝聚了集体的智慧和力量，从这些良师益友身上，作为晚辈的我学到的不仅仅是语文教学本身，更多的是语文教师应有的质养与气度。与《长亭送别》相伴的日子里，一直有一股汹涌的伟力推着我向前，它有一个朴直的名字叫感动。

省里比赛的日子近了。我带着《长亭送别》在市区的另外两所省一级重点中学"磨"课，自认为对课堂的把握趋于平稳成熟，状态上似乎有些松了。沈老师诚恳而敏锐地指出，课能放开上，是件好事，但应把握好完美的分寸，收放有度，插科打诨只会影响课堂的美感。前辈及时的提醒，使我意识到我的课堂有一种叫"浮躁"的东西正在蠢蠢欲动地挤兑着真实鲜活的成分。插科打诨似乎取悦了学生，活跃了气氛，但从本质上降低了课的格调，影响了教学的生命力。幽默是教师的智慧，是高雅的激情与冲动，嬉皮只是通俗的玩侣，它可能会贴上庸俗、媚俗的标签。打造教学语言，用的是真情机智，而不是机巧滑稽。吴宁亚老师也认为，教师采用说书的方式串讲《西厢记》的主要情节，显得单调些，可否配上连环画，给学生一些视觉冲击与艺术享受……我又带着前辈的建议与祝福，修改、斟酌我的教案，开始"爬坡"，我想只要不停下求索的脚步，我会看到最美的风光。

省里的比赛，永远难忘杭州十四中的大礼堂，专家评课和教师代表评课我都获得了第一名。后来，我代表浙江省参加了全国比赛，在临时抽签、限时备课的情况下，获得了一等奖第二名（离第一名有 0.02 分的差距）。全国著名特级教师史绍典先生、喻旭初先生给予我授教的《故都的秋》以很高的评价，中文核心期刊《语文教学通讯》两次约请专家撰文，评价探讨了我的比赛课。人民教育出版社、山西春秋出版社分别出版发行了我的作文教学、阅读教学光盘。成功是喜悦的，但成功属于大家。王家祥校长对我说："你要记得，冠军永远只有一个；那 0.02 分就是距离。"

有些情绪真的无法用文字来传达，感谢在心，掬情在手，我只想将感恩的心晾晒在暖暖的日光下。因为，在语文教学这条漂满阳光的大河里，我这个懵懵懂懂的小卒遭遇了诗意：一群充满诗意的语文前辈与同侪，是他们用诗心诗情点燃了精神的火把，引领着我品味诗意的语文，寻找语文的诗意。美，真的可以摹画在明净的天空，只要天使给你翅膀。

花开两朵，各表一枝
——崔莺莺、杜丽娘形象解读

　　《西厢记》中的崔莺莺和《牡丹亭》中的杜丽娘是中国古代戏曲家用生命点燃的人物，她们精美隽永，温婉可人。而《长亭送别》和《闺塾》又是她们的文学生命熠熠生辉的地方，每每浸淫其中，都会心为所动，情为所牵，在为她们纤纤的如花碎步充满醉意的同时，又被她们作为女性的自我举发的风骨之美所吸引：春来秋去总是情，真正能穿越时空，经过岁月的淘洗而留存下来的只有精神之美。

　　《长亭送别》氤氲着离愁别恨，《闺塾》酝酿着幽怨不满。莺莺的宣泄真率可爱，淋漓畅快；丽娘的流露含蓄持中，余香袅袅。

　　莺莺以离愁别恨为菜，以眼泪为酒，在长亭为张珙饯行。曲词中多次唱到"泪"，"泪"是莺莺为张珙编织的一张情网，"泪"是我们走近作品，与莺莺共悲共愁的千千结，我们的教学可以在"泪"上找到切入点。在送别的路上，莺莺唱道："碧云天，黄花地，西风紧，北雁南飞。晓来谁染霜林醉？总是离人泪。"碧天白云、黄花满地、西风阵阵、北雁南飞、霜林如血五种图景凄美动人，看到这种景象的常人一般都会产生忧伤惆怅之感，因为它符合中国传统"悲秋"的文化心理和大自然深秋的特质。而此刻的莺莺已经被离愁深深困扰，在她眼中，霜林就是由离人的眼泪染红的，于是，她很自然地移情于景，这眼泪中自然就包含了即将与张珙告别的无限悲愁。在送别宴上，莺莺叹道："暖溶溶的玉醅，白泠泠似水，多半是相思泪。眼面前茶饭怕不待要吃，恨塞满愁肠胃。'蜗角虚名，蝇头微利'，拆鸳鸯在两下里。一个这壁，一个那壁，一递一声长吁气。"这是一场哭宴，是一场在老夫人的逼迫下摆开的饭局，充满了哀伤与无奈。莺莺端起酒杯，想到离别，真的是"酒入愁肠，化作相思泪"。她的心里是充满了矛盾的，她视功名为"蜗角虚名，蝇头微利"，根本不值得一提，因此她不愿张珙去应试。可她又不能不送张珙去考状元，因为母命不可违，自己的婚姻必须得到家人的首肯。情感上的"不愿"与理智上的"屈从"所形成的矛盾，使莺莺对母亲棒打鸳鸯充满了怨恨，而母亲只是一个被推到前台的执行者，更大的阻力来自于门当户对的婚姻观，要从当时世俗观念的势力圈中突围出来，这真的比登天还难。莺莺这个聪明执着的女性对此有着清醒的认识，她对母亲的怨恨只是"表"，而对世俗观念的愤恨才是"里"。眼泪已经不是柔弱的代名词，她的哭声何尝不是她勇敢的反抗声，眼泪是她反抗的武器，是她异于封建时代一般女性的表现：一个女子的刚性往往会披上一件柔媚的袍子，只有真正懂得她的人才会欣赏她的风骨。

当母亲和法本和尚退场，只剩下红娘的时候，崔莺莺的眼泪潸然而下："淋漓襟袖啼红泪，比司马青衫更湿。伯劳东去燕西飞，未登程先问归期。虽然眼底人千里，且尽生前酒一杯。未饮心先醉，眼中流血，心内成灰。"莺莺面对心爱的人儿，毫无保留地流露了心中的担忧。此刻的她同样在矛盾中苦苦挣扎。她既希望张珙成功又不希望他及第。考中之后，固然会得到母亲大人的认可，但考中之后由于张珙社会地位的改变而带给莺莺的担心却是巨大的。皇帝会招驸马，高门贵族会招婿，张珙即便痴情于莺莺但迫于巨大的社会压力，也会身不由己，社会地位的改变会对婚姻的稳定性产生影响。可如果没有考中呢？老夫人可不会承认这桩姻缘，张珙可能会因为失望，一去不返。在莺莺看来："中"与"不中"都让人担忧。我们从她面对张珙流下的眼泪可以读到她对婚姻前途深深的忧虑。而张珙的"金榜无名誓不归"的真情告白，在他自己想来是对莺莺钟情的誓言，也是和丈母娘矛盾调和的唯一途径，但在莺莺听来，却有些刺耳，莫非他想进"高复班"了不成？这真是秋风秋雨愁煞人呐！送君千里，终须一别，到了"执手相看泪眼"的时候。莺莺满腔伤痛地唱道："这忧愁诉与谁？相思只自知，老天不管人憔悴。泪添九曲黄河溢，恨压三峰华岳低。到晚来闷把西楼倚，见了些夕阳古道，衰柳长堤。"张珙真的要起程了，相见时难别亦难，莺莺的眼泪滂沱而下，不可遏止。莺莺想到在与张珙告别之后，也许会终日以泪洗面，成为一个闺中怨妇，望穿秋水，可远人不归。莺莺的眼泪是心中无限悲愁的真实写照。

《长亭送别》中其他曲词《叨叨令》、《小梁州》、《幺篇》、《三煞》中都带着盈盈的泪花，莺莺仿佛就是那"梨花一枝春带雨"的美人，用她的眼泪表达了离别的悲愁、对婚姻前途的忧愁、对母亲棒打鸳鸯的怨恨以及对世俗观念的愤恨。在强大的封建势力面前，莺莺表现了一般女子所不具备的勇敢与真率，努力争取着以双方的互相吸引为基础的自由爱情，显示了生活于封建时代的女子脱俗的诗性的美丽。《西厢记》的魅力从某种意义上解读，可以说是崔莺莺的魅力。

如果说崔莺莺在《长亭送别》中宣泄的是率性的诗唱，那么杜丽娘在《闺塾》中吟哦的则是悠缓的慢板。《闺塾》中有一个流光溢彩的人物春香，春香闹学一直以来都被作为解读的热点。我觉得，作为一部富于浪漫主义色彩的爱情剧，《牡丹亭》对女主人公杜丽娘的塑造一直未曾游离，只不过笔势不同罢了，有时是直笔、明笔、主笔，有时则是曲笔、暗笔、次笔，作者在刻画人物方面一直都以男女主人公为核心。就像《闺塾》，春香的四次闹学：陈最良讲解《诗经·关雎》时故意曲解，模字时有意错拿文房四宝，找借口"出恭"去逛花园以及与塾师"对打"大闹，如果没有杜丽娘的"保护伞"，春香又怎么能够淋漓尽致地表现性格中的直率淳朴、天真可爱、机智泼辣？春香能够闹学恰恰是杜丽娘这个与众不同的大家闺秀的气度和美质的体现。无非春香闹得表面、热闹，而杜丽娘则闹得含蓄、高明一些罢了。因此，《闺塾》的解读核心应该还是杜丽娘，我们可以从人物的语言作一些品味与理解。

《闺塾》一开始，杜丽娘就非常吸引读者的眼球。冬烘先生陈最良怪罪道："凡为女子，鸡初鸣，咸盥漱栉笄，问安于父母；日出之后，各供其事。如今女学生以读书为事，须要早起！"丽娘回应道："以后不敢了。"这个"不敢"是极为微妙的。表面上看，丽娘不失大家闺秀的礼仪，恭谨地向老师道歉。细细咀嚼，丽娘为什么不说"学生知错了"，而要说"不敢了"？杜丽娘深谙师道尊严，但骨子里对父亲为自己请的这位家塾先生却极为不满，只言"不敢"，只是迫于老师的威严和自己作为一个闺秀必须遵守的礼节而已，心里其实是不服的，"不敢"表示屈从于"外力"，不是心悦诚服。你能说杜丽娘没有在闹学吗？当先生要杜丽娘讲解《关雎》的时候，丽娘的"闹"稍稍地显山露水了，她回了句："师父，依注解书，学生自会。"这句话里充满了潜台词，陈最良对《关雎》人云亦云、照本宣科的说法，让丽娘感到不满。因为陈最良是从女子美德的角度解读《关雎》的，而且特别强调"无邪"，即告诫杜丽娘不要往男女爱情上去想。丽娘所说的"自会"二字最有分量，她直截了当地拒绝了陈最良苍白无力、让人兴味索然的说教，并含蓄地表现了十足的自信。对老师授课方式和授讲内容的拒绝，不就是一种很理性的闹学吗？丽娘的表现没有春香那样的调皮、伶俐，但却比春香的"闹"多了一种分量，骨子里的反抗要比表面的热闹有力得多。当陈最良将《诗经》的大意敷演之后，非但没有引起丽娘的共鸣和好感，反而加深了她的厌烦情绪，有"这经文偌多"这句台词为证。这不是一般性的感叹，更不是真心实意的赞美，这是明明白白的厌恶。老师的讲解没有给丽娘带来精神上的最需要的东西，只是林林总总的要求和说教而已，这又怎么会让正处于如花年龄、对生活充满了憧憬的丽娘满足呢？《庄子·渔父》中写道："法贵天真，不拘于俗。"意思是既要真情实感，又要不事雕琢的自然之美。杜丽娘这一个"偌"字，不就充分地展现了她对陈最良所授学问的真实感受，不就流露了她性情中的自然之美的风度吗？"偌"带给我们的震撼也许还不如这一句"学生自会临书，春香还劳把笔"来得有视觉冲击力。这是丽娘说的第二次"自会"。这次的"自会"没有给塾师留下余地，得体而不失礼貌地拒绝了陈最良教自己模字。因为她不喜欢陈最良，对他古板迂腐、迟钝浅陋的风格非常厌烦，于是自顾自临摹起卫夫人传下的美女簪花格来。美女簪花格，顾名思义，其书法风格肯定娟秀剔透，玲珑清丽。杜丽娘对卫夫人书法的喜爱，足见其透明之心性。而身为塾师的陈最良却一边赞叹字好，一边又不知其属何派何格，真可谓浅陋到家了。请这样的一位冬烘先生担任女儿的老师，杜太守也许别有用意；而当学生的杜丽娘不多时就"领教"了老师的浅薄迂腐，表现出不太欢迎的态度，可见其心思的细密。这个"自会"显然可以看作是进一步的闹学了。但丽娘的表述始终是有教养有身份的，一直保持着她的恭谨沉稳，这与莺莺的直抒其怀有着差别。莺莺面对的是自己的母亲、爱人、丫环，而丽娘面对的是一本正经的闺塾先生，这当然是不一样的。当春香逛了花园回来之后，陈最良举了好多苦读的例子教训春香，春香不服，认为这些人都运用了"自残"的方式，并不光彩。春香的反驳让陈最良感觉师道尊严受到威胁，于是打算采用武力，没料到被春香夺了荆条，就在老师下不了台面的时候，杜丽娘表现了一个大家闺秀的智慧与可爱。且看她是怎么教春香的规矩的:"手不许把秋千索拿!脚不许把花园路踏……这招风嘴把香头来绰疤,招花眼把绣针儿签瞎……则要你守砚台,跟书案,伴诗云,陪子曰,没的争差……则问你几丝儿头发,几条背花?敢也怕些些夫人堂上那些家法?"丽娘唱这一段的时候肯定声色俱厉,但这么做的目的并不是为了惩罚春香,她对春香的行为明骂暗许,主要是为了让陈最良难受,看不下去了,发发善心,顺水推舟罢了。丽娘"闹学"多有大家闺秀的水准啊!丽娘这种"掩人耳目"的做法既为陈最良挽回了师道尊严,又巧妙地保护了婢女春香,而"保护"其实就是"纵容","纵容"就是"认可","认可"则是"向往"了。当春香背后骂陈最良是"村老牛"、"痴老狗"时,丽娘用"一日为师,终身为父。他打不得你"轻轻带过之后,急急问道:"那花园在哪里?"读到这里,不禁释卷轻笑,原来丽娘也是这等的急迫!而到了"可有甚么景致"的追问时,丽娘对自然自由的向往就流露无遗了。窗外风光无限好,拥有这样的名花异草,而我丽娘却在无聊的家塾中将青春变老,这又是何等令人心伤!丽娘的闹学似乎一直没有浪尖风口,也没有春香的直截了当,却涌动着一股热浪,这股热浪来自于郁积于丽娘心中对自然的渴望,对美的追求,甚至可能来自于她心中开始萌动的对爱的懵懂的期盼。

这就是《闺塾》中看似不闹不惊的杜丽娘,这就是《闺塾》中少言少语、退为旁笔的杜丽娘,这就是《闺塾》中大家闺秀风范、青春少女性情兼具兼美的杜丽娘。她以柔性持中的反抗展现自我的性格魅力,这种隐隐之中牵动人心的绵密之力和崔莺莺所表现的真率之力同样具有烛照人心的力量。她们是中国古典戏曲中两朵奇葩,花开两朵,各表一枝。她们的性格之美、精神之美,让我们的境界在悲悲喜喜的情感运动中得到了理性的升华,让我们在审美的同时,丰富对人生对爱的真诚体验。

《窦娥冤》课堂实录

师：同学们好。我们今天学习《窦娥冤》中的典故知识。分五步学。我们一起来试试吧。

1. 释其义——复典故之原貌。

师：窦娥临刑前发了三桩誓愿，其间涉及了哪几个典故？

生：苌弘化碧、望帝啼鹃、六月飞霜、东海孝妇四个典故。

师：窦娥的唱词只截取了典故中的某些信息，达到为"我"所用的目的。能将内容加以扩充具体说一说典故涉及的人或事吗？

（学生依托于课文注释，作了一些拓展。）

生："苌弘化碧"这个典故出自《庄子·外物》："人主莫不欲其臣之忠，而忠未必信，故伍员沉于江，苌弘死于蜀，藏其血三年，化而为碧。"

生：望帝啼鹃这个典故很熟悉的，我们在李商隐的《锦瑟》中接触过。

生：六月飞霜这个典故出自《太平御览》："邹衍事燕惠王，左右谮之王，王系之狱。仰天哭，夏五月为之下霜。"

生：《汉书·于定国传》中记载了东海孝妇的故事："东海有孝妇，少寡，亡子，养姑甚谨。姑欲嫁之，终不肯。姑谓邻人曰：'孝妇事我勤苦，哀其亡子守寡。我老，久累丁壮，奈何？'其后，姑自经死，姑女告吏：'妇杀我母。'吏捕孝妇。孝妇辞不杀姑，吏验治，孝妇自诬服。具狱上府，于公以为此妇养姑十余年，以孝闻，必不杀也。太守不听，于公争之，弗能得。乃抱其具狱，哭于府上，因辞疾去。太守竟论杀孝妇。郡中枯旱三年。"

2. 解其旨——析典故之精义。

师：四个典故中的人物命运有什么共同之处？

······ 戏 剧 篇 ······

93

生：命运多舛。不是被杀，就是被囚、被逐。

生：生命中的不可承受之重：信任危机的受害者。

生：有冤无处伸，呼天天不应，喊地地不灵。

生：还是惊天动地的。苌弘鲜血化为美玉，老天也为邹衍动容，五月飞霜，孝妇被杀，更是惊天地，泣鬼神——"郡中枯旱三年"。

生：这说明人性之美终究是泯灭不了的，冤屈终有昭雪的一天。

生：那望帝啼鹃与冤屈有何干系？课文中注释："因水灾让位给他的臣子，自己隐居山中，死后化为杜鹃，日夜悲鸣，啼到血出才停止。"这不足以说明冤屈吧？

生：是的，书上的注释无法让人明白它竟也是一个表冤屈的典故。

师：刚才同学说，这个典故熟得很，我就没有多讲，想不到还是碰到难题了！典故的生命其实是在运用的过程中绽放的。

生：那么请老师说一说望帝啼鹃究竟冤在哪里？

师：袁珂先生编著的《中国神话传说词典》第189页（上海辞书出版社1985年版）明确写道：岷江上游有恶龙，常发洪水为害人民。龙妹乃赴下游决嘉定之山以泄洪水，恶龙闭之五虎山铁笼中。有猎者名杜宇，为民求治水法，遇仙翁赠以竹杖，并嘱其往救龙妹。杜宇持竹杖与恶龙战，大败之，又于五虎山下救出龙妹。龙妹助杜宇平治洪水，遂为杜宇妻。杜宇亦受人民拥戴为王。杜宇有贼臣，昔日之猎友也，常羡杜宇既得艳妻，又登高位，心欲害之。一日猎山中，遇恶龙，遂与密谋，诡称恶龙欲与杜宇夫妻和，乃诱杜宇至山中而囚之。贼臣遂篡杜宇位，并逼龙妹为妻，龙妹不从，亦囚之。杜宇被囚不得出，遂死山中。其魂化鸟，返故宫，绕其妻而飞，曰："归汶阳！归汶阳！"汶阳者，汶水之阳，即《蜀王本纪》所谓"望帝治汶山下邑曰郫"。其妻龙妹闻其声，亦悲恸而死，魂亦化鸟，与夫偕去。

生：这说明对同一个人物，古籍记载与神话传说还是不完全一致的。

师：从《蜀王本纪》的记载中，我们看不到杜宇的冤屈，可从民间神话中，我们获得的信息却是杜宇冤屈无疑，他化鸟，悲啼的因果关系才得以成立，"望帝啼鹃"典故的含义也才得以贯通。

生：我认为课文的解释有明显的疏漏。

师：关汉卿可能是从杜宇神话中截取要义的，而编者则从古籍记载中截录了要义，看来殊途有时是无法同归的。

3. 求其同——典故实现的时空跨越。

师：用典常常是"借他人之酒杯，浇自家之块垒"，那么，剧中窦娥借这四个历史人物的酒杯，想倒进去哪一种酒呢？

生：用苌弘之典，想说自己也是个好人。

生：苌弘无辜被杀，他的血三年之后变成美玉，窦娥以此来说明自己死后天地间的奇异现象会证明自己的无辜。

生：望帝被贼臣篡位，隐居山中，死后化为杜鹃，日夜悲鸣，啼到出血才停止。窦娥以此表明自己死后也会用某种形式表白自己的冤屈。

生：飞霜六月——战国时邹衍对燕王很忠心，燕王却听信谗言把他囚禁起来，他入狱时仰天大哭，正值夏天，竟然下起霜来。窦娥借此来表明自己的冤情也会惊天动地。

师：苌弘、望帝、邹衍这三个人的身份，不是明君，就是贤臣，窦娥为什么要选这些人作为和自己进行比较的对象？

生：想表明自己同样具有美好的节操、德行。

师：那么，东海孝妇的故事呢？

生：与窦娥的性别、身份、经历有更大的共同性。

生：孝妇因为孝而被害。窦娥也是因为善良和孝道而认了罪。"善"与"孝"本来是封建社会所弘扬的女子美德，为什么在这儿反成了被杀的缘由？

师：这个问题有价值。善良而恪守孝道的窦娥本应受到礼赞与标榜，却葬送在铡刀下。这是对"无心正法"的官吏的讽刺，是对不合理、不公平的社会的抨击：一个社会，如果它无法实现执法为民，那么，它只能受到老百姓的控诉、上天的惩罚。窦娥就生活在这样一个清浊不分、善恶不分、好歹不分、贤愚不分的社会里！

生：看来窦娥想倒进去的是一杯控诉的酒。

生：这酒的成分是一个弱女子直面人生的冤屈的呼号。

4. 感其情——典故创造的人性张力。

师：窦娥是在发那三桩誓愿时联系这些人物故事的。誓愿的应验与典故似乎没有必然联系。那么，试着去掉这些典故，又会怎么样？

生：不能去掉。典故在这儿有很重要的作用。

师：想听听具体的阐述。

生：这些典故体现了窦娥冤情不浅。

生：典故中的人物充满了美心、美德，却遭受如此不公的对待，能让人产生强烈的共鸣。

师：是的，产生靠近作品与典故中人物对话的愿望，悲悯之情油然而生。

生：窦娥本身就被典故中的人物命运深深打动，并将自己的感情寄托在典故中的人物身上。

生：我们又被窦娥的不幸深深打动着。

师：当读者的心被主人公牵引的时候，我们理应关注主人公所关注的那个世界。典故，不仅成为窦娥抒发冤情的手段，而且也为我们走进窦娥的内心世界，聆听她的怨愤、愤恨打通了情感之路。典故，不是一个个冷冰冰的故事，它是用人性之美浇灌的情感之花。

生：如果直接写窦娥发了三桩誓愿，并一一应验，就没有这么强大的情感力度。

生：窦娥的社会地位虽然不能同苌弘、杜宇、邹衍相比，但她敢于拿自己与他们进行比较，从中也可以看出窦娥的确是无罪蒙冤，她敢对自己的清白负责。

师：更确切地说，社会地位的尊贵和卑微与人格的高贵和低贱没有必然的联系，窦娥那高贵的人格并没有因为其社会地位的卑微受到丝毫的影响，反而被洗濯得更有光华。

5. 悟其理——典故运用的方略。

师：要用好典故，首先需要把握典故的确凿内涵。典故的运用增添了作品的文学性和情感内涵。怎样才能用好典故呢？

生：读到典故，恢复典故的原貌，找到原典，决不以讹传讹。

生：还要考虑使用的语境。

生：尤其要考虑自己所要表达的感情。

生：典故的内容具有丰富性，我觉得我们不能断章取义。

师：对，只见树木，不见森林，这是典故运用中的功利主义。

生：我在学习中碰到的尴尬是：胸中无典故，腹内一片草莽。（生笑。）

师：有办法。那就是勤读书，勤积累。从擅长典故运用的作家那儿学些技巧。辛弃疾、杜牧、王实甫、关汉卿，都是一流的用典高手。送同学们一句话：众里寻它千百度，典故卧身书丛中。今天的课上到这里，下课。

这一条通向古典文化的走廊

题记：典故有时就是一条通向古典的走廊。我们需要走过去，才会欣赏到那古老的飞天袖间神秘的花朵。

一、典故赋予《窦娥冤》的伟美风度

《窦娥冤》这出令人哀伤的悲剧从本体意义上观照是抒情的。典故给抒情增添了丰富的内涵和深远的韵味。因此，依托典故这个学习之锚，学生可以在教师为其搭建的鉴赏平台上，靠近作品中的人物，从而靠近作者。体会典故的有效性，是典故这种艺术手法学习的关键。在案例的实施阶段，我采用了原点思维的探究方式，将典故的学习分解为以下几个步骤进行，即释其义——复典故之原貌，解其旨——析典故之精义，求其同——典故实现的时空跨越，感其情——典故创造的人性张力，悟其理——典故运用的方略。教学应避免在典故的外圈转弯子。从典故本身入手，与学生一起以课堂讨论这种最常规的教学形态推展学习的过程，建构对典故的认识，丰富对典故的认识，当学生开始在自己的认知结构中实现对典故建模的时候，这种教学状态离我们确认的目标、向度都已不远。

《窦娥冤》中的典故有它的特殊性。窦娥三桩誓愿本身就已充满了张力，但如果直接一一唱出，誓愿的情感力度由于表现形式的单薄会稍嫌不足，谁可以赋予这三桩誓愿以喷薄之力，以期达到摇撼天地、震动人心的伟美风度呢？具有丰富内涵、充满情感魅力的典故可以充分张扬窦娥的思想境界，丰富窦娥的人物形象，使读者在品味古之圣贤悲剧性人生的同时，体会窦娥冤情之深，并被这样一个善良的弱女子却要承担如此不公平的生命之重而打动，在心中挥洒悲悯的眼泪。这就是典故赋予人物的悲剧高度。正是典故，为这个受迫害的弱女子增添了刚性之美，使她在时空延展中越发显出人性的力量。

二、语文课应该承载言语教学的内容

言语由两个部分组成，即内容和形式。言语内容是语文教学必不可少的一个方面，但并非主要方面，而言语形式恰恰是言语教学的关键。一般的课往往解决的是"说什么"，而语文课则要解决"怎么说"。语文教学的镜头要对准言语形式，要引导学生去体悟作品的价值取向，通过言语形式的教学提升言语表达能力。

《窦娥冤》中的典故，就是一种值得一说的言语形式。教学重点应放在典故这种言语形式的独特性上，通过感悟、品味、理解典故，使学生的语言感受力、理解力有一定的提升。在本案例的设计中，我始终关注学生的语感图式对典故的理解，设置了由易到难、由简到繁的教学过程，以解读具体的语言现象，让学生的心理结构作好迎接外部言语对象的准备，再以言语形式所蕴含的思想、情感为探究的重点，以期强化学生的情感图式对典故的同化，然后以讨论典故的运用策略为中心话题，让学生完成由感悟典故到理解典故再到使用典故的语感的飞跃，在其话语图式中能敏锐地对典故这种言语形式进行辩论与识别，在实现同化的基础上使学生的语感图式也由于言语对象即典故对其的影响而产生顺应。那么，在以后的言语学习中，如果再碰到典故，学生就有可能在把握其独特的同时，深化、强化对典故作用的认知，并实现培养语感品质的长效目标。

三、古典文学作品教学绕不开的话题

典故凝结了中国传统文化的丰厚底蕴，典故已经成为古典文学作品中最常见最常用的艺术表现手法之一。由于典故的生动性、形象性以及强烈的情感说服力，使它在古典文学作品构建言语形式的效度方面成为积极的言语因素，并在语言的凝练简洁方面起着积极的主导作用。

《锦瑟》中的典故传达的是怀念亡妻的深情歌哭，《长亭送别》中的典故传递着崔莺莺对张生的脉脉柔情，《永遇乐》中的典故抒唱的是稼轩壮志难酬的落寞与哀伤，《离骚》中的用典使屈原的灵魂经受了时空的洗礼，《归去来兮辞》中的用典高扬了知识分子尊贵的人格……典故成为古典文学中的一朵奇葩，在丰富人物性格，凸显人物精神的同时，将古典文学的魅力以更为深厚、沉远的方式翻卷于中国文化的历史长河中。

典故保存了许多文化原创因素，保留了原始状态的生活素材，避免由于牵强附会而造成的真实性流失，也无法因为文人个人的喜好对典故进行再造，一言以蔽之：典故饱蘸生活丰沛之汁水，以一种文化态度实现对文学的深度观照。

典故，是古典文学作品中不可或缺的一道风景，学生在靠近典故、解读典故的时候，也为典故中的情感深深打动，并为自己提炼出更为精彩的人生提供一个近乎完美的契机。

四、比较

化用也是古典文学作品中经常运用的艺术手法。用典与化用同中有异，如果在探究典故作用的同时，能对化用作一些介绍性质的知识拓展，也许会对典故学习起到巩固、深化的作用。因为，比较学习法可以强化对学习内容的认知，在学生智能结构、心理结构留下言语对象的深刻印痕。

那么，如何达成学习目标呢？首先，要明确化用的对象。化用是一种创作技巧，它实现的是对原有言语形式（主要是诗词）的语言再造，通过创造性的造型，为当下的言语环境服务。对原有的言语形式的了解，是为了理解言语内容，即通过对"怎么说"的关注，来走近"说什么"。只有确定了"说什么"，才能让学生明了原作者的价值取向和情感倾向，也让学生明确原有言语形式实现的本体意义。这是正确理解化用的起点。其次，要关注现有言语形式中怎样实现对言语形式的再造，在当下情境中又有哪些创造性元素产生。毕竟，化用不是照搬照抄，脱离了原有语言环境的言语形式，其新的生命力量是由当下的言语环境赋予的，这也是化用的积极意义。最后，深入化用本体，考究它的意义，并将这种意义具体化。确切地说，化用的作用此刻才轮廓清晰，意义明朗。

化用的诗句应该成为言语的情境有机的组合部分，而非生硬、粗糙、机械的粘贴，只有这样，化用才能在表其意、传其情、悟其思、寻其理等方面实现自己的文化价值。

语文综合实践活动教学分析
——以《雷雨》的合作学习为例

1. 案例背景

戏剧是一种在舞台上表演的整合了多种艺术成分，包括文学、音乐、绘画、雕塑、建筑、舞蹈的综合艺术。

作为戏剧的基本要素——矛盾冲突，它往往是以人物的性格冲突来体现的，它赋予人物以冲动、以激情，以或歌或哭的调子抒唱自己灵魂的声音——戏剧是不懂得平静过日子的。戏剧教学的核心因素应该在戏剧情境中不断推展、高潮迭起的矛盾冲突中。

品味个性化和富有动作性的人物语言，鉴赏人物之间的性格冲突，把握尖锐集中的戏剧冲突，可以让学生通过以下两种途径，一是课堂学习的主渠道，这主要依托于教师对教学资源的充分理解与开掘，二是语文生活宽阔的习得环境，这又关键看学生对学习资源的有效积累与深化。戏剧如果专指供舞台表演使用的剧本，那它就是和诗歌、散文、小说并列的戏剧文学，文学的终极意义在于用言语形式倾吐人类精神之花的芳蕊，以期实现对人类心灵世界的烛照——文学是对地球文明的洗礼。戏剧离不开它的舞台，舞台才是它的生命植根之地，不管它如何枝繁叶茂，舞台才是最好的安身立命之所。观众最美的精神享受与精神愉悦也在舞台中收获。既然戏剧的归属感、认同感在舞台，那么，学生仅仅凭借文本的视觉阅读和心灵对话还不足以感悟戏剧艺术的经典魅力，只有回归舞台，通过舞台阅读，并亲历舞台表演的整个过程，上演别人的故事，经历他者的人生，才能丰富自我的生命体验，由一个听者、读者成为说者、演者。

将剧本搬上舞台，不是对剧本的演绎，而是对剧本的创造。将语文的课堂搬到舞台，能点燃学生学习戏剧极大的热情。当然，由于角色数量的局限，并不能让所有的学生在同一台演出中扮演剧中人物，也由于学生表演能力的现实落差，并不能让他们胜任剧中任何一个分配的角色。因此，采用分组合作演出的方式，既可以满足学生挑选角色和剧目的需求，又可以让他们在"组内合作，组际竞争"的氛围中尽情地享受戏剧表演的快乐。

2. 案例过程

(1) 全班 42 位学生以自愿组合的方式分成 4 个表演合作组，民主选举产生表演合作组的组长，报语文科代表处备案。

(2) 集体阅读《雷雨》全剧，研讨剧情，分析人物关系，把握主要矛盾冲突，写出阅读札记。

(3) 根据全组同学的集体意见，确定演出剧幕；根据个人特长并结合爱好，确定角色；挑选协调能力强、语言表达能力强、理解鉴赏能力强的同学担纲导演，并选定部分同学承担策划、剧务等工作，责任到人，人人都参与到话剧的舞台表演中去，精诚合作，共同体验妙曼的过程给自己带来的愉悦。

演员心声：

我是阿贵
高二（2）班 徐 立

我向来不在乎演反面角色的，但我想演的是那种十恶不赦、恶贯满盈、杀人无数的大魔头，或是工于心计、阴险狡猾的幕后黑手。但阿贵竟然只是一个落井下石的瘪三！看完剧本后我回去与王导商议，但王导不等我开口便微笑着说："鲁贵你演最合适了！"

天！兄弟一场，我在他心中竟只是个瘪三？

没办法，只能照演了。排练之时我故意演得极其阴险，极其无耻，甚至感到肌肉僵硬——因为阿贵很喜欢假笑。但王导又喊停了。

他说："照你平常的样子去演。"

地啊！这句话莫不是在说："你平常的样子已经很像瘪三了？"

终于到了基本成形的阶段了。"好！鲁贵这段之前的戏没问题了。"王导一副老谋子的派头，好像他正在拍《英雄》。可惜《雷雨》中的鲁贵只相当于《英雄》中的侍卫乙。

周五的中午是最后的准备阶段，各人均换上了各人的服装。朴园有华丽的睡袍，冲哥有青春的装束，阿贵么，怎么看怎么像即将或是已经躺进棺材里的人，一副入土为安的装束。

在下面吹了会儿凉风，跟着就到我了，我整理整理衣服，对自己说："我是阿贵。"便上台。

"太太，您好。"……

我的渴望
高二（3）班　全闻韵

事情并没有我想的那么顺利。第二天，王高如告诉我，她和朱晶晶想捧出一对"肥胖版"鲁侍萍母女。我演四凤是由于身材的优势——虽然矮，总不胖吧。而现在，王高如和朱晶晶或许也是有了和我一样的想法，想挑战看看，她俩在我们这群人中完全是核心人物，难保角色会被抢走。况且王高如的声音远比我宏亮，适合话剧表演，她语文功底、把握角色的水平、分析心理的透彻度也绝不亚于我。怎么办，我好不容易说服自己接手的角色，我付出比平时多好几倍的功夫对待这次表演，为了演好，我把剧情、解读、人物的每句台词、每个动作又仔仔细细地琢磨了一遍，体会角色在说每句话时的心情，如果就那样放手，我的努力全部都是无用功。我告诉自己，我想演！

导演感言：

一颗年轻的心永远不会甘于平静，它需要的是不断地尝试、不断地发现以及不断地成功。好奇会驱使着我，让我朝着许多未知领域，不断前进、不断探索。五百年前，哥伦布发现了新大陆，原因之一便是尝试。现在，我也要尝试，或许其本身的价值无法与哥伦布相提并论，但它，是属于我自己的。

一个好的导演成功的关键在于需要一个好的剧本，正所谓"巧妇亦难为无米之炊"。或许我应该把"好"字去掉，换成"合适"一词，是的，《三块钱国币》也是一部不错的戏，但我只能说，它不适合我们组的组情，我们国家不是正大力推行建设有中国特色社会主义吗，得符合"历史潮流"嘛，还有一个原因就在于

《雷雨》本身的价值了,如果说不看《雷雨》是一种遗憾,那么看了不演便成了遗憾的遗憾了。

高二(2)班 王 潇

在看电影版《雷雨》的时候,就深深地被周朴园逼繁漪喝药的镜头所吸引,没缘由地,当时就有一种强烈的愿望,但愿我们能够用自己的方式演绎这一幕。

可是,当我们真正地担起了这个演出任务的时候,我却有些许的失望甚至泄气。因为我们的演员完全没有状态,而我,也不是一个耐心的导演。所以当我一句句地帮助他们揣摩人物的语言、性格,却依然不能达到令人欣慰的结果时,我真的有种想放弃的无奈和失落。然而在这方面,我又是执着的,尽管心中看不到任何的火光,我还是竭尽所能地试图去点燃。只是,一个人的用心——很累。

直到五一假期的一天,我们到学校排练,排练间休息时,我偶然发现陈雍东独自一人在隔壁的教室边背台词,踱来踱去——试图用周朴园走路的样子。当这一幕呈现在我眼前的时候,我突然间充满了信心,充满了坚定,也充满了力量。心中的希望之火就在这一刹那被点燃了——因为我发现,我不是一个人。其实每一个演员,每一个工作人员都在为这场戏倾注自己最真诚的心血。

原来"奋斗"的路上,我并不孤独,我有11个"战友",和我肩并肩、心连心的"战友"。这种感觉真好,真的,很温暖,甚至是幸福。

于是,我几乎整颗心都系在了这场戏上,甚至都废寝忘食了。我从来没有这样投入地去做一件事情,投入到忘我的地步。我敢很自豪地说:"我们是我们班练得最勤快的一组。"

我想我是个很不专业的导演,我们的演员也是很不专业,但无疑地,我们是敬业的。我们坚信:"笨鸟先飞,勤能补拙。"

高二(3)班 王高如

(4)经全组同学协商之后,确定排演进程表,严格按照导演要求到位、到岗,不能因为个人而影响整个排练工作的顺利进行。

排练场景实录:

星期四中午,本想去踩台,结果音乐厅里的舞台根本没空。后来随便找了个小教室就开始排练，没有基本道具，演员又常忘词，整台戏几乎没法儿继续下去。那时，每个人心里都想，完了，明天肯定就完了。而导演那张本来就已经挺黑的脸上更是挂满了霜，冰到了极点。下午赶紧又排了将近两节课，感觉才略微好些，只是没一遍是正正经经的，总有人忍不住要笑。晚上，想到第二天就要上台表演，我的心里便有些不踏实，在自己的小房间里又练了好几遍才作罢。

星期五上午，除了数学课听得较认真外，其余几节课都被用来制造自己的紧张情绪了。我也不想这样，但当时我确实觉得自己更像即将被押赴刑场的犯人，而不是初登舞台的演员，我自言自语最多的一句话便是："天哪，马上就要完蛋了！"

高二（2）班　吴绮芳

道具，道具，我爱你，就像老鼠爱大米

高二（3）班　全闻韵

另一样很头痛的事就是道具和服装，王导列了清单，发现要搞那时的东西还真不容易。光和四凤有关的就有药罐、药碗、蒲扇、茶盘、茶碗、花盆、汽水七样，还有相架相片、烟斗、报纸等等不可缺少的道具，为了这些我们也想尽了办法。我已经找来了外婆年轻时的照片，去周庄玩时买的扇子，甚至外婆结婚时嫁妆的一件——旧式花婉，另外还自行解决了药碗，特意去买了药罐，从奶奶家借了茶盘；别的像报纸、相架、汽水、花盆也比较容易解决。令人头大的就是周朴园的雪茄，抽烟或雪茄都怕呛着演员，最好能搞个烟斗，可烟斗又不是能轻易搞到的。还有衣服和饰品的问题。衣服想去向群艺馆借，却怕没有时间，周朴园的扳指也不知哪里可以找到。但我相信我们大家定能凑出个法子，毕竟大家都希望这幕剧的成功。

(5) 四个表演组以抽签方式确定了表演顺序，用两节语文课的时间在音乐厅作了全身心投入的舞台演出。

我一步一步走向繁漪

高二（2）班 张 甜

终于要上场，站在台阶下，脑中一片空白。一步一步地走上舞台，随着声声高跟鞋与地板有节奏的清脆的撞击声，我感觉四周越来越安静，自己也一步步走进了繁漪。一上舞台见到了周朴园脸部肌肉，顿时，情绪不受我的控制，我厌恶地转向观众席，台词自动地从我心中蹦出，一句又一句，每一句都带着繁漪对周朴园的厌与恨。我似乎已经看不清楚台下观众的脸，其实我根本没有看见什么，好像自己真的是处在那个时代的周公馆，眼前的确是那个我陪了十几年的阎王，对他的仇恨与厌恶不断地冲上来。

我明白了什么叫紧张

高二（3）班 陈雍东

到了真正的演出了。演员们紧张，但幕后的人更紧张，音乐、灯光、化妆……所有的准备都需要所有人的密切配合，也许因为这次活动可能成为同学们高中三年语文合作学习的"绝唱"吧！每个人都希望能展现出自己最完美的姿态，因此在表演之前，每个演员竟然都化了淡妆，做了一切能够做的，之后，静静地等待着……终于轮到我们组表演了。当鲁贵上场时，他那惟妙惟肖的演出让人拍案叫绝；当繁漪出场时，她那高贵典雅的装束让人惊叹不已……每个人的演出都很好，用导演的话来说就是："这是我们演得最好的一次！"

(6) 表演结束后，在组与组更换台上的布景、造景的同时，由下一组同学作好导演陈辞。

说真的，鲍未啸让我很满意

高二（2）班 徐佳婧

各位观众，说真的，我对各位表演都很满意，尤其是鲍未啸，我只想说说5月4日下午的排演经历。

六位主角的到场，我已是很欣慰。五一假期里播放过另一个版本的《雷雨》，他们好几个都看了。从讨论中，我可以听出，他们对《雷雨》的理解又多了一些，

…… 戏 剧 篇 ……

这使我们对他们充满感激。

依我的习惯，第一遍还是让他们体味台词，让他们找一下感觉。从对话听来，虞学贝、汪益都开始进入状态，钟天栋整体听来已不再诡异，颜示珊也愈显气度，我很开心。

第二遍是重点，今天要解决的是舞台上的走位。以我的考虑，六人中繁漪与周萍的台词较为大段，于是台上的站位天平主要依靠鲍与钟来调节，他们尽可以大作挪移。以周冲的性格、四凤的地位、侍萍的心事，汪、虞、陈他们只有退、逃或小步挪动，而朴园则因需持重，不怒而威，疾走快移于他显然也是不合适的。7人共同协调下，基本走位确定。同时这一遍也抓了些细节，关于钟台词的一些重音语气、汪对舞台说明的把握、颜的语调（不要上扬），我说了我的看法，幸好他们都很认同。

第三遍照例是总结，一遍下来挺顺利的。不过，鲍与钟给我提出个问题，这一出对话的感觉太浓，表演的成分欠缺。如何加强动作语言的表达，这是我应该考虑的问题。

打分不是我们的任务，那是台下评委的
高二（2）班　王　潇

我们组的演出已经结束了，我不想对刚才的表演做任何的评论，因为这项工作是属于在座各位裁判的，而并非我这个导演的。

那么，做些什么呢？我想我似乎应该振臂高呼，因为这一切都结束了，我们熬出头了，然而你们看着我站在这儿，什么也没有做，为什么呢？只因为一点点伤感，这毕竟是高中阶段最后一次语文课外学习活动了。我们很感谢张老师能给我们这样一个展现自己的舞台，但是我这个导演却有些地方做得不尽如人意，甚至粗糙，想来不觉有些惋惜。

但惋惜终归只是惋惜，它成不了遗憾，我也不会遗憾，因为根本没有值得我去遗憾的。我承认，我很在乎今天比赛的结果，也迫切希望能有一个好的结果，但我觉得除结果之外，还应该有些别的什么东西值得我在乎。是的，正是因为它的发亮，它的闪光，才让我们这个集体变得与众不同，变得熠熠生辉。相信在座的每一位演员都不会对它感到陌生，不错，那便是真诚的合作，是心与心之间的

交流。我还清楚记得我们组是从4月22日开始这项活动的，整整一个月了，多少酸甜苦辣，我们都携手走了过来。我想如果没有大家的共同努力，今天，我也不会站在这儿，所以真的，我很感谢他们。

还有，我也要代大家谢谢在座的各位，谢谢大家耐心看完了我们并不怎么精彩的演出，谢谢！

(7) 表演结束后，由各组同学派代表畅言感受。

生活，总是需要一些有色彩的回忆
高二(3)班　朱晶晶

无论是以前的文化名人的调查或是读书报告会都不及这次戏剧表演的成功那样令人兴奋，它留给我们的除了美好的回忆，还有大家合作的快乐。我想，当我们拿到那张刻录光盘后，不会像对待其他光盘那样随意放置，而会将它装在抽屉里，有空时反复观看。那里虽然只有台上的20分钟，却会令我们回想起一切的一切，当我们长大之后，回味起来，就将是另一番美妙的滋味……

合作实在令人愉快
高二(2)班　项健行

场上的表现还是有些紧张，特别是我出现了两次较大的错误，但所幸还是通过临场的表现或多或少地弥补了这一失误。最后获得第二名的成绩着实出乎意外。第一次做导演、做演员的同学们都很有成就感。回想起排练中的那些事情，大伙的心情格外开朗，所有不愉快都化成了过眼云烟，品味着成功的喜悦才是真的。大伙又一次感觉到：集体的合作实在令人愉快！

每个人都有自己的舞台
高二(2)班　鲍未啸

都结束了，欢欣的是，这确实是一次成功的表演，借着这次表演，我们又重新认识了不少身边的同学，人总会有适合自己的舞台，也总会有精彩的表演，不管他是否主角。能得出这些，我的功夫也算是没白花吧。相信，这次话剧表演，会是我高中生涯中的一次漂亮的记忆。

等待是通向成功的必经之路
高二（2）班　谢　丹

刚刚落幕的话剧表演不就是一个等待的过程吗？从最初人员的敲定，到戏剧初现雏形，再到服装、道具的筹备，直到最后全剧的杀青、展现，足足一个月的时间，一个月的等待成就了这最后时刻的精彩。倘若只是一两天的急于求成，显然是不可能出现这样完美或近乎完美的结果，那么谁能说等待不是通往成功的必经之路呢？

(8) 将幕后工作着的学生评委、摄像学生请上舞台，让他们说一说不能不说的心曲。

我的遗憾，你共鸣吗？
高二（3）班　王坚炯

评委的确不好当，这从历来的活动中可略知一二，它需要压力，需要公正，需要承担责任，需要对得起演员。但这似乎没有在这一次演出中体现出来。评委所享受的是——不排练的安闲与贵宾席的待遇。我似乎没有权力去对他们辛勤的汗水打分，但是他们有权力知道自己的演出成果，以及所付的代价。

的确，作为高中语文活动的最后一次表演，大家都很珍惜，但我得到的却是更多的遗憾——遗憾自己没有上台，没有投入，获得的是与自己无直接关系的分数。这大概是面对机会远逝而无可奈何的人的共鸣吧——当初它是负担，我们极不情愿；现在是不可再来一次的回忆，我们还是极不情愿，不情愿它的远去。

我的理解，在镜头里说话
高二（2）班　张　斌

每件艺术品都是艺术自己的理解，我也发觉，拍摄话剧首先是要对剧本熟悉，否则就会冷不丁从镜头外传来一个声音，只能是"先闻其声，后见其人"的效果……

特写是拍摄中很过瘾的事。然而话剧通常都是对话式的，不好给特写。凭着曾看过鲍未啸她们的排练，于是在拍摄中给予了独白的鲍未啸一个特写。可是遗憾的是这唯一的特写似乎被那花瓶挡住了。我真恨那布景，怎么选那么高个儿的花呢？

语文生活：在合作的世界里自由、真实地呼吸
——《雷雨》教学之后的思考

在推展语文综合实践活动的时候，没有想到要写这个合作学习的案例。一切都在原定计划中，按照原来的节奏纯自然地，真实地，收放自如地进行着。没有给学生写作心得体会之类的任务，所有的文字材料都是从近一个月的话剧舞台表演的时间段里择选的练笔，没有作任何的润色与修改；我想，还原了它的本真状态，才是本案例的意义所在。它让我们清晰并且强烈地感觉到合作学习的范式早已不仅仅是一个范式本身，它完全可以融合在语文教学的践履过程中，挥发出那独特迷人的气息，以一种师生相融、生生相融的"共生同在"，不经意中对接了课内与课外、语文与生活的通道，品味戏中人生的快乐。

首先，对戏剧知识的建构、课堂教学中的戏剧语言的品味、戏剧情节与矛盾冲突的鉴赏不是最重要的渠道，应该让戏剧学习回归舞台，学习者的戏剧意识、剧情感受力应该在舞台上得以释放与提升。但这种释放和提升不是封闭的，而是在学习群体中，通过合作学习、协商调节而完成的。我觉得，戏剧知识的建构是一种群体活动，我们应该重视学习共同体的作用，充分鼓励学习者之间的合作。合作学习是一个学习经验自然同化的过程，是"我"与"你"的精神相遇。

纵观本案例的推展过程，开掘了"生生互动"的潜在资源，处处闪烁着合作学习的清辉。从表演组的自由组合，剧本的集体阅读、探究，人物关系网络的爬

梳，矛盾冲突的分解与品味，导演、策划的确定，剧中角色的担纲、定位，排练节奏的推进，幕后剧务的协调，摄像摄影人员的配备，直至最后成型成熟的舞台表演都是学生精诚合作、教师参与指导的结果。这就是令人欣慰的合作学习的初步成果。

合作学习非常重视调动人际交往的能力培养，我们应重视培养学生与他人的有效交往、处理人事关系、管理、讨论、合作等多方面的技能。合作学习的顺利而愉快地推进需要必要的合作技能，因此，培养学生的合作品质非常重要。本案例在设计与运行过程中，教师能及时对学生进行合作技能的教授与训练，这是合作学习很重要的组成部分。本案例主要从以下几个方面作了一些实践性的探索。

其一，演出群体的自由组合是对学生合作能力的第一次考验。每个同学只有在一个有归属感、认同感的集体中才能学习得愉快，彼此之间的接纳与包容既需要强大的原有关系的支撑，又有当下的与人合作的态度的作用。当一个学生在这次组合中成了一个"无家可归的孩子"的时候，他应该反思他自己的人际交往能力，并努力为自己成为一个受人欢迎的人而作出努力。

其二，自编自导自演的合作模式培养了学生与周围环境进行交互的能力。在群体中，学生们共同批判地考察各种理论、观点、剧情、人物，并进行有效的协商和辩论，最后作出分析与评论，在达成共识的基础上，将排演向前推进。这里面有很多种思维、智慧、观念需要被共享、整合，直至达成合作群体对戏剧知识的意义建构。因此，每一个学生必须具备与其他学习者进行有效交互的能力，这种能力远离控制与支配，靠近主动与自由。

其三，合作学习在培养学生处理纠纷与突发事件的能力方面大有裨益。戏剧表演有很多变数与动因，它的整个流程是动态的、开放的、定向但不定点的。在这样一个过程中，会有一些偶发因素对戏剧表演产生负面的消极影响。例如导演与演员的分歧，演员与演员的碰撞，台前与台后的交互误区，甚至演员在表演过程中受一些因素左右，在情绪上的失控等等，千头万绪，无从尽诉。如何化干戈为玉帛，化繁复为简易，化抽象为具体，化坚冰为阳光，这都是对合作学习中合作能力的考验。以上所有矛盾的消解，至关重要的是化竞争性情境为合作性情境，培养"同在共生"的意识，使学生努力地学习如何与他人合作，将组内合作、组际竞争的理念进行到底，让学生充分意识到，只有其他成员都成功了，自己才能成功的真理。当然,竞争的目的不是为了非此即彼、非你即我,而是为了拥有高雅的戏剧趣味、愉悦的心灵满足。

合作学习的快乐应在合作的整个过程中得以体现,让学生一直都在充满了愉悦的合作氛围的空气中,像一条美丽的鱼一样自由地呼吸与成长。在本案例中,不少学生在回顾一个月的合作学习的体验时谈到成功之后的喜悦,但同样,我们也可以分享他们在整个舞台表演过程、排演过程所体会到的平时课堂学习所体会不到的东西。以苦为乐不应再成为学习过程的主要定律,不能为了明天的幸福而牺牲现时的快乐;只有乐学,才会学好,只有充分享受合作学习的氛围,以之为乐,才能品尝合作学习这棵树结出的甜美的硕果。

在合作学习中,教师不能将自己视为旁观者,而应是合作者,只有合作的姿态才能彻底融解于合作学习的各个环节中,发挥指导作用,投入参与热情,而且教师不能因为生生互动的强化而彻底消解自己的作用。本案例的推展中,教师的作用有些简单化,这是强调学生互动之后产生的缺陷,因此,我想我们要坚持合作学习多种互动的有机统一性,过犹不及的教训太多了。

最后谈一谈合作学习的评价观。本案例的尾声是由教师与学生共同组成的评委会,从"导演策划"、"现场效果"、"团结合作"、"服装道具"、"音乐舞美"等五个方面赋分,作出分项评价之后,再作总体评价。我采用的是传统教学的常模参照评价,有比较强弱胜负的情感趋向,它的局限性是不言而喻的。虽然在评价体系建模的过程中强化了对"团结合作"的赋分,但对小组成员内合作达标的关注还不够显明,有"我的眼里还是只有你——分数"的倾向。如何建立以标准参照评价为基本手段,达成不求人人成功、但求人人进步的评估模式,是我们在尝试着走出唯分竞争的功利怪圈,实现教学评价科学化而应该思考的问题。

合作学习由于有极富创意和实效的教学理论与策略的支撑,有师生、生生、师师合作的基础为动力,一定会在语文学习这条漂满阳光的大河上抛洒出最美的浪花。

我除了在戏剧单元教学中使用了合作学习的范式,作了尝试之外,还在"甬籍文化名人研究"、"名著读书报告"、"我的代表作我说话"中尝试过合作学习,效果良好。虽然它们属于不同的学习模式,甚至在思维建模方面都不尽相同,但它们尊重合作、理解竞争的态势是相同的,它们让学生收获的语文学习的快乐也是相同的。因此,在高二下学期推进戏剧舞台表演的合作学习时,由于有前三次的合作体会，并品尝过合作学习带来的令人难忘的精神愉悦，使这些活动的开展格外顺利，我们几乎没有碰到任何技术方面的问题，学生们都认为他们在学习过程中真正体味了"语文就是生活态"和"在舞台上经历别人的人生"的意味深长与深刻内涵。

合作学习是令人愉快的，无论结果还是过程。但是，像这样大投入的合作学习真的是目前的教学环境所不太允许的，至少它无法在实践层面成为一种常态。我们很多时候是在形而上的理论层面预设了它的种种可行性方案，而且，只有极少量的合作学习例子成为成功的经典。受到教学环境的约束，合作学习可能会成为可望不可及的美丽的遗憾。本次教学分析所呈现的线性文字后面，是师生大量的投入与付出，它几乎是用一个月的学习时间，来成就一次愉悦的精神散步。因此，像这样大型的合作学习，是对语文常规教学的有益补充。当然，合作学习意识的培养，都可以以常规教学——课堂教学为主渠道，在教学细节中着力增强，"小规模"、"持久战"应是合作学习的常态模式和努力追求的方向。

语文生活，在实践的、合作的世界里盈满自由和裕的气息；而语文就成了文化的呼吸体，这是我们共同的愿景。

因"材"施教，各臻其妙

浙江师范大学教授　王尚文

收入高中语文课本的《长亭送别》、《窦娥冤》（节选）、《雷雨》（节选）都是文学剧本，张悦老师的高明之处在于不仅仅只是看到它们作为剧本"体裁"之所同，因"裁"施教；而能进一步发现它们作为"教材"之所异，因"材"施教。三篇虽然都是名剧中的名段，但前两篇作为剧本并不典型，而更像抒情诗。我国古代戏曲其实大多可视为诗剧。所选部分之所以脍炙人口，并不是由于它们"剧"的因素，而是由于它们"诗"的质地。因此，如果作为"剧"来教，往往事倍功半,张悦老师就是恰如其分地把它们当做诗——抒情诗来教的。当然,她也充分地注意到了抒情主体是剧本中的一个人物,因此她首先让学生入"戏",却把重点放在让学生入"诗"。入诗不易,引导学生入诗更难,张悦老师成功地将诗歌艺术和教学艺术水乳交融,让诗走进学生的心灵,让学生走进人物的内心世界,学生、人物、剧作家、教师在诗里对话、交流、共鸣,从而打成一片,收到了极好的效果。

作为诗,尤其是作为剧中之诗,前两篇又各有特点,张悦老师还是遵循因"材"施教的原则,为学生找到不同的入口处。《长亭送别》以"泪光盈盈处的离愁别恨——走进崔莺莺的情感世界"为课题,进行课堂探究式的学习,她自己概括为"满纸莺莺泪,共解其中味"。而《窦娥冤》(节选)却以典故知识为径引导学生步步深入。张悦老师可谓独具慧眼,独辟蹊径,因"材"立意,量"材"裁衣,庶几已经进入教学的化境。关于崔莺莺长亭送别时心理状态的分析,我以为张悦老师精到而又深入,特别是她指出:"在莺莺看来:'中'与'不中'都让人担忧。我们从她面对张珙流下的眼泪可以读到她对婚姻前途深深的忧虑。而张珙的'金榜无名誓不归'的真情告白,在他自己想来是对莺莺钟情的誓言,也是和丈母娘矛盾调和的唯一途径,但在莺莺听来,却有些刺耳,莫非他想进'高复班'了不成?这真是秋风秋雨愁煞人呐!送君千里,终须一别,到了'执手相看泪眼'的时候。莺莺满腔伤痛地唱道:'这忧愁诉与谁?相思只自知,老天不管人憔悴。泪添九曲黄河溢,恨压三峰华岳低。到晚来闷把西楼倚,见了些夕阳古道,衰柳长堤。'张珙真的要起程了,相见时难别亦难,莺莺的眼泪滂沱而下,不可遏止。莺莺想到在与张珙告别之后,也许会终日以泪洗面,成为一个闺中怨妇,望穿秋水,可其人不归。"这一段极有见地。不过,在我看来,崔莺莺最担心的却不是张珙未中而进"高复班",而是他拈花惹草;不是成为"怨妇",而是"弃妇",请看:

你休忧"文齐福不齐",我则怕你"停妻再娶妻"。休要"一春鱼雁无消息"!我这里青鸾有信频须寄,你却休"金榜无名誓不归"。此一节君须记,若见了那异乡花草,再休似此处栖迟。

崔莺莺作为一个封建社会的女性，作为一个贵族豪门的闺秀，她有对爱情的真诚向往和大胆追求，非常了不起！但她不可能完全超脱她所处的那个时代，不可能完全超脱她自小所受的封建礼教的羁绊，因而难免产生对自由恋爱合法性的怀疑；特别是她对那个时代大男子主义导致男子可能拈花惹草的忧虑，因而特别告诫张珙"此一节君须记，若见了那异乡花草，再休似此处栖迟"。我以为只有看到了这一层，才算真正读懂了崔莺莺的心灵深处的隐秘。我这吹求之见，不知张悦老师以为然否？不过，这并不影响我对她的整体评价。

特别值得一提的是，在《窦娥冤》（节选）的教学中，以"怨"将四个典故串在一起，但学生发现"那望帝啼鹃与冤屈有何干系？课文中注释：'因水灾让位给他的臣子，自己隐居山中，死后化为杜鹃，日夜悲鸣，啼到血出才停止。'这不足以说明冤屈吧？"老师却是有备而来，从容地引用了袁珂编著的《中国神话传说词典》的相关材料补充了课文注释之不足，解答了学生的质疑。课堂上的这个细节给我留下了特别深刻的印象，因为它说明了张悦老师备课的认真，平时读书之多、涉猎之广。多年以前，我也教过这篇课文，我就没有发现这个问题，学生也没有提出过这个问题；我的马虎造成了学生的马虎。在张悦老师面前，我深感愧疚，同时也深感欣慰，长江后浪推前浪，后生可畏啊！

《雷雨》（节选）的教学则完全不同于前两篇，把因"材"施教和因"裁"施教几乎完美地统一在一起，特别让我为之倾倒的是张悦老师启发、引导、组织学生"在舞台表演中寻找《雷雨》鉴赏的生长点"。当年我教时虽曾有此冲动，却完全没有付诸实践的勇气；张悦老师想到了，实践了，而且成功了！实践其实是语文教育的本质，语文教育的灵魂，只有语文实践活动才能真正激发学生学习语文的兴趣，学生的语文学习也只有在实践中才能真正取得效果。张悦老师让班上的学生全体参与，全程参与，就在这样的综合实践活动中，关于戏剧，关于《雷雨》，学生全都有了光听老师讲所不能得到的认知和体验；而且所收到的人文教育的效果也让我们喜出望外。且看一位学生所写的心得：

每个人都有自己的舞台
高二（2）班　鲍未啸

都结束了，欢欣的是，这确实是一次成功的表演，借着这次表演，我们又重新认识了不少身边的同学，人总会有适合自己的舞台，也总会有精彩的表演，不管他是否主角。能得出这些，我的功夫也算是没白花吧。相信，这次话剧表演，会是我高中生涯中的一次美好的记忆。

在张悦老师的语文课堂上，学生所收获的不仅仅是语文，同时还有人文。衷心祝愿张悦老师不断精进，更上层楼！

小 说 篇

《半张纸》课堂实录

师：上课。同学们好。

生：老师好。

师：同学们，假设你们的手中也有这样的半张纸（教师呈现半张白纸），你们可能会用它做什么？

生：我可能会用它做题目打草稿。

师：这是整日浮沉于题海中的中学生真实的心态。

（生笑。）

生：我也许会用它折一个纸飞机，看看它能飞多远。

（生笑。）

师：世界上有两样东西最珍贵：天上的星辰、地上的孩童。真为你高兴，你还童心未泯，保留了一份难得的天真。

生：我会用它来写点东西。

（生笑。）

师：你还有些文人气质，也许会在这半张纸上留下湿漉漉的诗行。你猜猜，这半张纸如果落在刘谦的手里，又会怎样？

生（停顿）：会把它变没了。

（师生笑。）

师：什么都会发生，一切皆有可能。刘谦也许还会将它变成一张一百元的人民币。这是魔术带给我们的"想入非非"。这就是"半张纸"的戏剧"人生"。不同的人对待半张纸的态度是不同的。瑞典有个叫斯特林堡的人，就用半张纸写了一篇关于"半张纸"的小说。我想和同学们一起来体验、欣赏。请一位男同学朗

…… 小说篇 ……

读全文。我们一起静静思考：《半张纸》里究竟倾诉了些什么？

（学生朗读。朗读富有感染力，气场顿成。）

（师生沉浸在小说中。）

师：请用简洁的语言概括小说的主要情节。

生：一个男人在即将搬家前对半张纸上的人生作了回顾。

师：加些修饰语，增强情节背景的提示。可不可以这么说：一个刚刚失去妻儿的年轻人在即将搬离生活了两年的寓所时，对记录在半张纸上的人生作了回顾。这半张纸上究竟记录了些什么？

生（众）：他和妻子的一些生活经历。

师：说得再概括些，就是一串数字。半张纸很轻很轻，就是记录在上面的一串电话号码让这轻飘飘的半张纸"化轻为重"了。让我们顺着这电话号码串起的故事，走进"他"的世界，"他"的人生。我们一起在小说中寻找，看看这两年中年轻人曾经给哪些人打过令人愉快而难忘的电话。

生：他的第一个电话打给他的爱人。

师：你能猜想他拿起电话、拨动号码时的神情吗？

生：激动的、兴奋的。

师：你好像有些经验。

（生笑。）

师：我说得不好。应该是你的文学体验很丰富。你为什么这么肯定？

（师生笑。）

生：因为他说她的名字"艾丽丝"是世界上最美的名字。

师：好的。请坐。我和同学来"对课"，看谁说得多。布朗——

生（学生稍停顿，猜读教师意图）：杰克——

师：汤姆——

生：迈克——

师：露丝——

生：艾丽丝——

（生笑。）

师："艾丽丝"在我们看来是很普通的名字，最近的电影《艾丽丝梦游仙境》

(师生共说)，贝多芬著名钢琴曲《致艾丽丝》(师生共说)……可是，他却给他心爱的姑娘的名字戴了一顶花冠，说它是最美丽的。这是为什么？

生：中国人有俗语，叫"爱屋及乌"。

师：爱一个人，也爱和她关联的一切事物。情感的亲疏有时决定着价值判断的高下。你说得有理。艾丽丝一定是个美丽的姑娘。可是，艾丽丝不仅是一个美丽的姑娘，在他看来，艾丽丝还有另外的可人之处吧。

生：艾丽丝还是个圣洁的姑娘，因为她的电话号码"15，11"在男主人公看来就是教堂里圣诗的号码。

师：这就是爱情的重量。这薄薄的半张纸因为浸润了爱的甜蜜，它就"化轻为重"了。

生：他还打电话给银行。

师：请重视我们探究的问题：令人愉快并且难忘的电话。

生：哦。他打电话给马车行。

师：西方人一般在哪里举行订婚、结婚仪式？

生（众）：教堂。

师：马车载着心爱的姑娘，姑娘手捧鲜花，一对新人即将开始新的人生旅程。好的。我们请同学将他打电话给马车行的情境进行还原。请一位女生扮演马车行的老板娘，一位男生扮演小说主人公。

生（男）：喂——，是马车行吗？

生（女）：是的。请问你有什么需要？

生（男）：我要订一辆马车。订婚用的。

生（女）：好的。我们这里的马车有温馨型的、浪漫型的、月光型的……请问，你需要哪一种？

（师生笑。）

生（男）（回头看着女生）：那就——（稍犹豫地）浪漫型吧。

（师生轻笑。）

师：这老板娘熟门熟路，很有生意头脑的。你得表现得更高兴些（对男生说），因为，你要订婚了。

（生笑。）

师：如果我为这场电话情境作一个还原的话，也许会增加以下内容。什么时候需要这辆浪漫型的马车呢？你（男生）得说订婚的日子定在 11 月 15 日；老板娘（女生）得说：愿意为你效劳，小伙子，祝你好运，愿上帝保佑你。

（生点头。）

师：我刚才说订婚的日子定在 11 月 15 日，小说里根本没有依据啊。可是我这么说，大家都心照不宣了。为什么啊？

生（众）互相交流。

生：跟前面的电话号码有关，是将艾丽丝的电话 15，11 换成 11，15，还是有联系的。

师：想象可以"天马行空"，但是这个"天空"还是有边界的，不可以漫无边际，要合情合理。对于一个女孩来说，想听的不仅仅是"我爱你"，更重要的一句是"我娶你"。此刻，这轻飘飘的半张纸已经承载了爱的承诺，更有重量了。

生：他还给家具行、室内装饰商打过电话，他们有了自己的家了。

生：他还给歌剧院打过电话。

师：你猜猜他们去看歌剧会选择哪种出行的方式，穿什么样的衣服？

生：应该坐马车去，穿着礼服。（其他的同学一起呼应。）

师：是的。像我今天这样的穿着、你这样的穿着都不行，看歌剧在西方人的生活中是重要仪节，当然得盛装出行。如果歌剧院离家不远，也可以选择步行，手挽着手去。

生（众）赞同。

师：婚后生活幸福无比，可圈可点的故事很多很多。为什么独独要在半张纸上记录歌剧院售票处的电话呢？姐姐谈了看法，再请妹妹说说（班级里有双胞胎姐妹）。

（生笑。）

生：因为他们在歌剧院里度过的是最愉快的时光。

师：那你也猜猜，看完歌剧，夫妻俩会怎么回家？

生：走着回家。（生笑。）因为他们可以边走边交流看歌剧的体会，沉浸在幸福中。

（生轻笑。）

师：如果丈夫要看歌剧，妻子要打纸牌，又会怎样？最美的婚姻生活是夫妻情感的共鸣和沟通，拥有共同的精神追求。就像令狐冲和任盈盈琴瑟和鸣，笑傲江湖。

（师生笑。）

师：拥有高雅情趣的他们，因为精神世界的相通，提升了爱的境界。这轻飘飘的半张纸承载了爱的升华，变得沉甸甸了。

生：他还打电话给修女、岳母、牛奶厂、佣工介绍所、杂货铺、肉铺……爱的结晶即将降生，他的妻子要生产了。

师：半张纸就是这样化轻为重的，因为爱情而重，这是欢乐之重。但是，并不是每一个电话号码记录的都是快乐。在过去的两年里，年轻人还给哪些人打过电话？

生：他曾打电话给银行，得到的是失业的坏消息。

生：他打电话给一个曾经飞黄腾达的朋友，而今音讯全无。

师：但是，记录在这半张纸上，他最不想打，但不得不打的电话又是打给谁的？

生：是打给丧事的承办人的。

师：发生了什么？他的感受如何？

生：妻子和孩子都死了。悲痛欲绝。

师：能不能引用小说中的叙写直接说说他的悲痛？

生（众）：他眼前一切都模糊了，就像溺死的人透过海水看到的那样。

师：请一起朗读这句话。

（生齐读，语气沉重。）

师：半张纸又是这样化轻为重的，丧妻夭子，悲痛之重。这就是我们在半张纸上看到的两年人生。对于这样的人生，在小说的开头，戴着黑纱的年轻人表示了怎样的态度？

生：他决心要忘却记录在这半张纸上的一切。

师：我打断你一下。你既然找到了这一个"决"，上文似乎还有一"决"可以和它呼应的。

生（众，轻声）：决心再也不去回想……

生：决心再也不去回想他在这寓所中所遭遇的一切。

师：两个"决"字似乎充分说明忘却的决绝。但是，小说家是善于说谎的。从心理学角度分析，越是想用力忘掉的东西，潜意识里越不能、不想忘掉。小说的开头已经暗示读者这段岁月将永远无法尘封。你能品味一下具有暗示性的语言吗？

生："最后一辆"车都走了，房子都"空"了，年轻人还在"徘徊"，说明他不肯离开；反复强调"没有"什么，一气呵成用了三个"没有"，其实就是"有"。

师：我追问你一下，有"什么"？

生：有的是"记忆"。

师："无"的极致就是"无中生有"。回忆很绵长，记忆会跟着他走一生。

（师生点头。）

师：再阅读小说的结尾，又是怎样描写他对待半张纸的态度的？

生："吻"半张纸，小心地"折"半张纸，还"放"在胸前的衣袋里。

师：放在哪里都有讲究吗？

生：那个位置靠近他的心脏。

（师生微笑。）

师：你的想象也是有边界的，符合情理，很好。这半张纸将是他弥足珍贵的物件，伴随一生。大家都知道《阿凡达》的导演卡梅隆先生曾执导过《泰坦尼克号》，满脸皱纹、很老很老的露丝手里拿着"海洋之星"蓝宝石，给她的晚辈们讲她和杰克的故事。我们愿意相信当年轻的房客很老很老的时候，也会拿着"半张纸"（学生轻声地一起说）跟后孙们讲他和艾丽丝的故事。春暖花开的季节，年轻人到艾丽丝墓前凭吊，他的胸前依旧放着这半张纸，结合小说的第十六段（结尾），你觉得他会对艾丽丝倾诉些什么？

生：谢谢你给予我这两年。

师：结合小说的结尾，使想象合乎情理。

生：谢谢你赐予了我一些生活所能赐予的最大的幸福。

（生众赞许。）

师：请一起朗读小说结尾第十六段。

（生齐读。）

师（请上课开始阶段朗读小说的男生）：请你对我们的朗读做一个点评。

生（稍停顿，微笑）：老师，我说不好，要不我再朗读一遍？

（师生笑。）

（生用情朗读，抑扬顿挫，极富感染力。）

（后排听课教师击掌。）

师（激动）：我觉得你读得最好的不是"骄傲"、"快乐"、"最大的幸福"，而是"这一点"这三个字，你处理为轻声了，不着力、但留痕的样子，为什么？

生（微笑）：说不好，呵呵。

师：有时讲不出道理的地方就是最美的地方，语言终归有局限的。让我们再次齐读小说结尾第十六节。

（生齐读，用情，有起伏；抑扬顿挫、轻重缓急把握得很好。）

师：什么是最大的幸福？

（教师补充周国平等人论幸福的内容，学生感悟、讨论、对话，不求共识。）

师：同学们读过《战争与和平》、《欧也妮·葛朗台》、《巴黎圣母院》等作品吗？能在结构、规模上与《半张纸》进行比较吗？

（再次讨论，思考《半张纸》的结构特色。）

生：这些作品很恢宏，好像巨象一般。

生：《半张纸》也许就是巨象的一只眼睛，但看到的也是整个世界。

（学生赞同。）

师：半张纸真的很轻很轻，可是斯特林堡却在它小小的"身体"里加入了这么多的故事，半张纸又真的好重好重——生命中不能承受之重。这是表现主义小说的表达机制。能试着用一句话概括一下《半张纸》的小说结构特色吗？

生：浓缩的都是精华。

（师生微笑。）

师：说得真好。这叫"沧海一杯，大块文章"。请看马克·吐温小说《丈夫支出账单的一页》。

（幻灯片展示。）

师：请品味西方现代主义作品"小身材大味道"的结构特征。

（学生品味。）

师：像《拥有百科全书的人》、《乞丐》、《等待的一天》等，都是具有这种特征的小说名篇。

猜猜斯特林堡的社会身份是什么？

生（众）：诗人、小说家。

师：不是。是瑞典最杰出的戏剧家。你没有从小说中嗅到戏剧的味道吗？戏剧不可或缺的因素是什么？

生：是剧本吗？

师：我们刚刚演过戏剧，我记得王艺晓同学一组《无人生还》的开头是这样的："一个小兵人，两个小兵人，三个小兵人，四个小兵人……"

生（众）：道具。

师：对啊，道具。"半张纸"就是道具。就像我们学习过的《墙上的斑点》——小小的蜗牛，大大的思想。但愿以后我们在写作中也能找到像"半张纸"、"墙上的斑点"这样的"容器"。下课，同学们再见。

关于《半张纸》的教学

一、《半张纸》的特殊地位

《半张纸》是普通高中课程标准实验教科书——语文选修《外国小说欣赏》中的一篇小说。《外国小说欣赏》这本教科书共有八个单元，以小说的基本元素而设定，分别为"叙述""场景""主题""人物""情节""结构""情感""虚构"等；不是在一般意义上阐述这些话题，而是偏重于外国小说的特质。教材选入了现代派小说经典，如《骑桶者》《沙之书》《牲畜林》《半张纸》等等。

斯特林堡是瑞典最杰出的戏剧大师。一生多舛，剧作多充满了绝望的气息。但是，《半张纸》恰恰在结尾表现了某种带有无法确定的达观，有梦境却不绝望，在黑暗的人生之河里用力擎起划向光明的桨,这样的一抹亮色,让我们不由自主想去探寻作品的真意和作者的真情,因为,任何伟大作品的背后,都站立着一个与众不同的作者。

二、《半张纸》的教学设想

《半张纸》"坐落"于"结构"单元里。结构是什么?结构是容器。"半张纸"就是结构的轴。一千五百字、十几个电话号码都架附在这个轴上。作者运用裁剪的方式,将两年的人生浓缩在两分钟的回忆里。而教师应该打开容器,稀释精华,将浓缩的生活再现出来。

形式是什么?形式即内容。将"结构"教学"纯化"、"净化"为仅仅是对结构的教学,这是单向度的。用内容的教学来呈现结构的特色,才不至于如仙境太极,来无影去无踪:教授"结构"这个小说的基本元素,是要有载体的。

教学的起点在哪里?从学生的体验起步。学生的体验是有落点的,架构在阅读之上,因此,丰富小说阅读的方式是很重要的。应该在课堂里组织一些语文活动,用文本再生产、场景体验等方式,植根于小说本体,尽可能实现体验、鉴赏等审美方式与课堂气场的和谐。

课堂结构应呈现为块状,而不应该是简单的线性,应该产生丰富的张力。

对于小说结尾,也许得不出归于一致的读解。文化背景的不同,读者的解读一定是不一样的。表现主义小说创作在时空两个维度上的宽阔,也使文本充满美好的空白。只要能唤醒对人性、对生命的肃穆思考的,都是好的解读,我们必须敬重。

西方小说如何实施本土化教学?

《半张纸》仅是"篇"的教学,相类文学作品如何实现"类"的教学,建构"类"的意象,规范、创新类型化作品教学的形态,似乎很重要。

当然就小说艺术而言,无论外国小说还是中国小说,其道理是相通的。唯一不同的是欣赏对象的不同。

三、《半张纸》的教学内容

1. 唤醒生活经验,让学生用多种方式呈现对"你可能用'半张纸'做什么"这个话题的原生态思考,引出《半张纸》内容"化轻为重"的特征。

2. 尊重阅读体验,让学生在熟悉小说情节、梳理基本框架的前提下,对打给爱丽丝、马车行、歌剧院的电话情境用语言综合活动的方式进行还原、填补文本空白，涵泳"化轻为重"的特征。

3. 文本细读，引导学生深入文字的背后，体味人物内心细微的颤动。在小说的开头和结尾处慢慢行走，感受主人公对急剧变化的人生的态度。

4. "完形填空"，对文本进行再生产，结合小说结尾想象多年以后主人公站在爱丽丝墓前倾诉的情景，牵引出对"幸福"的探究。组织同伴谈论、发言。

5. 学习补充，植入中西方哲学家、作者本人对"幸福"的理解，拉宽、提升学生阅读觉解。

6. 比较学习，引入《战争与和平》、《欧也妮·葛朗台》、《巴黎圣母院》等作品，在结构、规模上与《半张纸》进行比较，再次讨论，思考《半张纸》的结构特色。引出《半张纸》结构"举重若轻"的特征，这属于现代小说的艺术。用微型小说的模式，短短一千五百字的篇幅、几个电话号码、2分钟的时间去表现两年的人生。让我们通过想象去补白，这是表现主义文学的表达机制。

7. 文本迁移，朗读马克·吐温小说《丈夫支出账单的一页》全文（共七句话），品味西方现代主义作品"小身材大味道"的结构特征。列举《拥有百科全书的人》、《乞丐》、《等待的一天》等具有这种特征的小说名篇。

8. 介绍作者，从"文"到"人"，点燃学生走进经典、走近名家的学习激情。

《项链》课堂实录

师：上课。同学们好。今天我们学习《项链》，第一个环节是"整体把握，走进经典之门"，先按照以下七个步骤开始阅读、碰撞之旅。

①请同学们思考：这是一部关于_____的小说。
②自由泛览之后，独立思考，独立完成问题的回答。

③请同学们交流阅读心得。

(学生呈现：女人、虚荣、命运、性格、爱情、美丽、社会、人性、误会、代价、奉献……)

④请同学们再思考：玛蒂尔德是一个_____的女人。

⑤再次自由扫读，独立思考，各抒己见。

(学生呈现：可怜、可悲、可爱、诚信、美丽、天真、宽厚、浪漫、虚荣、勇敢、勤快……)

⑥请同学们第三次思考：《项链》成为小说精品的"秘密武器"是什么？

⑦在两次阅读涵泳的基础上，请同学们各抒己见。

生：塑造了世界文学长廊中品味不尽的女性形象。

生：小说结尾特别打动人。

生：莫泊桑摹写人物的独特笔法。

生：小说构思出人意料。

生：小说人物描写的笔法特别细腻。

生：帮助我明白了什么是上流社会。

生：小人物命运的悲哀。

师：很好。我们进入学习的第二个环节"细部开掘，鉴赏人物形象"。请同学们建立玛蒂尔德小档案。

学生呈现：姓名:路瓦载·玛蒂尔德　　性别:女
　　　　　国籍:法国　　　　　　　　学历:教会女校
　　　　　出身:小资产阶级家庭　　　婚姻状况:已婚
　　　　　居住地:巴黎　　　　　　　爱好:幻想
　　　　　星座:双鱼座

师：我们简单地来听一听20世纪70年代到90年代我们对玛蒂尔德的认识的主流声音。

(幻灯片展示以下文字。)

20世纪70年代：

＊讽刺了玛蒂尔德的虚荣心，更谴责了那金钱万能、以贫富分贵贱的资本主义社会制度。

······ 小 说 篇 ······

＊玛蒂尔德对于我们社会主义时代的读者认识资本主义社会的丑恶本质大有裨益。

20世纪80年代：

＊玛蒂尔德是一个不自量力的追求享受、爱慕虚荣的小资产阶级女性的典型形象。

＊作者借玛蒂尔德这一形象尖锐地讽刺了好出风头、极度膨胀的虚荣心理，和追求享受、一心想往上爬的资产阶级思想。

20世纪90年代：

＊玛蒂尔德的焦虑是一种典型的青春期未成年女人的焦虑，一种同女性青春相关的忧伤。

＊玛蒂尔德为我们谱写了一曲不向命运屈服的英雄之歌。

师：我想听听你们对这些评价的评价。

生：老师平时强调文学作品的阅读鉴赏，要设身处地去感受体验，要富有创意地直陈己见。

生：我们在鉴赏文学作品的过程中，比较重视对作家经历、时代背景、创作动机和作品的社会影响，我认为不能轻易地对玛蒂尔德这个人物形象下结论。

生：我不同意以上各种说法。

生：我想班上每一个同学心目中都应有自己的玛蒂尔德。

师：玛蒂尔德究竟是个怎样的女人？莫泊桑为什么要创造这样一个女性形象？我们了解莫泊桑的心吗？这节课就以"其实你不懂我的心——玛蒂尔德的人生故事"为话题，同学们进行自主独立学习。可以自行选择情节情境，解读人物形象。

【说明】1. 教师明确自主学习的要求：鉴赏不能离开特定的小说情节、语言环境作架空分析，一定要有理有据、合理合情。

2. 学生第三次精读《项链》，运用学习策略对自主学习进行监控，用时15分钟。

3. 教师在学生整个自主学习的过程中，对班上自我监控能力较差的学生要及时进行使用学习资源和调节学习情绪的引导，尽可能排除各种不良环境因素对其带来的干扰，使学习的环境受到教师有力的情感支持和丰富多样的资源保障。

4. 学生将《项链》中最能展现玛蒂尔德丰富复杂的内心世界的情境情节提炼为：梦想与现实的灰黯落差、请柬与长衣裙的魔幻组合、追忆似水流年。

5. 在情节提炼的过程中，学生使用了一些时尚语言，如"魔幻组合"，教师应该尊重学生的遣词联句的创造性，并对语言表达的准确性稍加点拨启发，千万不能挫伤其自主学习的积极性。

6. 学生独立完成解读提纲，写成简洁的书面小报告，对玛蒂尔德的性格进行有建构意义的原创鉴赏。

师：开始交流阅读体会吧。

生：我选定的是"梦想与现实的灰黯落差"这个部分。玛蒂尔德是个爱幻想的女人，做梦的理由很多，我只想谈谈我引以为自豪的这一条。玛蒂尔德毕业于教会女校，教育对人的影响是巨大的，莫泊桑的恩师福楼拜创作的《包法利夫人》中的包法利夫人就是因为受到教会学校贵族式的教育，对生活和爱情充满了虚幻的奢望，不甘于平淡而一步一步堕落的。同样，教会女校在给了玛蒂尔德贵族般的举止、高雅的气质外，还教她可以利用美去改变生存的状态，给了她许多不切实际的梦想。做梦可以填补精神空白。

（学生鼓掌。）

生：我想补充他（前一位同学）的见解。他还没有涉及一个关键问题：做梦对于玛蒂尔德来说，是件好事吗？人不能缺少梦想，缺少了它，就会安于现状，心如止水，缺少了向上的动力。但人又不能一味依赖于梦想，一味责怪命运对自己的不公；真正有梦的人肯定是个清醒的生活者，他不会让自己溺于其中，哭天抢地，他会对生活坚持一个原则，那就是做梦也要把握一个完美的分寸。

（学生鼓掌。）

生：我在掌声中开始发言，真是荣幸。我觉得多愁善感、充满幻想还不能代表玛蒂尔德性格的全部。我在"请柬与长衣裙的魔幻组合"部分读到了一个小女人的聪明可爱，我只举一个细节，当丈夫问她做一件长衣裙要多少钱时，玛蒂尔德马上有了一个数目，为什么要迟疑地回答呢？我觉得玛蒂尔德非常清楚，这四百法郎已经到了这个节俭的小书记能够接受的极限了，也就是临界点。他也许答应，也有可能不答应的，所以玛蒂尔德提出来时是带着点犹豫的，你能否定玛蒂尔德是个聪明可爱的女人吗？

（学生有保持沉默的，有随声附和的。）

生：聪明，我同意；可爱，我看不出来。我们都没学过爱情心理学，又没有恋爱经历，但凭我的直觉，玛蒂尔德在这儿的表现是聪明，但不可爱。

（学生击掌，大笑。）

生：我选择"追忆似水流年"作为探究玛蒂尔德这个小女人心理的情境。我觉得项链丢了，起码有以下几个"一"，一说了之、一走了之、一替了之、一赖了之、一死了之……但玛蒂尔德选择了一赔还之，并为此付出了一生中，注意（加重语气地），是一个女人最美好的韶华时代，更可贵的是，当她成为一个粗壮耐劳的女性时，她还保持着爱幻想的个性，这是她的可爱之处，也是作家塑造人物的真实感人的力量源泉。因此，我觉得她诚信勇敢，执着坚强。

生：她追求表面光彩的虚荣心可没有改呀！

生：她有一个女人的真心、善心、美心，你为什么不能容忍一点小小的虚荣心呢？

（学生热烈鼓掌，发出会心的笑声。）

师（小结）：有句名言是这么说的——作家完成创作，也就完成了任务，接下来就交付给读者了。我们每一个人心中都有一个属于自己的玛蒂尔德。这就是内涵丰富、塑造人物手法多样的经典的持久魅力。

师：那么，莫泊桑为什么要塑造这样一个女性形象？请同学们查阅资料，独立整合所得信息，形成见解，拟定发言词，彼此之间先不作任何交流。

（学生独立学习。）

师：由学习小组中的成员举荐首席发言人谈自我认识。

生：想给天底下所有美丽的，但性格上有缺陷的女人一个教训。

生：想借玛蒂尔德的一生来说明，一件小事可以败坏你这个简单的道理。

生：这仅仅是作家的社会责任感使他提起了笔，生命中总会有一些不能承受之重需要去承受的，比如玛蒂尔德。

生：小人物可悲，小女人更可悲。（学生表示意外。）

生：美丽的女人在遭受灭顶之灾时，可以勇敢地走自己的路，靠双手做一个堂堂正正的人。

（学生表示赞同。）

生：受他（前一位同学）的启发，我临时改变了我的看法。莫泊桑生活的法国巴黎上流社会，尔虞我诈，很多女人靠着美色改变了物质化的命运。而玛蒂尔德却保持了一份难得的纯真。我认为，玛蒂尔德是作者莫泊桑理想化女性之梦。

（学生热烈鼓掌。）

师：我觉得我在这节课里只是不停地给同学们"搭脚手架"而已，所有的鉴赏都是由大家自己完成的。这样贴着文本的自由、自主飞翔，肯定是充分而丰富的，因为，美，产生在鉴赏者的内心。下课。

《项链》自主学习的原动力分析

我们总是呼唤在课堂里听到浑厚的交响乐共响。将课堂的话语权还给学生，使学生不再是教师用指令性的语言圈定的某区域内的一枚棋子，而教师亦不再充当认知权威早就不是什么教育的神话了。课堂，就是师生缔结学习伙伴关系的地方。

《项链》教学采用了自主学习的范型。在学习过程中，我希望学生一直都能处于重要的位置，学生的自主意识与自我意识在教学中应该是被反复点燃与强化的，学习意识的自觉是语文课程不可或缺的要义。

首先，在整个自主学习过程中学生的自我效能感、已有知识、学习动机、情感等变量都在学习策略的监控之下得到了较大程度的有效调动。学生的自我效能感对有否能力组织和执行学习的特定行为作出了判断，即对于像《项链》这样故事情节了如指掌的经典作品，自己有信心走入作品的纵深进行阅读鉴赏。同时，学生对《项链》及其作品的理解已经成为自主性知识中较为稳定的一个部分，它使学生能运用自主学习策略，为应该怎样学习指明向度。例如，《项链》的学习不能纠缠于故事情节不放，它成为经典的魅力应该是人物的光辉以及塑造人物的手法。学生原来的自主性知识就能帮助他们抓住学习的主干问题，提高自主学习的效度和信度。

其次，自主学习会受到环境因素的影响。影响自主学习的环境因素分社会环境和物质环境。齐莫曼等人认为，在社会环境中，同伴、教师的帮助对自主学习有重要影响；在物质环境中，信息资源的可利用性及学习场所对自主学习具有一定影响。在本案例中，我围绕当前学习主题，按"最邻近发展区"的要求建立概念框架，并将学生引入一定的问题情境之中，为学生独立探索搭好脚手架。例如，我在课内提出的两个主干问题具有一定的延展性，符合文学作品鉴赏中学生主动建构的要求，并能为学生感受体验作品、把握作品的形象和情感指明思考的向度，避免了自主学习过程中容易出现的"脚踩西瓜皮，滑到哪里算哪里"的随意现象，提高了自主学习的效度。同样，学习场所在本案例中亦显得尤为重要。安静、舒适的学习环境，可以排除来自外界的种种干扰，我们要尽力为学生自主阅读创设良好的环境，提供有利条件，由此进一步激发学生自主阅读的主动性、参与性。本案例的顺利推进，与整个课堂学习中我多次强调的"独立思考"、"独抒胸臆"有一定的关系，反复强调会给学生以强大的心理暗示。心理学也认为，当一个刺激反复出现，给被试以强化时，只要这个刺激下一次再出现，被试已经主动做好了接受的准备，并在心智结构中加深了对它的吸收与重视。只有学习伙伴之间杜绝了彼此干扰，教师有意识地营造学习的氛围，并通过协商的方式消除周边环境的声音污染，负面、消极影响就能降到最低，甚至彻底消除。而本案例是在常态的课堂教学中顺利推展的，它进一步证明了在平时的教学工作中，自主学习可以作为一个学习的有效范式进行尝试，它不是走过场、只求一时之热闹，而是力求创新的课型。

最后，自主学习不等于绝对孤立地学习，自主学习者并不排斥别人的帮助。本案例的学习过程，似乎强调了个体在学习中的关键作用，因为主要的教学流程的设计与安排都是以个人独立学习的模式向前推进，并朝纵深发展的。但，反观整个案例，其间有学生的争鸣，也有教师的点拨串接，在整个自主阅读的网状结构中，它们对于学习个体而言，并不是重要因素，但，如果缺少了以上两个环节，课堂里也许会听不到各种各样的声音在碰撞、在交汇；而课堂里是不能缺少这样的声音：在质疑，在批评，在达成共识……自主学习自主的是学习的过程、学习的态度，即追求自主学习者精神世界完全的自由、自愿、自主；自主学习不是割裂伙伴的关系、师生的关系，让学习成为唱独角戏的方式，将自己局囿于孤立无缘的境地中，这完全有悖于自主学习美好的初衷和归宿。我们呼唤独立，拒绝孤立；我们呼唤自主，但拒绝自闭、自傲以及自以为是。

自主学习一直是教育学和心理学共同关注的一个重要问题。自主学习的案例设计要围绕一个基本点：以学生为中心。要在学习过程中充分发挥学生的主动性，要能体现出学生的首创精神；要让学生有多种机会在不同情境下去应用、拓展他们所学的知识，即将知识外化、明言；要让学生能把握自身行动的反馈信息来形成对客观事物的认识，即实现自我反馈。

本案例的设计以学生建构知识的能力和经典阅读的起点作为依据，尊重学生的首创精神，理解学生外化知识的能力。本案例呈现的学习过程的最终目的是完成意义建构，而非完成教学目标，改变了目标高于一切的传统教学意向。所以，本案例的教学设计不是从分析教学目标开始的，而是在如何创设有利于学生意义建构的情境开始的，即设置了学生独立探索完成的两个在内在逻辑顺序上呈现一定理解梯度的两个主干问题，让学生的自主阅读通过两次高密度、高强度，具有发散性的爬梳，升华以至完成知识的意义建构。这在以后的自主学习个案中应该进一步地加以认识，使意义建构能在基于问题的形态中被理解被支撑，为鉴赏性教学走高效化的发展道路提供来自教学内部强大的支撑力。

《骑桶者》课堂实录

一、人生若只如初见

师：上课。

生（全体）：老师好。

师：同学们好。先跟大家交流一个问题。你是怎么读小说的？

生：读情节，读故事。

生：我比较关注人物的命运。

生：好像还有一些环境描写引起过我的注意。

师：同学们是根据"小说三要素"原则来读小说的。有没有其他读法？

生：没有。

生：我也是。

（生笑。）

师：同学们，以前读过卡夫卡的作品吗？读过《骑桶者》这篇小说吗？

生（全体）：没有。

师：对许多同学来说，和《骑桶者》的相遇，就好比是两个完全陌生的人儿的初次见面。用纳兰性德的诗句来说就是"人生若只如初见"。那么，今天上课之前读了吗？读了几遍？读懂了吗？

生：读了，读了三遍。懂了。好像很简单。

生：不太懂。觉得这就是小说吗？

师：你的疑问真是个问题。好像我们没有办法用"三要素"去解读《骑桶者》。

生：我只是将故事读懂了。

师：真的吗？"懂"是了解、明白的意思，"懂"是以心为偏旁的，是要和你的内心发生关系的。请把你所了解的、明白的故事内容简洁地说一说。

生：天寒地冻，为了活下去，一个极度贫困者去赊煤，没有赊到，就永远消失在冰山那里了。

师：我想复述一下。天寒地冻，为了活下去，一个极度贫困者去赊煤，没有赊到，就永远消失在冰山那里了。（放慢复述的语速，以引起学生的思考。）我将故事说出来了吗，说准确了吗？

生：说准确了。

生：没有说到"骑着桶去"。

师：是呵。我们要将故事中最核心的东西讲出来，讲准确。"空桶"是这篇小说最主要的特征。

二、曾是惊鸿照影来

师：这样的故事，对你的心有什么触动？它让你想象到了什么？说一说故事给你的具体感受。

生：老板娘真冷酷，小说反映了人情的冷漠。

生：极度贫困者最后死了吗？小说还没有说清楚。

生：人与人之间是有隔膜的，制度也有问题。

生：这种故事很多的，比如——

师：想听听你的"比如——"

生：一下子"比如"不出来了。

（生笑。）

生：我想到的是旅行、流浪、飞翔，好像还有点神秘。

师：同学们更多关注的是人物关系、人文情怀。从这些角度阅读小说，是同学们的集体无意识，是一种阅读惯性。那么，阅读、鉴赏别的艺术作品的时候，有没有产生过类似的感受、有过相同的触动呢？

（生思考，交流。）

生：鲁迅的《祝福》，祥林嫂和骑桶者一样可怜卑微。

生：我记得《最后一片常春藤叶》也是写小人物的，贝尔曼最后死了。

师：你们谈的都是小说，我想跟大家聊聊别的艺术形式。比如：安徒生童话《卖火柴的小女孩》里孤独无助的小女孩在合家欢乐的平安夜冻死在街头；契诃夫小说《苦恼》里失去儿子的、同样孤独的车夫姚纳在这冷漠的世界上，只有一个知音——自己的那匹马；美国电影《魂断蓝桥》被战争撕裂的美好爱情，留给世界的永远的伤情……我们在《骑桶者》里感受到的是熟悉的"旧影"，是惊鸿一瞥般的在我们心头的留影，是"曾是惊鸿照影来"，是阅读不同的人经历着各自的苦难，还有复杂的、一言难尽的人性，包括对世界的悲悯。

生：可是，老师您刚才还说《骑桶者》是有与众不同的特征的。比如那个"空桶"。

（生笑。）

师：是的。你很敏锐。你感觉我们的话题有点"跑偏"，是吗？讨论这些"相同"，也是为了突出"不同"，所谓同中求异。你觉得，它们和《骑桶者》很不同的是什么？

生：它们没有那只空桶。

（师生笑。）

师：那就说说它们分别有什么吧。当然，这种"有"是与众不同的。

（生讨论，对话。）

生：《祝福》里祥林嫂捐一条门槛，印象特别深。

生：《卖火柴的小女孩》里小女孩划亮一根又一根的火柴，给我触动很大。我记得自己小时候阅读时，还叫妈妈去帮助那个小女孩，给她饭吃，给她衣穿。

师：你的内心无比柔软，闪耀着温情的光芒。

生：《最后一片常春藤叶》里，贝尔曼画上去的那片叶子，救了女孩子的生命。

师：确切地说，是唤醒了青年女艺术家的生命意识。《苦恼》里姚纳的知音——马，《魂断蓝桥》里那个玉佩、那座蓝桥等等，都是使经典成为独一无二的生命体的"证据"，套用刘亮程的话来表述，就是"前生今世的证据"。我还想追问大家，它们和《骑桶者》中的那只空桶有什么不同呢？

（学生较长时间讨论，交流。）

生：我还没有想好。

生：好像空桶更与众不同些。

师：你已经懂了，只是你还没有完全将自己的想法清晰地表达出来。

生：可不可以这么说：那一道门槛、那一根火柴、那匹马、那座蓝桥、那一片常春藤叶，都是我们所熟悉的，而空桶是我们所陌生的。

师：你太敏感了，能捕捉到你的同伴的"话意"，并将它基本准确地呈现出来。我想捕捉你的"话意"，再呈现一次，你同意吗？

生：同意的（点头）。

师：那一道门槛、那一根火柴、那匹马、那座蓝桥、那一片常春藤叶在生活中是可能、可以存在的，是有鲜明的生活特征的。而桶可以骑，还会飞，这在生活中是不可能存在的。刚才同学说小时候读《卖火柴的小女孩》产生想让妈妈去帮助她的念头，我还清晰地记得我看《魂断蓝桥》时的心情，一边看着一边流泪，我的心想哭出来、想喊出来。阅读《骑桶者》时，你有这样的冲动，会有翻江倒海的心灵翻滚吗？

（学生辨析自己在《骑桶者》面前的阅读心态，交流。）

生：我读了三遍，有说不出来的感觉。

生：被老师这么一点拨，我现在产生了再回过头去读一遍的感觉。

生：很不真实的感觉、读完之后好像依旧没有完全读懂的感觉。

生：很神秘的感觉、很淡的感觉。

师：我的感觉和你、你们的感觉一样的，我觉得卡夫卡好像将情感的爆发点隐藏起来了。这种感觉的发现是有价值的，这说明卡夫卡给了我们与阅读其他文学作品不同的审美体验。

三、轻沙走马路无尘

师：接下来，我就想和同学们一起探究《骑桶者》为什么会赋予我们如此不同的感受。我想我应该板书一下我们要探究的话题——《骑桶者》在设计上最与众不同的是什么？

（学生阅读小说，小声交流。）

生：卡夫卡设计了一个"道具"——空桶。

师：这个话题我们之前已经涉及了，你再提出来明确一下，很好。

生：塑造了一个骑着木桶飞翔的形象。

师：是的。结合两位同学的解读就相对明晰了。故事讲究设计，小说需要设计。一只空桶，骑着木桶飞翔和一根火柴、一匹马、一座桥、一片叶、一道门槛是完全不同的。这样的设计所产生的艺术效果也是独特的。我们可以从小说结构、人物关系、人文情怀等多种阅读视角来鉴赏、品味"一只空桶"带来的独特的艺术效果。

（板书：鉴赏、品味"一只空桶"带来的艺术效果。）

（学生独立阅读，合作探究、对话碰撞。）

生：我们讨论的是"无法捱过一个晚上、不想活活冻死的极度贫困者骑桶去赊煤"。这里有一个不合常理的所在。一般会是拎着煤桶去。我们没有想到的是"桶可以骑，桶居然还能飞"，就是这么一只空桶将我们的阅读好奇心激发出来了。老师，这应该算是艺术效果吧？

（生笑。）

小说篇　　　　139

师：是的。受你的启发，我再补充一下。虚构是有力量的。空桶还有超强的稳定性——一直稳稳飞在二层楼的高度。"我"骑在桶上有什么感觉？"妙哉，妙哉"，是一个骑士，尽管一无所有，但高高在上的、骄傲的骑士，这让我想起堂·吉诃德。

生：我觉得桶可以骑、可以飞，只能在文学世界里存在。我们讨论的是卡夫卡为什么要这么设计。

师：你们的讨论很有价值。我想马上分享你们的阅读感觉。

生：为了奇特、求新，对吗？

师：这样解读，也许还是笼统而单薄的，还没有走到作品的内里，也还没有碰触到作者的全心。有其他的想法吗？

生：暂时没有。

师："我"是去"要煤"的，还可以说就是去"要命"的。能不能要到煤，似乎和"我"能不能活下去有紧密关联，这是生命中不能承受之重啊。桶是空的，也是轻的，桶被赋予魔力，轻盈得可以飞起来，"鹰击长空，鱼翔浅底"，飞翔是一种美好的感觉。"我"骑着桶去，沉重的悲痛是不是可以化解得轻灵一点呢？

生（大声抢着说）：卡夫卡想用一种独特的虚构形式让"我""轻"一点、再"轻"一点，化解"我"的痛苦和灾难。这也是艺术效果吧？

师：你说得很好。卡夫卡非常善良也非常聪明，他想让骑桶者"轻沙走马路无尘"。

生（脱口而出）：这叫"化重为轻"。

（生全体呼应。板书：化重为轻。）

师：那么，骑桶者为什么没有要到煤？可要围绕"一只空桶产生的艺术效果"来思考、涵泳。

（生点头。）

（三个学生分别扮演骑桶者、老板、老板娘，分角色朗读所有对话内容；去掉对话之外的所有文字，只保留小说中的人物语言。）

（学生互相评价朗读。）

师：回到关键问题上来——骑桶者为什么没有要到煤？

（全体学生思考。）

生：老板娘很冷漠。

生：社会制度有问题吧。

生：老板无法实施对骑桶者的帮助，因为老板很听老板娘的话。

生：人情的冷漠。

（全体同学笑。）

生：感觉没有这么简单，但是又说不深。

师：同学们谈的这些是原因，好像又不是原因。如果就是因为这些，卡夫卡就没有必要花心思去虚构一只空桶，去塑造一个骑桶者的形象了。直接去要煤，然后展开矛盾冲突直至冲突结束，"我"失望而归就行了。

生：我明白了。还是和"桶"有关，因为"我"是骑桶者。

师：是呵。"我"一直没有离开过我的"桶"，我一直处于两层楼高的空中，而老板、老板娘在哪里？

生（全体）：在地下室里。

师：从现实层面解读，没有一宗买卖可以在这种距离的落差里完成。"桶"使"我"离开了地面，也就把我提升到了"我"那谦卑的请求再也无法满足的高度。

生：刚才老师说卡夫卡非常善良，其实卡夫卡也非常"残酷"，他让"我"离开地面飞起来，离开了老板娘的自私，也离开了老板很有可能提供的帮助！

师：是呵。"桶"改变了"我"和别人、社会的关系："我"被孤立了，被疏离了，甚至是被屏蔽了。人与人无法沟通是件多么可怕可悲的事情！在小说的艺术形式上，卡夫卡想"化重为轻"，但同时又提醒我们：其实这"轻灵"里面永远摆脱不了"沉重"的悲凉。人生是多么的荒谬、不可思议！这就是一只空桶带来的艺术效果。

师：同学们希望这只空桶装满煤吗？

生：我希望。

生：我不希望。装满了就不稀奇了，我们今天也不会把它当做经典了。

生：那个骑桶者多么可怜啊！

师：你的心很柔软。你们觉得卡夫卡会让空桶装满煤吗？

生：说不好。

小 说 篇

141

生：空桶装上煤，小说的艺术效果就消失了。况且，冰山那边的国度也不像是可以让空桶装满煤的地方。

（生鼓掌。）

师：时刻关注"一只空桶的艺术效果"这个学习话题，很好。这是这篇小说的殊异之处，是它成为经典的要素。又能联系小说的结局，那就好上加好了。空着才能飞翔，飞翔就还有无限的可能性，未实现的人生才是有期待的人生；从某种意义上讲，"空的"蕴含着期待与实现的可能，哪管它会遇到困难与挫折。这是我的一家之言，留待同学们争鸣。

四、孤帆一片日边来

师：读完这篇小说，你感到满足吗？

生：满足。学了新的知识，知道表现主义小说是注重设计、虚构的。

生：不满足。骑桶者太可怜了。

师：满足不满足，都是收获。小说不是让人笑的，也不是让人哭的，它是让人明白的、审美的。卡夫卡跨越现实与想象的门槛好像很简单——塑造一个骑着空桶飞翔的形象，虚幻、荒谬。以前听说过卡夫卡更著名的作品吗？

生：《变形记》。我记得我姐姐跟我说过，说是人变成了一只甲虫。

师：《变形记》开头部分写道："一天早晨，格里高尔·萨姆沙从不安的睡梦中醒来，发现自己躺在床上变成了一只巨大的甲虫。"（板书。）很有仪式感，又很轻灵，就好像一叶白帆沐浴着灿烂的阳光，在你毫无准备的情况下，从天边飘来，飘在你的世界里了。满足有时并不是和你的期待一致，而是你在小说中领略到陌生的风景，以及风景给予你的冲击，而这种冲击足以让你在虚构的想象世界里飞起来，飞得很高很高，飞到冰川的那边去……

（学生再次独立阅读小说。）

师：同学们能用一句话来说说虚构和表现主义小说的关系吗？

生：虚构是表现主义小说的灵魂。我是从书上找到这句话的。

师（小结）：但，虚构为心灵真实而来。我们用卡尔维诺在《为什么读经典》中的评价结束今天的交流——我爱卡夫卡，因为他是现实主义者。骑桶者的困境就是卡夫卡的困境，而卡夫卡的困境也许就是人类正面临的困境。虚构是为了达成对生活的还原和净化，让我们的心在绝望中看到希望。下课。

外国小说阅读摭谈

问题的提出

　　社会发展进入后工业时代之后，我们发现世界也许很小很小，心的领域真的很大很大。高中学生的阅读似乎也在进行一场静悄悄的革命：面对纷繁复杂的阅读对象，阅读载体和阅读范式的甄选成为第一要务。特别是西方现代小说进入高中语文课程之后，学生解读文本、建构文本、批判文本的能力开始应对一场考量：陌生的知识框架、独特的叙事方式、多样的审美取向和复杂的价值判定都在成为走进文本的潜在阻障。那么，外国小说阅读从哪里起步呢？如何重新雕塑学生的阅读品相呢？

解决的方案

一、从三句台词说起

　　晁错"衣朝衣"而亡，是西汉帝国绵长的惆怅。这种惆怅在《汉武大帝》中被呈现得更为艺术化。在一个大雨滂沱的清晨，迫于巨大压力的汉景帝在木屋边为晁错送行，汉景帝流着泪说：我本以为对的总是对的，错的总是错的，可现在我发现对的可以是错的。语音哽塞之间，两个大汉交臂痛哭……

　　面对学生外国小说阅读的现状，我蓦地想到了很久以前听过的这三句台词。很多时候，我们的学生揣着自认为对的船票，却总是登不上那条对的船；和文本对话发生错位的现象总是围困着他们，更为窘迫的是：领悟不了走进文本、建构和文本互动关系的独门意蕴。

体验是阅读的起点,我们尊重学生阅读的零初体验,希望他们的阅读建立在充分自觉的阅读自信的基础上,而教师应该帮助他们来梳理阅读的知识路径。但是,面对外国小说的阅读,我们能不能足够充分地说——学生已经储备了和阅读、答题恰适的知识和能力?学生的阅读生态更多的是自由放任、随意散漫的。这是我们必须面对的学生阅读状态。接下来,让我们一起找寻、探究、定位外国小说阅读效益的生长点。

二、文本价值向度里的精确阅读

按照鲁墨哈特的图式理论,读物作为一种客体,负载着作者显露或隐蔽的见解、意愿。阅读活动是一种根据作者及其创作环境和文字的语法修辞特征进行"释义"的过程。"释义"时,需要阅读主体原有知识框架的参与和作用。按照伽达默尔的说法是"一切理解基于前理解",即语文阅读是学生原有认知图式与阅读文本的相互联系和作用,从而在学生头脑中构建新的知识图式的过程。因此,每个学生阅读经验、知识框架的异质性是阅读结果差异的重要因素。

我们是尊重不同个体的阅读感受的,是允许阅读生态的丰富多样的,因为,阅读是有不同的向度的,即便同一向度之内,也会生成不同的层级和视角。正是因为这个不可悖逆的阅读事实的存在,才让不同的人在不同的情境之中取到自己的那瓢饮。但是,打个比方来说,我们更期待各种各样表面上四散开的射线都可以被聚拢来并且引向一个共同的焦点。毕竟,阅读是贴着文本在"飞",而不是在半空舞蹈,最现实的阅读生活才是最理想的阅读生活。

那么,在高中阶段,学生有效阅读的边界在哪里?怎样在外国小说阅读的场域中,让学生始终处于"在场"的状态?我觉得,理解性阅读和评价性阅读是当下教学所需要的主要阅读范型,而在文本价值的向度里,这两种阅读范型又被规范在精确阅读的框架中;可文本层面的价值又会屏蔽社会、文化、思想、宗教、制度等等多种向度,这就是学生举着那张自认为对的船票登不上那条对的船的原因——阅读向度的不一致,使得阅读的结果趋异。比如在《清兵卫与葫芦》阅读中,我们可以设置这样的教学提问:教员为什么要打破清兵卫的葫芦?在文本价值取向里,应该是在文本中确定描写教员打破葫芦的心理活动的阅读区间,并对这种心理活动产生的原因进行分析。若从文化、思想的向度走下去,我们的阅读认知就会发生变化：从这个教员身上看到一类这样的教员，从对待教育的态度上观察日本的教育文化。由此可见，一旦阅读角度不同了，通过阅读所看到的风景也就不同了，我将这种现象称为"转身的艺术"。

这么多的"向度"，为什么在高中学习阶段要强调文本价值向度？其一，文本是学生直面的精神产物，是学生可以和作者进行对话的媒介，它实现了学生和作者关系上的深化；或者换句话说，它是学生与作者建立联系、产生意义的唯一路径；其二，文本价值的充分肯定者、法国哲学家保罗·利科认为，文本具有独立的价值，它挣脱了心理意向的束缚，它是一个不断打开的丰富的世界，即它的丰富性和深度保证它永远处于变动不居的状态之中；其三，解释文本意义的过程是无穷尽的，文本拥有一条"潜在的意义地平线"，因为理解和解释总是从某个视角、层级进行的，不可能穷尽所有方面；其四，学生阅读外国小说，尤其是现代小说存在以下困难：一是已有的阅读水平无法合理应对陌生的文本结构方式，以致影响阅读判断和阅读认同，二是无法有信心地把握作品背后的文化背景、知识框架，影响阅读理解的精准，三是对创作者缺少足够丰富的前认知，影响阅读的拓展。因此，我们不难得出一个阶段性的结论，阅读贴着文本"飞"，实现的是学生、作者以及文本本身的需要。

在文本价值向度里，精确阅读作用鲜明。精确阅读更关注人、关注内心世界、关注言语状态、关注表现人的技巧和效果。同样，在这个向度里，你还会发现存在多个视角——作者的、读者的、文本本身；无论从哪一个视角进去，你又会发现存在着多种角度多个层级。因此，要保持"在场"，首先是确保阅读向度的精准，从文本往外走，再走到文本深处来；同时要分析文本价值这个向度里阅读视角的多样性；甚至是视角内部角度和层级的多样性。要帮助学生建构自我的、独特的，文本价值向度里的精确阅读所需要的阅读知识。同一个阅读客体，放在不同的知识系统中去读，结果肯定是不一样的。以卡尔维诺的《黑羊》为例，按照主题先行、小说三要素的知识框架去阅读，按照小说叙事学和读者解释学的知识框架去阅读，按照卡尔维诺在《美国讲稿》中所提示的阅读路径去阅读，呈现的阅读结果当然是不一样的。问题的核心在于——外国小说教学需要怎样的阅读，或者更明确地说，我们希望自己可以在哪个较为确定的知识框架之下去教学。从高中语文教学和高考评价的实情来分析，精确阅读是首要的选择。再如斯特林堡的《半张纸》阅读,如果当做人情小说来看待,涌动在小人物内心真纯的情感潜流足以使人动容;如果当做生命小说来看待,强大又真实的生命意识和人生觉解就是其深刻的内涵……由此,我们就不得不思考:《半张纸》作为世界知名的小小说究竟靠什么安身立命,它的阅读密码到底是什么,也就是说文本最本质的、超然于其他经典之外的价值在哪里?当然是它的结构。如我在《关于〈半张纸〉的教学》中所写的那样——

"结构是什么?结构是容器。'半张纸'就是结构的轴。一千五百字、十几个电话号码都架附在这个轴上。作者运用裁剪的方式,将两年的人生浓缩在两分钟的回忆里。而教师应该打开容器,稀释精华,将浓缩的生活再现出来。形式是什么?形式即内容。将'结构'教学'纯化''净化'为仅仅是对结构的教学,这是单向度的。用内容的教学来呈现结构的特色,才不至于如仙境太极,来无影去无踪:教授'结构'这个小说的基本元素,是要有载体的。"

有了这样的定位,阅读才能确保精确,学生一定会揣着对的船票登上对的船。当然,外国小说的阅读是多向度的。我们可以要求学生从社会、思想、文化、政治乃至哲学向度作深广的开拓,但是,起点应该是文本价值向度里的精确阅读。

三、知识助力,走到阅读深处

外国小说阅读需要阅读知识。这里所说的阅读知识包括阅读方法、技能,即作为工具的知识,还有文学、文章学、语言学的知识即作为过程的知识。要了解文学知识的不确定性,工具不同,方法自然会做相应的改变。什么样的知识确定了什么样的方法,外国小说阅读应讨论文学知识的特征和文学知识的运用。

客观的知识是普适性的,文学知识只有粘附在文学作品中,才具有作者及其作品的个性特征,形成独特的生命力,成为阅读者内心观照下的知识。而提醒学生从内心已有的知识框架中去生成理解,是很重要的。一个概念性知识在不同的文学作品中呈现方式是不同的,因此,学生要认识到深入阅读理解作者及其文本比掌握文学知识本身更加重要。卡夫卡、伍尔夫作品中的"意识流"、"摇摆",和莫言、毕飞宇的作品中的"意识流"、"摇摆"是不一样的。阅读理解往往要把这一篇文章的特点看出来,要把这个作者的想法看出来,阅读构建的是学生和"这一篇"、"这一个作者"的相遇、互约关系。

同时,要了解知识呈现在不同的读者中,具有读者个性的特征。不同的读者，其体验知识和经验知识都是不一样的；当然，不同学者的知识框架也是不一样的，他们的概念知识也会成为阅读的知识、教学的知识、评价的知识。比如，过去阅读小说的知识是三要素：人物、环境、情节；曹文轩先生在《外国小说欣赏》教材中，根据小说的八个要素，即"叙述""场景""主题""人物""情节""结构""情感""虚构"来编排教材；卡尔维诺在《千年文学备忘录》中把对他来说倍感亲切的文学（当然包括小说）的某些价值、特质和品格归纳成五个关键词：轻逸、迅速、确切、易见、繁复，并用这五个关键词作为阅读、评判小说的标准……如果，我们无法把握这些，就进入不到小说阅读的深处。

每一个人都有自己的阅读知识和方法。学生要观照自己的内心知识，但也要关注别人的经验。要认识到体验、感受自己的阅读经验是阅读的基础和前提，所以学习如何正确阅读，也就是要学习从自己的体验、感受出发——"从心出发"来运用知识，这或许比在阅读中寻找知识更加重要。因此，用什么知识思考和阅读是一个重要的话题。对于教师自己，有一个明确的知识论立场也是必需的。

总之，不同的知识就是不同的方法，用不同的方法解读出来的内容是不一样的。外国小说阅读必须依靠恰切的阅读知识助力，才能打破学生与外国小说巨大的文化、思想之隔。

四、余绪

外国小说阅读范式无法穷尽。对高中学生而言，按照文本价值路径、通过语言涵泳进行鉴赏品读，在一定的知识框架之下精确阅读，是有效阅读，也是知性阅读。

让思想激荡在美丽的课堂

浙江慈溪中学　特级教师　黄孟轲

张悦老师的课我在早年观赏到的多是如"泪光盈盈处的离愁别恨"——《长亭送别》，听来会让人想到柳永笔下的"温柔情态尽人怜"之情韵美丽；"讴歌亲情,写得充分"——作文课,会把人带入一种"悄悄落花天"的赏心悦目。那时,我常对老师们感叹:女老师上课该像张悦,有一种来自睿智的美丽与优雅;其课,是一种被教师的气质,被母语、被文学温润着,灼灼其华,诗意盈盈;听她的课总有一种"采采卷耳,不盈顷筐"之愉悦感。讲个笑话,前年我校教化学的施老师在效实中学听了她的课,回来同我聊:张悦的课有点嗲,这课即使我们外行人听听也蛮舒服。我说这就是语文老师独有的魅力,是我们美女老师的优雅。

真正使我对张悦老师的课、对其内在的力道刮目相看的,还是在2010年夏观赏了她的外国现代小说教学课的录像以后;感受到了其课的灼灼盈盈的美丽的背后荡漾着厚实与宽阔的思想(也是这两年里从她发表的西方现代小说教学的论文中读悟到的)。也许是浅薄与陋见,我总觉得她以前的课其美丽是在其自身内在的气质素养,多在运作的灵动机智,而如今这些课则抵达文本内在深邃处,抓住了作家的灵魂与艺术的敏感处,这样的课会让学生的心柔软,更会让学生的阅读眼光敏锐起来。她在课里能够感悟到语文是一种素养,与学生精神有关联;语文是一种生活,让学生在语言的涵泳中体悟人生;语文更是与生命相关,在文学经典阅读中唤醒读者内在的生命的感悟。对此,张悦应该是清醒的,有眼光的,其在文章中说:"特别是西方现代小说进入高中语文课程之后,学生解读文本、建构文本、批判文本的能力开始应对一场考量:陌生的知识框架、独特的叙事方式、多样的审美取向和复杂的价值判定都在成为走进文本的潜在阻障。那么,外国小说阅读从哪里起步呢?如何重新雕塑学生的阅读品相呢?"我个人认为,课堂教学是多种素养的集合体,一个优秀的老师会把其中的要素吸收到其课中,与他们个体的才情、思想、探寻相融合,这样的课会有高度气度,师生间的心灵会"撞击"起来。

对张悦《半张纸》的课堂教学,可以见仁见智,我也曾对她的文本解读把握谈过自己的看法,但我从内心里喜欢这样的课。她在其教学设想中提出的"用文本再生产、场景体验等方式,植根于小本体,尽可能实现体验、鉴赏等审美方式"就颇有匠心,很艺术地切入文本;在整堂课的教学中她便是这样自如地展开,师生一道在文本语言空白处、皱褶点细细耕犁耙耘。如先让学生熟悉小说情节,梳理清楚内容要点,让学生对打给爱丽丝、马车行等的电话情境用语言综合活动的方式进行还原、填补文本空白。这里将作品中叙述出来的人物名字、行业名称看作显性提示，理解到语言空白存留于这些提示之间及背后，蕴含着的极丰富的意义。师生凭借想象，用文本再生产新的意义，让学生进入潜在的小说的艺术整体的构成，这正如她在《外国小说阅读摭谈》所说的："《半张纸》它的阅读密码是它的结构。结构是什么？结构是容器。'半张纸'就是结构的轴。"课堂中师生一道深入感悟文本蕴含的人生之悲欢，乐也好，悲也罢，人生总有其意义，人生要悟悲，更要知福；从而加深了对小说深层意义的体味。这些细读探询的意义，也是现代主义小说教学时要关注的，即阅读鉴赏要向作品内里转，来提升学生阅读现代小说的能力。这堂课开始，学生初读了课文后点拨引入时老师对学生说："半张纸很轻很轻，就是记录在上面的一串电话号码让这轻飘飘的半张纸'化轻为重'了。让我们顺着这电话号码串起的故事，走进'他'的世界，'他'的人生。"这看似老师轻轻一点，但文本"轻"在何处，"重"在孰点，一下凸显。这里她让学生知晓这小说的世界运动是在人的心灵，是在文字背后的"人"。阅读现代主义小说与阅读传统小说的差异点，教学不但要关注它蕴含的情感思想，还应理解它的人文精神的诉求，还要欣赏其表达机制、表现方式。《半张纸》艺术上的"化轻为重"，文本空白处有生命的悲与美，有人生的重与轻，这结构就是生命的悲与美的容器。在后面师生一道进入这"半张纸"中，师生凭借想象，逐一填补空白点，并将情节贯连为故事，老师又以四两拨千斤，"此刻，这轻飘飘的半张纸已经承载了爱的承诺，更有重量了"。

所以张悦老师的课的意义与价值，也呈现出来。在外国小说教学中，改变我们老师与学生以往的小说阅读欣赏的观念与习惯，学习卡夫卡、伍尔夫、斯特林堡等作家的现代派小说，我们要从传统小说的对人的外部表现转变到外国现代小说的对人的内部寻找，树立起外国现代小说欣赏的一种观念与教学方法。张悦老师是把握住了现代派小说教学的特点。这好像简单不难，其实我们去看看好多老师的课，与之甚远，他们教的无论诗歌散文小说戏剧，都就是"文章"，都是主题思想人物特点等等；甭管现代主义还是现实主义，都是"三要素"。所以常有老师教《外国小说欣赏》中的现代派小说则无法把握好，学生当然不能有效进入。如拿卡夫卡《变形记》当做一般的家庭伦理小说来解读，把《山羊兹拉特》只当做感恩故事来理解，将《牲畜林》只看作是滑稽有趣来教，把《在桥边》中数人数的"我"对姑娘的爱意看作是小说主旨。

我们再来看看张悦老师上的现实主义小说的经典《项链》一课。课的重心内容是老师的一组设问切入："玛蒂尔德究竟是个怎样的女人？莫泊桑为什么要创造这样一个女性形象？我们了解莫泊桑的心吗？"她这节课就以"其实你不懂我的心——玛蒂尔德的人生故事"为话题，然后，"同学们进行自主独立学习。可以自行选择情节情境，解读人物形象"。老师在这里强调："鉴赏不能离开特定的小说情节、语言环境作架空分析，一定要有理有据，合理合情。"张悦老师非常明白，《项链》是"人生故事"，是"故事"，自然与传统小说情节、语言环境不可分离。她是顺着现实主义小说的传统特征，抓着文本的"故事文眼"而抽牵出小说的思想内涵。看似常态随意，拿它同《半张纸》的教学一比较，其实渗透着外国小说教学的本质理念。这与现在很多课堂的花花俏俏、热热闹闹无关，是对课程的教学内容的有效实践，我们可以感受到张悦老师的见解与眼光、用心与功力，其外国小说教学的思想在其优雅美丽的课堂里荡漾。

张悦老师的观念与教学让我这样想，外国小说的阅读教学，要注重的便是，传统的现实主义小说是对人的外部表现，扁型的人物，线性的故事为主。但现代派小说是对现代人的存在的内部关注，卡夫卡、斯特林堡、博尔赫斯他们是将外部的现实摄入到内心，成为内在的现实。我们要认知的是这些作品是他们创造和虚构的属于自己的心灵世界，并用各异的艺术折射把它投射到外部的、更大的世界，拥有洞察日常世界深层的奥秘的力量。正如张悦在《外国小说阅读撷谈》中提出的："外国小说阅读范式无法穷尽。对高中学生而言，按照文本价值路径、通过语言涵泳进行鉴赏品读，在一定的知识框架之下精确阅读，是有效阅读，也是知性阅读。"

诗 歌 篇

《将进酒》课堂实录

师：同学们，语文有时就是一场沙龙，爱语文的你、我、我们，头碰头、心连心共同氤氲而成的沙龙。我们一起遭遇语文的激情，一直走到语文的心里去，我们，也就实现了人生向雅。

今天，我想在《将进酒》的沙龙里，和同学们一起来研习"文本无限"的真意。

沙龙话题一：假如生活的时代可以选择

师：我想和同学们一起来做一道选择题：A. 孔子的春秋时期，B. 达·芬奇的文艺复兴时期，C. 李白的盛唐时期，D. 亚里士多德的古希腊时期；你更愿意生活在哪个时期？

生：选A。

师：让我想想，你也许会成为孔子的学生，在杏坛接受谆谆教诲。

生：我就是这么想的。（学生笑。）

生：选D。

师：你会在路上碰到一个人，他拉住你的手问："你是谁？"你还没有反应过来，他接着问："我又是谁？"（生沉默一会儿，会意地笑。）

生：选C。

师：你肯定不会后悔，你会拥有无比优雅浪漫的一段人生，有人会来敲你的门：我们一起喝酒吧。（全体学生和听课教师笑。）

生：那我就选B吧，只剩下它了，总不能让它"落单"。

师：选择是发自内心的诉求，你也可以什么都不选，不选择也是一种选择。"文艺复兴时期"，我祝福你遭遇一段自由忠贞的爱情吧。（课堂的"气场"舒展。）

再做一次选择,你们猜猜我最喜欢生活在哪个时期?

生:孔子的春秋时期。你是老师,你可以拜师学艺。(生笑。)

生:我猜应该是李白的盛唐时期。语文老师都爱李白。(全体学生和听课教师笑。)

师:李白是我的精神偶像。作为沙龙的主持人,我想和同学们说说我心中的李白,我们心中的李白。

【说明】沙龙是对文学、艺术的清谈,带有轻松愉快的和谐氛围。《将进酒》的教学起点设在这里,是情感的预热。在看似不相关之中实现对经验的唤醒,找寻走近李白的心灵路径。

沙龙话题二:来自时空的问候——李白,你好

师:说说我们所认识的李白吧。能不能用"是字句"来表述,比如:李白是唐朝诗人。

生:老师,你把最简单的抢走了。(全体生笑。)李白是伟大的浪漫主义诗人。

生:李白是诗仙。李白是侠士。李白是酒仙。

师:"是"字可以用来表示判断、强调、比喻。李白是以古体诗和七绝诗为后世称道的诗人。

生:李白是用生命来殉诗的真正的诗人。(学生鼓掌。)

生:李白是一部伟大的作品。

生:李白是一个不得不说的故事。

师:李白是一个性情上追求道家风骨又积极入世的儒者。这是我们眼中的李白。我们可以交流一下唐朝诗人对李白的认识吗?

生:我不太了解。

生:我记得韩愈说过"李杜文章在,光焰万丈长"。

生:这是韩愈的《调张籍》诗中的句子。读了之后,就是感觉李白杜甫好厉害。(生笑,小声讨论。)

师:韩愈的潜台词是什么?李白杜甫是诗歌的珠穆朗玛峰,没有诗人可以超越他们俩。这可是伟人对伟人的评价。你提到了杜甫,我们来听听杜甫的心声。"文章憎命达,魑魅喜人过",这是杜甫在《天末怀李白》中吟唱的,意思是说上天喜欢将灾难的帽子戴在天才的头颅上。李白离开长安时,带着精神上的失意。

在洛阳遇到了比自己小十一岁的杜甫，杜甫将李白当做自己的精神偶像。后来，李白被流放夜郎，杜甫怀念李白，就写了这首诗。我们一直都说"文人相轻"，但杜甫对李白却一直"文人相重"、"末路相亲"，实在感人。

生：我们从古代回到今天吧。（生会意地笑。）余光中说过："绣口一吐就是半个盛唐。"

生：我有想法，你最好不要用"说过"这样的表述，太没有诗意了。（全体学生鼓掌、赞同。）

生：我在《庐山思绪》中读到过这样的句子——（李白）飞翔的生命挂在悬崖。

师：穿越古今，我们发现李白将五光十色的生命倾倒在他的诗歌里了。严羽在《沧浪诗话》有过这样的评价，别人写诗是用笔一句一句写下来的，李白写诗是将他心中的那股气一张口喷出来就行了。

【说明】诗言志，诗歌从本质意义上观照是诗人的生命状态和人生诉求。不了解李白的"全人"，只是就诗论诗，鉴赏也许就缺失了应有的深度，体验不能直抵内心。文本无限，从"人"到"诗"，为诗的读解领悟作了情境、背景的蓄势。

沙龙话题三：在李白的诗歌世界里调一杯鸡尾酒

师：我们的心中藏了多少李白的诗歌呢？一起来"喷一喷"吧。（生笑。）

生：床前明月光，疑是地上霜。举头望明月，低头思故乡。（生笑。）

师：这可是学习唐诗的入门。

生：飞流直下三千尺。

生：桃花潭水深千尺。

生：挥手自兹去，萧萧班马鸣。

生：安能摧眉折腰事权贵，使我不得开心颜！

生：谁家玉笛暗飞声，散入春风满洛城。

生：举杯邀明月，对影成三人。

生：抽刀断水水更流，举杯消愁愁更愁。

师：请君试问东流水，别意与之谁短长？李白的诗歌是跨越时空的经典，在这杯鸡尾酒里，李白安放了自己的灵魂。

【说明】诗歌是李白的行走方式，是精神的避难所，是纯净的皈依。在这场自由优游的沙龙里，共同吟读李白的诗，是一次心灵的舞蹈，是用一壶柔和的温水慢慢泡开一杯绿茶逐渐舒展的过程。没有学生会拒绝和李白的诗歌完成一次拥抱。当鉴赏有了一定的宽度打底，就不用去担心自己领悟力的单薄，诗人的思想之臂会给予我们一气呵成的帮助。

沙龙话题四：李白的杯酒人生

师：我又想起了"李白斗酒诗百篇"。你们喝过酒吗？可得实话实说。

生：我喝过，没有什么感觉。

生：我也喝过，可是写不出文章。（学生和听课教师笑。）

师：有没有喝醉过？还是得实话实说。

生：我很诚实的，没有。

师：根据大家的生活经验，喝醉了会有什么结果？

生：也许会做些不合理智的事情，甚至会闯祸。

师：蛮可怕的。也许这就是我们俗人和真正的诗人的区别。诗人是酒后吐真言，用诗歌的方式吐真言。

生：这么一说倒也是。中国文人和酒的关系非常密切。

生：中国的酒文化和诗文化好像密切相关。

师：可以这么说，酒是中国文人的精神故乡，甚至可以说是精神恋人。

生：那我们说说李白和酒。

生：你说得不全面，应该是看看李白饮酒诗的风采。（学生鼓掌。）

师：你的提议很好。我这儿就备了一杯酒——《将进酒》，举起杯来，品尝李白的人生真味。（学生独立、放声、纵情朗读。）大家觉得这首诗可以怎么学？

生：反复朗读，体会感情。

生：解释词意，了解内容。

生：结合刚才讨论的李白生平来解读。

生：可以借鉴刚才发掘的古今名家对李白的评价来领悟。

师：都是学习鉴赏诗歌很好的方法。我觉得，抓住一个字"酒"，也许就能达成学习的愿望，所谓牵一发而动全身，窥一斑而见全豹。有兴趣一起谈谈吗？

生：《将进酒》里的确有许多诗句和"酒"有关。

师：几乎是句句关乎"酒意"啊，可以用"李白的杯酒人生"作为沙龙的话题，怎样？

生："人生得意须尽欢，莫使金樽空对月。天生我材必有用，千金散尽还复来"。李白将自己的酒杯斟满了，端起来了。

师：李白什么时候最得意？

生：受到唐玄宗重用的时候。

师：我补充一句，李白是唯一一个以诗人的身份进入朝廷的人。可是，现在离他被"赐金放还"已经八年了，他在得意什么？

生：这不难理解呀。李白和岑夫子、丹丘生一起喝酒，朋友之间的心心相印就是人生的得意呀。酒是心心相印的情意。

师：你说得真好。正是因为有了酒的激发，李白喊出了"天生我材必有用"。古代的读书人怎么称呼自己？"在下、鄙人、不才"，甚至还有"奴才"，而李白却称自己是天才，相信自己是天生的有用之才，这还让我们想到他另外的诗句"长风破浪会有时，直挂云帆济沧海"。（学生和老师一起吟读。）此时，李白在酒杯里倒进去的是什么？

生：是自信。

师：是渴望用世的自信。

生："钟鼓馔玉不足贵，但愿长醉不复醒"。我觉得儒家的"济苍生"、"安社稷"对他有积极的影响，他是一个热衷功名希望用世的诗人。

生：那他为什么会说"不足贵"呢？

生："不足贵"的意思是不值得当作珍贵的对象。我想，李白"十五好剑术，十五游神仙"，道家的摒弃虚伪、追求精神自由的思想对他的影响应该也很大吧。

师：鉴赏得很有品味。李白在这两句诗中所表现出来的精神和他的"安能摧眉折腰事权贵，使我不得开心颜"以及陶渊明的"不肯为五斗米而折腰"的心境是相同的。他是想为世所用、重用，但如果要以同流合污、失去高贵的品性为代价，他宁可遗世独立，在畅饮美酒中获得慰藉。那么，你觉得酒是什么呢？

生：酒是特立独行的尊严。

生："古来圣贤皆寂寞，唯有饮者留其名"，我特别喜欢这两句。

师：我想打断你一下，你能举几个古代圣贤的例子吗？

生（略略停顿）：孔子、孟子、屈原、贾谊、曹植……

师：看来你对古之圣贤还是有一定的了解的。李白为什么要在诗中提及他们的寂寞呢？

生：我看用古之圣贤自我安慰罢了。（生表示赞同。）古代贤者不为世所用，但是他们都名垂千古，为后世的知识分子所仰慕。那我也做一个以酒会友、以酒寄情、流芳百代的诗人吧。（生笑。）

生：我来补充。这就是老师平时说的"借他人酒杯，浇心中块垒"。老师，您说李白在这杯酒中倒进去了什么？

师：酒是有志难展的忧愤，是永远的安魂曲。李白有没有喝醉？

生：不好说。

生：一直很清醒。否则诗歌的结尾他就不会吟唱出"五花马，千金裘，呼儿将出换美酒，与尔同销万古愁"了。

【说明】酒是诗人李白重要的生活方式。我们在李白的杯酒人生中看到了他遗世独立的身影，听到了他的豪言壮语。李白的诗歌是喊出来的，是内心真情真意的喷涌。李白是一个在精神和人格上伟大的诗人，很多诗人因为作品而伟大，李白恰恰因为他的人格而伟大。将"酒"作为《将进酒》鉴赏的出口，用生生互动、师生对话、同伴合作的学习方式走进文本，是这场沙龙式学习的主要意义。

沙龙话题五：酒是一根维系命运的红丝带

师：天才诗人是怎样离开这个世界的？

生：病逝的。

生：不太清楚。好像还是与酒相关。

师：浪漫主义的诗人有一个浪漫的离开世界的方式。传说喝醉酒后的李白为了在捉月台捉到月亮，投入长江而死。你愿不愿意相信这个传说？

生：我愿意相信。浪漫诗人的浪漫之死，完成了生命之中最后一次对美的追求而死，死得其所。（学生鼓掌。）

师：这场关于李白的沙龙结束了。李白告诉我们：做一个精神贵族很难，但是一定要执着。酒中有真意，欲辩已忘言。

生：老师，我建议用朗读的方式结束今天的沙龙。（师生共读，充满激情。）

【说明】语文就是一场沙龙。教师是主持人，是伴奏者、合奏者，绝不是领奏者、独奏者；教师是沙龙的发起人，是在沙龙行进过程中为学生们添茶水续咖啡的服务者；教师是沙龙起承转合处传递思想棒槌的人，是一个谦逊大度的合作者；沙龙围起的是一个优美的圆周，教师和学生坦诚的交流是圆周上一个一个美丽的亮点，这些亮点你挨我挤，完成对语文之美的追求。

《江城子》备课七问

江城子

乙卯正月二十日夜记梦　苏　轼

十年生死两茫茫，不思量，自难忘。千里孤坟，无处话凄凉。纵使相逢应不识，尘满面，鬓如霜。夜来幽梦忽还乡，小轩窗，正梳妆。相顾无言，惟有泪千行。料得年年肠断处，明月夜，短松冈。

1. 亲人去世了，活着的人可以做些什么？

热爱生命，更从容地生活着；怀念亲人，更神圣地珍惜着。

2. "十年"的时间对于一个人也许意味着什么？

也许意味着忘却、改变；也许意味着执着、永恒。是的，十年，在陈奕迅那里恋人成了朋友，在金岳霖那里爱情读成了永恒。

3. 王弗走后的第十年，苏轼写了一首词《江城子》，这是一封感人至深的情书，是人间对天堂的问候。他对亡妻倾诉了些什么？

难忘夫妻情，倾诉无知音，十年是隔世，夜梦来相聚，清辉照墓地。

4. 苏轼在《江城子》中挥洒的感情主要包含了哪些内容？

怀念之痛，分离之悲，孤独之伤。

5. 表达感情的方式是多种多样的，苏轼用感情着力营造了多种"反差"，可以发现吗?

现实中的"离"(十年生死两茫茫)与梦境中的"合"(相顾无言,惟有泪千行)的反差;自己当下老之将至(尘满面,鬓如霜)与爱妻以前的形象(小轩窗,正梳妆)的反差;还有妻子葬于千里之外的四川彭山(千里孤坟)的"远"与十年来时时刻刻思念(料得年年肠断处)的"近"的反差。

6. 这些"反差"有没有打动过你?

我们感动于苏轼与王弗彼此精神的吸引。受尽煎熬、品味痛苦有时也是一种幸福。

7. 苏轼为什么会在"反差"这张琴上弹拨情感的心弦,流淌出幽幽的心曲?

真正用心体验过的生活才会有真情实感。

十年前的苏轼应该拥有怎样的人生?王弗二八之年,如花美眷,与弱冠之年、才气横溢的苏轼结婚。王弗对苏轼关怀备至,夫妻情深意笃,恩爱有加。王弗知情达理,幕后提点,红袖添香,围炉夜话。婚后第三年,苏轼进士及第。才子佳人,谱成清歌一章。可是,走得最急的往往是最美的光阴,苏轼还来不及将这份人生细细品尝,王弗就溘然长逝,十二年的相守画上一个句号。

接下来的十年,苏轼经历了些什么?

丧父、服孝、再娶、返京、出京赴杭州、离杭赴密州。在宦海浮沉、命途际变之中,苏轼品尝了人生多舛。与权贵的不和,抑郁不得志,都使苏轼向往精神的皈依、心灵的朝圣。在三十到四十岁这段对于一个男人来说最重要的时期,苏轼享用着命运赐予的孤独和高贵,保持了知识分子的独立和清醒。

刻骨铭心的经历会走成永恒。尤其是在逆境之中,温暖的记忆总会被唤醒,成为慰藉人心的烛照。这一场梦,苏轼已经做了十年,而不是一夜;这一场梦是对一个有才情的女子的追怀,而不仅仅是悼亡的挽歌;这一场梦是对琴瑟相谐的婚姻的向往(再娶的王闰之是王弗的堂妹,小苏轼十二岁,有小鸟依人之柔顺,却没有冰清玉洁之空灵了),而不是心血来潮的矫情文章。

沧海一杯,倒进去的不一定是大块文章;短短一词,尽见人间至情。

一诗一文，一座风格的天堂

经典往往提供范式，三千弱水取一瓢饮，取得的"一"折射"三千"。古典诗文有鲜明的审美特征，它们为学生搭建走进古典的栈桥。

特立独行如李白者，亦有感喟扼腕之时。蜀道之难，问天何极！诗从肺腑出，李白堪称歌者中的英雄，豪情壮怀。当他面对巍巍青山，耸峙穿云，顿觉人力在自然的伟美面前是多么的有限！于是，诗情喷发，化万千意绪为《蜀道难》一曲。让我们的研读从"难"字出发。古人有飞天的梦想，飞天是美好希望的象征。可是，蜀道恰恰横空出世，比翱翔于青天还难。这种"大难"却没有让李白收住探寻的脚步，腾挪跌宕的文笔游走于历史和现实之间。蚕丛、鱼凫这两个名字中带着动物崇拜取向的国君啊，你们到底让古蜀国在被蜀道屏蔽的状态下安然地生存了多少年？当历史的巨笔都算不清悠悠岁月的车辙时，我们可以想象要通过蜀道抱拥那片古老的乐土有多么艰难！蜀道之难，与其说是自然的造化，不如看作是远古的人们为了自我生存的安宁，而设置的一道难于逾越的神秘关卡。他们与世隔绝，自乐陶然。但是，苍天没有关闭所有通向蜀地的门，它所有的仁慈就是留了一个"鸟道"，它让向往蜀地的人在心中还能听到翅膀艰难挥动的声音，那就是从蜀道之难中突围出来的希望。李白的理想主义依旧是一抹让人睁不开眼的亮色，蜀道再难，一定会有"天梯石栈相勾钩连"的一天。从"鸟道"到"钩连"，迈出的一小步，付出了十条美丽的生命的代价，隐藏着灭国的岌岌之危。悲壮的神话在绝壁峭岩画了一个惊目的叹号！架在山崖上的栈道，却没有阻迟诗人骄傲的脚步。青山依旧在，蜀道依旧难。李白以巨擘之椽，直面渲染烘托蜀道攀登之难。窄窄仄仄的栈道，头顶是望不到尽头的"高标"，脚下是大浪逆折的"回川"，擅飞的黄鹤、敏捷的猿猱只能望而却步，可是诗人还是要引领着我们突破极限：攀登，往上，再攀登，往上。在挑战蜀道之难的过程中，也有难得的"难"中之乐：手可摘星辰。人在畏途，最艰难的事情莫过于内心的孤独和空白。蜀道之难由此升腾起一股悲愁之意来：子规夜啼，声声带血，老了红颜。身边有树，绝壁枯松；耳边有水，万壑之雷。李白动用想象、联想、夸张，穿行于神话传说之中，让读诗的我们和写诗的作者形成共趣之乐。自然环境的"难"还不是人生的最大难，这巍巍的蜀道何不就是人生之途的写意呢？诗人化用形象的"豺狼""猛虎""长蛇"之喻，提醒自己警示他人：当这样的叛臣逆贼失去法度道德的自律，于国于家何望！而自己的功业之成竟是如此艰难，难于上青天。当李白将"还家"的心意抒写出来时，我们知道，那最难最难的蜀道其实就在诗人的心上。

李白在汉水之畔有诗云："功名富贵若长在，汉水亦应西北流。"挡于蜀道的豺狼们，诗人是断然不愿合伍的，失意不失志，天才情怀，自有人格。

《登高》是杜甫暮年之作，向来得后学者推崇，评为至宝。杜甫始终是穷困的，这种穷困不仅在经济，更主要是精神。东坡评论杜甫的人格精髓是"一饭未尝忘君"。需要一个好皇帝，是杜甫政治理解里核心的部分，他自己曾说过，致君尧舜上。这不是简单的愚忠品格，渴望一个好皇帝在杜甫的读解中更多是为了形成一国好臣民的氛围，君为民的儒家道统对杜甫影响深厚。因此"登高"不应看作是诗人的一己之举，而是羁旅之愁和爱国情愫的合一，哀而不伤，凄苦不言消沉，于七律华美之袍，藏一颗泣血之心。

秋景就是杜甫的知音。眼前的所有一切都为这个壮心依旧的老人准备好了。急风、高天、哀啸之猿；清渚，白沙，回飞之鸟；落木萧萧，长江滚滚：这就是秋天倾倒在诗人面前的声、色、形、态。你仿佛置身其中，寒意悲情顿时卷上心头。诗人也许是真正感到累了，这深深哀鸣不就是诗人的低沉的喉音吗，这纷纷落叶不就是诗人淡淡退潮的生命吗，这羸弱的小鸟不就是诗人自己真实情状的摹写吗？悲美之景合着精密考究的声律，高扬凌厉，在平平仄仄中尽显律诗之势。杜甫是一个大胸怀的诗人，自古以来的很多文人曾经和杜甫一样登高举目，他们将眼前的秋意化为笔下的诗词之前，景与情的通道更多地指向小我的内心，宇宙之大，抱负难展，普天之下的知识分子似乎都有共同的宿命。杜甫似乎也没有例外。可是，当杜甫面对登高所见的景致时，心事浩茫连广宇，有一些东西正在悄悄发生变化。"万里悲秋常作客，百年多病独登台"：这是客地之悲，这是衰疾之悲，当然是诗人自己的。而你一定要去注意杜甫的"艰难苦恨"到底是为谁悲叹为谁头白。唐朝走到杜甫所处的年代，已经开始下坡，动荡不安，时世维艰。杜甫从自身的遭际推广到天下的百姓，这种曲折顿挫表现出来的忧国伤时，恰恰是《登高》的真意，感情也就随着文势波澜走向沉痛。

《登高》是"景"与"情"、"意"与"律"的和美。

白居易是一个可爱的文人。大凡诗文，文意贵在"透"，文笔贵在"拙"。白居易是以唱民歌的方式来写诗的，因此特别能走到人的心里去。出仕的诗人毕竟难逃疏离的厄运，只要你想在黑暗的现实插上一把正义的尚方宝剑，也许就会付出遭受冷落的代价。幸好，白居易对这种顿挫不太在意，于是，在浔阳江头，在轻轻的离舟，由一场不期而遇的邂逅，成就了千古绝唱《琵琶行（并序）》。

在白居易的笔下，音乐的表演者和聆听者之间形成和谐的"共情"，而读者欣赏这种"共情"的时候，慢慢会达成和文字的"共情"。假如遇到琵琶女，李白、杜甫会怎样？也许李白会高举酒杯，同销"万古之愁"；也许杜甫会疾书诗行，"艰难苦恨""白头搔短"。只有白居易，他会说：同是沦落，相逢是缘。白居易成长在一个以文学著称的小官僚的家庭，文学濡染给予了他一颗人文的情怀，而小官僚由于保持和民间、底层的联系，使他有同情草根的情感趋向。白居易不会因为和一个沦落的歌女成为知音、在她的琵琶声中找到慰藉感到羞耻，与音乐的共情，其实就是和女子的共情。没有平民情怀的诗人，绝对写不出如此带有"同病相怜"意识取向的作品。即便有，也是"犹抱琵琶半遮面"的。白居易的情感是真实深厚的。琵琶女弹奏的抑扬起伏，感情的动荡变化都牵动着诗人精致敏感的心，女子如泣如诉，诗人如痴如醉。音乐停止，作品留下巨大的空白，琵琶女的身世自然成为点拨的重点了。诗人用尽量冷静的叙事笔调谱写了琵琶女的半生繁华和现今零落，但是感情依旧无法遏抑，"唧唧"重叹，感伤不已。当琵琶琴音再次奏响时，诗人却在音乐中听到了自己，江州司马，青衫尽湿。《琵琶行（并序）》的感情走向是如此清晰，一如展轴：送别友人的清寒孤寂，听到琴音的陶醉迷离，欣赏弹奏的如痴如醉，互诉衷肠的同情共鸣，再听琴音的泪湿青衣。合轴长思：浔阳江头的摇曳烛光，没有想到，一次偶遇，成就了两颗失意的灵魂的共情；更没有想到，在一千两百年之后的今天，还有那么多人于繁华落尽之中看见真淳。

鉴赏《锦瑟》要有这样的心理蓄势："得"与"不得"都是收获。李商隐给了我们一个谜，这个谜我们猜了一千多年，连"神九""神十"都要上天了，我们对《锦瑟》依旧左支右绌，捉襟见肘。很多时候，我们就是在无所适从之中开始"锦瑟"之旅的。林黛玉自是最喜欢李义山的诗的，尤以"留得残荷听雨声"为共鸣。而要学生喜欢《锦瑟》，通道在哪里？《锦瑟》几乎就是一个由"典故"构成的诗囊。庄生晓梦、杜宇化鸟、泣珠化泪、美玉生烟……今天的典故，昨天的故事。作者究竟要诉说什么？义山的痛苦又是什么？我们只有循着典故的足迹，回到故事本身。

理会不得，有时就是诗。梁启超说，义山的《锦瑟》让我觉得它美，读起来有一种新鲜的愉快，须知美是多方面的，美是含有神秘性的。读解《锦瑟》无解时，请有这样的姿态。

词适合在绵密的雨后鉴赏，读解的诗情会被激发出来，因为词的风格是有柔婉的追求的，这恰好与雨后的气质相般配。以下的四首词，恰恰在风度上保持了一致，可以试试作整体阅读。

假如李煜对宋太祖说，你给我活下去的生命，我就给你莺歌燕舞的明天，那么，是否还有《虞美人》永不腐旧的气息？假如没有宋真宗对七岁神童晏殊的褒奖，赐予进士名号，使得文才在平静安稳的状态下展妍，那么，是否还会有《蝶恋花》对婉约词境界的超越？假如宋仁宗对柳永说，你这个玩世不恭的浪子，你给我收收心，别再留恋市井，那么，是否还会有人将离别诗的金冠戴在《雨霖铃》的头上？假如易安居士面对窗外的血雨腥风，置若罔闻，你管你的颠沛流离，我自有我的金风玉露小天地，那么，是否还有人一说起"愁"就要想着《声声慢》，跟着它的节律面盈珠泪？在"命运"的机缘里，"命"是静止的，"运"是动态的，这群优秀的词人就这样用必然和偶然的统一规划了自己酬唱的诗篇，从此，走进永恒，成为经典。

研读《虞美人》，要把握词中的"变"与"不变"。被固化的是春花秋月、雕栏玉砌，被风化的是往事、朱颜，无数忏悔之意纠结于文字中，至于深、广、长，直至无限。研读《蝶恋花》，要鉴赏意象的"合"情与"离"情，契合情意的、反于情意的，都是女性主人公伤别纤柔心思的外化，也是诗人雍容和缓的士大夫涵养的体现。研读《雨霖铃》,要理解"场景"到"情境"的转换,场景为"实",情境为"虚",从"现实"到"将来"拉了一根"联想"的丝线,风情万种,化境为一。研读《声声慢》,要沿着七组叠字营造的气场,走进词人因"独"而"愁"的内心世界,对情感内涵作进一步的探寻和开掘,人间的孤独和人生的乏味都是可以在一个孤独的清秋中被最大化的。

回转身来,再迈碎步,在四首词里找到了一个"愁"字,亡国是愁、离别是愁、零落依旧是愁。千古文人,同唱"愁"歌,穿越于"愁"中的是物换星移也不愿更改的执着。

足印跫然,响彻在唐时风宋时雨中。长文之于短章,风姿依旧绰约。

《滕王阁序(并诗)》简直就是一则悲怆的神话。一如杜甫所言,"文章憎命达",作品的面世就是王勃生命的终点,他将自己交付给了茫茫的海洋。于是,初唐四杰之一的文人,以《滕王阁序(并诗)》作为献给世界最后的一份厚礼,告诉同道者,如果仕途无法满足自己,就用精神的清洁勉励自己,"穷且益坚,不坠青云之志"。

那么,这种精神的高贵用怎样的形式来体现?按照清代李扶九的说法,王勃此文四六体式,平仄和谐,对仗工稳,段落明,次序清,多典丽,润词藻。王勃过人的智慧和修养在这篇骈文的创作中得到了充分淋漓的挥洒。似雕琢,又清丽;似堆砌,又自然;充盈的典故和潇洒的摹景连成一体。"盛会"之"盛",笔随景转;登楼之感,铺排渲染;嘉宾意兴,典丽衬托;时空更迭,作赋寄兴……时有名句盈嘴,口角生香;色彩、远近、虚实,王勃如高明画师,华彩生辉。《滕王阁序(并诗)》的形式之美可以满足读解者的期待视野。当然,此文亦是情思和哲理的统一,任何徒有其表的东西都是速朽的,可以和学生一起研读全文的内容。

最后要谈的是《秋声赋》。这是适合微风独步状态之下阅读的作品。在每一个安静的深夜,如果耳边有声音响起,即便是最细碎的,都是触动心魂的。感受声音描述声音,抓住声音细微急促的变化,体会涵泳欧阳赋体的特征,是研读《秋声赋》的起点。任何一个高明的作者,都不会放过对自然现象的寄托。"秋声""秋气"都是自然不过的物象,在不同的解读者心里会被标刻上不同的记号,欧阳修的命意决不在于现象本身。作者没有放弃文赋的骈偶句式和铺张渲染的传统手法,而是用它们为议论设置一个厚实具体的背景,营造出文脉的动态演进,文章的深意由议论和联想来生成，因为没有哲学立意的文章达不到开启思想的高度。研读《秋声赋》，要义在于对作者所生发的感想的认识：人类有时所受的精神摧残远甚于自然界。

欧阳修是北宋中叶的文坛领袖，他的政治建树的低潮恰恰是他文学创作的巅峰。这符合以下的经典说法：上帝为一个天才关上一扇门的时候，正有另一扇门悄悄打开。《秋声赋》在文体上的贡献巨大，它克服了自古以来赋体的流弊：重形式空内涵。它用散文化的表达结构丰富内容，使赋体的抒情和散文的灵动合而为一，成为宋代赋体作品的典范。

《旧日的时光》教学整理

导入：每个国度都有别人无法替代的人、物，就像莎士比亚之于英国，风车之于荷兰。苏格兰因什么而出名呢？是管风琴流淌的悠悠情韵，是格子裙摇摆的款款风情，是《旧日的时光》凝固着的一段无法复制的往事。彭斯让他的诗歌幻化为《友谊地久天长》的歌曲，在《魂断蓝桥》中演绎成永不褪色的经典。

移情：席慕容说过，人生当中走得最急的都是最美的时光。请说说属于你的旧日好时光。（最好有动人的细节、感人的故事。）

对话：在田野无拘无束地奔跑。

在深夜偷偷地看武侠小说。

给小伙伴写信、等信。

给母亲送一朵康乃馨。

春节的时候领压岁钱。

当天的作业可以在学校完成。

父亲将自己高高地举过头顶。

……

朗读：明确诗歌朗读的要求。第一次个体朗读，轻声、感受。第二次集体朗读，放声、感悟。

评价：评价朗读。第一次朗读从朗读的节奏、语速、用情等方面进行评价。第二次朗读从朗读重音、语调等方面进行评价。

赏读：在彭斯的文学世界里，旧日的时光是怎样的时光？

对话：旧日的时光是年轻的时光。

旧日的时光是自由的时光。

旧日的时光是散逸的时光。

旧日的时光是拥有大把时间和大好风景的时光。

……

探究：为了表现这样的时光，诗人将哪些生活的细节、故事收录于诗中？

对话：①采摘美丽的延命菊。

延命菊还有一个美丽的名字叫玛格丽特，它的花语是期待的爱，是美丽的遐想，是爱情的期待，是纤纤少女对未来纯净的期盼。

延命菊的俗称是"雏菊"，它就像缪塞所抒写的那样：我爱着，什么也不说；我爱着，只我心里知觉；我珍惜我的秘密，我也珍惜我的痛苦；我曾宣誓，我爱着，不怀抱任何希望，但并不是没有幸福——只要能看到你，我就感到满足。雏菊即便凋谢，花香仍在，在爱人的心里。

采摘美丽的延命菊，就是旧日时光里对洁白的爱情的憧憬。

②在山坡上游荡，漫步在溪上。

"游荡"、"漫步"都是"走"的意思，但是又和单纯的"走"不一样。

是心态的不同，步态的不同。心境是欢畅的，步态是悠慢的。

还有神态、状态的不同。神态是快乐的，状态是明丽的。

这样的漫步和游荡，真是年轻、自由的好韶光。

延展：这样的旧日时光，有没有在诗人的人生定格，打下挥之不去的烙印？

对话：老朋友永远难忘。

旧时光铭记心上。

延展：老朋友重逢，彭斯认为我们还可以做些什么？

对话：干一杯醇厚的美酒。

紧紧握住朋友的手。

延展：旧友重逢，表达友情的方式可以是浓烈的、含蓄的、朴素的、平静的、张扬的……在彭斯的诗歌世界里定格的是哪种风格？

对话：朴素的。

真挚的。

"洗尽铅华"似的。

繁华落尽见真淳。

延展：在诗歌的世界里，"离别"和"重逢"是永恒的母题。为什么这么多诗人有如此相同的生命感觉呢？

合作：人是情感的动物，"动情"是心灵的体操，是一次或忧伤或幸福的赴约。回忆是架在"离别"和"重逢"之间的一座小桥，拥有真情的人才会顺利通过。

诗人们将生活体验超越为动情的文学，将个人的经历诗化为可以分享的故事，沉淀为诗情，提升为文学体验。

因此，不同追求的诗人携着不同风格的作品相遇在诗歌的小桥上，观玲珑山月，听潺湲水声。

于是，彭斯带着他对友情的畅想和我们的心相遇了，碰撞了。我们在他的诗歌世界里拥有了美好的情感之旅。

探究：诗歌是文化载体，有着与众不同的本体特征。《旧日的时光》是一首纯粹的诗。小组合作分享《旧日的时光》这首诗的本体特征。

交流：诗歌以复沓来强调感情和语气。诗中用"还有那旧日的时光"、"为了那旧日的时光"、"自从那旧日的时光"的复沓，抒发了对友情的珍惜和赞美。

将最丰富的诗情用最简练的语言传达，是诗歌的共同特征。《旧日的时光》短短六章，将过去和现在、现实和想象用抒情的红线连成一串美丽的珍珠，言有尽，意无穷。将人的感觉、记忆充分唤醒，激发对美好的友情的神往。

诗歌最好的土壤在民间。拥有浓郁的苏格兰民歌的气息，语言朴实清新，充满天籁般的醇厚韵味。

朗读：自由朗读。明确朗读的要求：感悟、品鉴式的朗读。

探究：《旧日的时光》没有着力于艺术的渲染、夸张、变形，却深深留在我们敏感精致的心灵，成为经久不衰的艺术瑰宝，它究竟从哪里汲取了伟力？

引领（教师）：彭斯只活了三十七年，留给世界的是短短的一生，长长的艺术生命。在他的六百多首诗作中超过一半的是短章，他是一个纯粹的抒情诗人，抒情诗的桂冠可以戴在他的头上。彭斯生活在破产的农村，在农村度过了草根的一生，贫穷的一生，这种物质的最小化一点也没有影响他实现精神的最大化，他在诗歌中铺展了最柔美温润的生命。他的诗歌歌颂故国家乡的秀美，抒写劳动者纯朴的友谊和爱情，在民间的土壤里发育了最为广泛的根系，以一蓬朴直的枝繁叶茂承奉着永远的魅力。生活就是彭斯诗歌的底色，他将对生活的感悟、理解都升华为灿烂的诗章，对生活朴素的感恩成为诗歌的华衣，从而成为可超而不可越的经典。

延展：彭斯不仅歌唱永恒的友情，也赞美浓烈的爱情。阅读下面的诗作，畅谈阅读的感受。

一朵红红的玫瑰

彭　斯

啊，我的爱人像朵红红的玫瑰，
六月里迎风初开，
啊，我的爱人像支甜甜的曲子，
奏得合拍又和谐。

我的好姑娘，多么美丽的人儿！
请看我，多么深挚的爱情！
亲爱的，我永远爱你，
纵使大海干涸水流尽。

纵使大海干涸水流尽，
太阳将岩石烧作灰尘，
亲爱的，我永远爱你，

只要我一息犹存。

珍重吧,我唯一的爱人,
珍重吧,让我们暂时别离,
但我定要回来,
哪怕千里万里!

朗读:全体女生用唱小夜曲一样的抒情调子朗读这首诗。
品鉴:诗歌的风格清新。
诗歌的意境浪漫典雅。
诗歌充满因为简单而深刻的美感。
诗歌的节奏、韵律令人读后难忘。
和《旧日的时光》一样,有民歌诗体的质朴和厚重。
……
唱读:《旧日的时光》和《一朵红红的玫瑰》早就成为流传于世界的名曲、名歌。在两首诗中选择一首,用唱歌的调子,美读、感悟,留下久远的回想。
结语:走出《旧日的时光》之后,握别彭斯,请永远记住诗歌给予我们的感动。当我们将生活细细爬梳,希望能在密密匝匝的树叶缝中,闻到阳光的味道,这其实就是诗歌的味道。

那些轻飘飘的旧时光
——走进彭斯的诗意世界

每个国度都有别人无法替代的人、物,就像莎士比亚之于英国,风车之于荷兰。苏格兰因什么而出名呢?是管风琴流淌的悠悠情韵,是格子裙摇摆的款款风情,是《旧日的时光》凝固着的一段无法复制的曾经的浪漫。

  首先,请为《旧日的时光》的学习寻找一条由"诗化"走向"诗情"通向"诗性"的通衢。诗歌的世界里,苏格兰诗人彭斯昭示了文学之美。这种美,在无边的心上划过,留下粲然的印痕。每每想起,就会激荡起温软绵密的漪沦。彭斯之诗,涌动着苏格兰的民族气质和乡土气息,带着泥土的清香质朴,扑面而来,随风而行。走进《旧日的时光》,请先走进苏格兰,走近彭斯独特的诗人气质。钟灵毓秀,苏格兰吹奏着幽幽的管风琴,摇摆着乡风土谣的节奏,那穿着红格子裙的琴师将民间的常态生活厘去了粗俗的成分,跌宕着诗化的气息。彭斯将他的笔当做一把羽扇,轻轻一摇,将"诗化"升华为"诗情",于是,苏格兰就这样在下里巴人和阳春白雪之间跳出了优雅绝伦的舞蹈,彭斯因为苏格兰盈满了人生,苏格兰因为彭斯锻造了"诗性"。教学的起步应该将诗歌放在这样一个宏阔的抒情背景中,为"解"诗歌先搭一座桥。

  第二,请推开生活之窗。语文学习从某种意义上讲,是对生活的雕塑和超越。唤醒学生内心沉睡着的生活记忆,有时会帮助学生顺利敲开语文之门。每个人都有自己的旧时光,那些动人的细节、感人的故事倒影在学生的内心深处,欹侧成一道美丽的风景。将这些风景和《旧日的时光》中的一一呼应,兴许还能找到共鸣共解之处,从而实现与文本的有效联系。

  第三,调动各种朗读方式,因"读"而"解",还原朗读在诗歌学习中的地位。诗歌之美,一半在天上,一半在吟诵里。个体、集体、美读、演读、唱读,用各种各样的朗读手法调动学生对诗歌的认知和体验,借助朗读搭建的阶梯,逐步加深、加宽对诗歌的觉解。朗读既是教学手段,又是教学内容。好的朗读调动朗读者的情绪和体验,形成优良的语感,提高语文的修养。朗读的氛围一旦形成,诗歌的意趣就达成了一半。《旧日的时光》一开始可以自由朗读,独立体验,建立与诗歌的第一次亲密接触。获取对文本的初次印象之后,再进行集体朗读,涵泳诗味。在和诗歌建立深度联系、品得诗意之后,可以采用唱读、演读的方式张扬诗歌的本体意义。同时,引进朗读评价,教学生学习评价,在评价中生成对诗歌的语感自觉。

  第四,用对话走进诗歌的纵深。巴赫金认为理解是对话得以发生的关键要素,只有在理解的前提下,才会产生有真正意义的对话。德国的教育家克林伯格强调，具有相互作用的对话是优秀教学的一种本质性的标识。按照他们的理论，我们可以将课堂解构为对话交织的"场"：生生、师生、生本、师本等，并且将课堂对话的境界上升到巴西教育家《被压迫者教育学》作者保罗·弗莱雷所说的高度：知识是在彼此的交互中生成的，对话培养的是有对话性、批判性，有社会交往能力的人。教学中可以多次营造对话的气场，以问题为引领，以语言活动为落点，将诗歌的意境不断美化、深化。对话，让师生、生生之间涌动着碰撞的暗流，思想之臂不断碰触，直抵对方的内心。而《旧日的时光》也在我们的对话中逐渐成为我们的"所有"，不再是外在于我们的"所在"。

第五，探究是诗歌学习的有效途径。理解追求意义的双向达成，要使实现意义的双方处于同一个理解层面上，不至于出现"错位"，避免上帝已经改变了约会的地点，我们还等在老地方的尴尬，合力探究是一种好方法。那么，对于《旧日的时光》这样的短章，探究的起点在哪里呢？首先是诗歌内容的读解。将文本中诗化的场景用叙述性的语言来表达，也就是将诗歌的内容用平时的生活化语言进行还原。收录在诗中的采摘延命菊、在山坡上游荡、在溪上漫步等场景都是生活本身。为什么要将这些原本在生活中不足为奇的场景一一收录诗中呢？这些诗歌内容的择取表现了诗人怎样的创作观呢？这恰恰是探究的重点。彭斯是一个植根意识很浓烈的民族诗人，带有很强的民间性，农民是他的挚爱，他尊重他们的平民生活，对他们的生活流露着由衷的敬重和认同。也正是因为这样，那些琐碎杂沓的生活场景都叠影着诗歌的情绪，是诗人给它们披上了圣洁的外衣，从而激荡着朴素的浪漫。因"诗"见"诗人"，诗人在诗歌的影像中盛放了这样的心愿：自然的就是最美的。《旧日的时光》毕竟是一首诗，诗是和散文、小说、戏剧并列的文学样式，是独一无二、无可复制的存在，探究诗歌的本体特征应当是学习的另一个要点。根据教学体会，学生往往对一些"应然"的语文知识缺少必要的重视，至于体验，就更少了。《旧日的时光》是一首纯粹的诗歌，"复沓"强化了诗歌的内容，增强表达的语气和情感；语言的凝练传达丰富的诗情；扑面的泥土气息，诠释了乡土诗歌伟美的风度……从诗歌内容到诗歌特征的探究，完成的是对诗歌本体的研读，往文本的深处行走，可以探究这首诗歌成为经典的原因。凡是经典一定经过时间的确认，经过岁月的大浪淘沙，树立其超凡的形象，《旧日的时光》就是穿着素衣的绝色美女，美得朴直、简单、古典、纯净，并且耐人寻味。

只有一个内心干净、目光明净的诗人才会留给世界如此清新如风的作品，由此，知人论世、缘景明情，走近真实的彭斯，聆听诗人的心跳。

第六，合情合理的延展增加了学习的厚度。拓展似乎已经由语文教师的自选动作慢慢地变成了语文课的规定动作。几乎所有的语文课堂都有拓展，但是，拓展应该是有章可循的。拓展的规则是什么，它的边界在哪里？这些都是我们必须慎重面对的问题。无秩序、无章法的拓展看似热闹、喧腾，但细细咀嚼，兴味全无，成为没有价值的"扎堆"行为。我以为，拓展应在"文本之内"，否则就是二次文本；拓展应在"文本之外"，否则就是胶柱鼓瑟，没有实质效果。比如，故旧相逢，彭斯认为我们可以做些什么？干一杯醇厚的美酒，紧紧握住老友的手——就在"文本之内"；旧友相逢，表达友情的方式是多种多样的，我们在《旧日的时光》里读到的是哪一种——依旧在文本之内；在诗歌里传唱友情，是诗人共同的使命和追求，为什么这么多的诗人会有如此相同的生命感受——由"文本之内"向"文本之外"延荡；彭斯不光歌咏友情，也欢唱爱情，可以让学生从《旧日的时光》走向《一朵红红的玫瑰》，进一步感受彭斯出淤泥而不染的诗歌风格——这就是"文本之外"，但是它是有边界的：都是彭斯的抒情诗，呈现较为相同的诗风，可以进行同质比照，加深对彭斯诗歌的理解、品鉴。

最后，发挥教师的作用。新课程背景之下，学生主体论被正确读解之时，也存在过分夸大的不良倾向。有一些语文课堂，语文教师开始将自己"放逐"出了课堂，造成精神的缺席和不作为，这是令人担忧的。目前的阅读教学强调两个转向，从重视方法到内容的转向，由重视"教"向"学"的转向。课堂教学"基于学生的学习"，但是教师的地位亦不容轻易动摇。语文课堂的尊严往往依靠语文教师在课堂的有效作为获得。在《旧日的时光》教学过程中，教师应该有以下几个方面的作为：其一，诗中有一个重要的意象"延命菊"，对它的意境的解读和对诗人心境的理解，教师需要助学生一臂之力。其二，诗歌学习有一个重要的法则：知人论世。根据我们对学情的分析和把握，高二学生对外国诗人了解甚少，更不用说熟识了，如何由作品走到作者，需要教师适时适境的指导点拨，引入合适的背景资料。其三，唱读是学习诗歌的艺术形式，学生不一定有这样的经验积累。教师要创设情境，渲染氛围，给唱读教学留出足够宽裕的空间。其四，教学跳出文本之后，面对陌生文本，如果阅读产生距离，教师又估计这个距离在最近发展区之内，教师要作出引领，比如可以补充对《一朵红红的玫瑰》的赏读。

余绪：对诗歌学习的反身。尼采曾说，诗人写诗和母鸡下蛋是一样的，都是痛苦使然。恩格斯也说过，愤怒出诗人。中国清代的赵翼说，国家不幸诗家幸，赋到沧桑句便工。诗歌的眼神多半是忧伤的、激愤的，诗歌都是有着积极的担当的。诗歌，究竟能带给学生什么？是做梦的自由，还是现世的卑微？《山楂树之恋》作者艾米说，当代的人羞于表达真情。我们的学生在遇到自己幼时的友伴，滋生出来的是"撮一顿"的念想，还是重遇时心头的涟漪、眼中的热泪？学习诗歌的本意是让学生还会动情，为学生因为各种负压变得粗糙的心灵做一次按摩。彭斯写下《旧日的时光》是个美丽的偶然，我们能和学生一起赏读《旧日的时光》就是一场妙不可言的必然。于是，走进诗歌，似乎就是一场灵魂的赴约，仪式简单，内容隆重。

《祖国呵，我亲爱的祖国》教学整理

教学简案⋯⋯⋯⋯⋯⋯⋯⋯⋯⋯⋯⋯⋯⋯⋯⋯⋯⋯⋯⋯⋯⋯⋯⋯⋯⋯⋯⋯⋯⋯⋯⋯⋯⋯

一、教学设想

释文莹在《湘山野录》中如此评价寇准的诗："深于诗者，尽欲慕骚人清悲怨戚以主其格。"一个优秀的诗人不会沉湎于个人的荣辱沉浮，他会把忧郁和悲哀看作一种力量，将民族危难、国家兴衰紧紧系身。作为新时期文学朦胧诗人的代表、用诗情点燃一代年轻人心灯的舒婷，就把这样的担当圆融于诗歌的艺术激情中，幻化为崇高的悲伤和渴望。因此，尽情读诗，体悟诗情，是学习《祖国呵，我亲爱的祖国》的第一要着。第二，因情置象。《祖国呵，我亲爱的祖国》中意象的叠加和强化完全按照情感宣泄的力度来排布，或紧致或散逸，需细细品读才能得其意。把握感情传达强弱与意象排列疏密的关系，当为教学过程中需要着力的部分。第三，朗读得诗味。学习本诗，要重视对朗读重音、停顿、语速、语调等声音形式的处理，这有助于加强对诗意的理解。因此，《祖国呵，我亲爱的祖国》教学过程中，朗读既是教学的内容，又是教学的手段。

二、教学流程

1. 导入

人与人见面讲究第一印象，人与文学的邂逅也是如此。初次见面，《祖国呵，我亲爱的祖国》给你留下了怎样的印象？请在下列表述的横线上填写一个词语，来概说你的感觉。

《祖国呵，我亲爱的祖国》是一首关于_____的诗歌。

答案可以丰富多彩，正所谓诗无达诂。但是，它们必将通向同一个命门：爱国。

2. 朗读

有感情不一定能准确地抒发出来，必须借助于一定的艺术形式。"爱国"的情愫沉淀在诗人的笔底世界，激荡着波澜。同样，有感觉也不一定能准确传达出来，必须依靠一定的学习法则。朗读就是重要法则之一。

①自由、独立、用情朗读全诗，整体感受诗人喷薄的爱国情感。

②诗歌一共四节，男生朗读第一节，女生朗读二、三节，全体朗读第四节，初步感受不同的情感深度、强度和蕴藉。

③选读最有感触的部分，尽可能读出重音、停顿，控制好速度，进一步体会诗人的爱国之情。

④教师评价以上三个朗读环节，作示范性朗读。

⑤全体师生共读全诗，准确把握诗情，以期诗歌情、诗人情、读者情的和谐共振共情。

3. 觉解（师生共学，教师参与。）

（1）每个人的心中都有祖国的模样。在王平久的心里，国是千万家；在乔羽的笔下，国是稻花香；在瞿琮的歌中，国是青松气质、红梅品格……在诗人舒婷温软的内心，"祖国"曾经拥有怎样的模样？

①祖国曾是破旧的老水车。
②祖国曾是熏黑的矿灯。
③祖国曾是干瘪的稻穗、失修的路基。
④祖国曾是淤滩上的驳船。

（2）一组意象的叠加唱出了祖国曾经的模样。这样的模样共同的特征是什么？贫穷、停滞、饥馑、落后——艰难的步履、苦难的历程。

（3）意象营造意境，意境烘托心境。面对这样的祖国，诗人会有怎样的心境？诗歌里流淌着浓郁的悲凉和寒薄，可以看出诗人深沉的忧患意识和心灵深处的痛楚。

（4）这是谁都不愿看到的祖国。正如闻一多先生《发现》所写的那样："我来了，我喊一声，迸着血泪，'这不是我的中华，不对，不对！'"高歌当哭，这就是诗人的沉重。舒婷将亲爱的祖国的旧模样状写得如此具体切实，你能揣摩、猜读她对祖国的情感吗？

正视祖国的过去——负累沉重，是一个诗人责任意识的苏醒。祖国，她不应该是一个浮泛的神话般的歌颂对象，对她的"反身"就是热爱。舒婷肯定自觉意识到：藏在中国人内心的一种集体无意识——我们的祖国经历了深重的灾难和持久的贫困以及精神的空白。当诗人将它们一一呈现时，诗人的、我们的感情记忆都被叫醒了。爱国之爱，不一定在于多说一个"爱"字，因你而痛，就是崇高的悲剧美。

（5）诗人对意象的选择包蕴了诗人的情感。在一系列象征着"落后"的意象登场之后，舒婷在她的笔间留了一个窄窄的缝隙，让我们在回望历史的凝重之后，可以慢慢舒出一口气来：希望还在。静读诗歌的第二节，你可以找到这个关键的意象吗？并作一些鉴赏。

这个关键的意象就是"飞天"。

（插入"飞天"图像和对"飞天"的介绍。）

飞天是佛教中天帝司乐之神。宋代《太平御览》中说："飞行云中，神化轻举，以为天仙，亦云飞仙。"飞天是中国光辉灿烂的文化的象征，暗示了我们曾经创造了璀璨的古代文明，我们的祖国可以像空中的飞天一样升腾出灿然的图景。这就是爱，不着一个"爱"字，用"期盼"作为"爱"的桅樯，伴着理想，痛苦前行。

4. 探究（学生自学，教师点拨。）

（1）痛苦因为爱。当亲爱的祖国重新站起来时，诗人用她的笔重新雕塑了祖国的形象。请描摹祖国当下（诗人写诗时）的模样。

①你是理想。

②你是胚芽。

③你是笑涡。

⑤你是起跑线。

⑥你是黎明。

（2）祖国的模样在短短的三节诗中有如此巨大的反差，这可以证明什么？

祖国在成长，在进步，在往前。百废俱于兴，万千气象新，亲爱的祖国经过长达十年的剧痛之后，山河重整，生机无限。

（3）此景催生此情，诗人在意象的选择上明显流露了自己的情感倾向。和第一节中的意象进行比照，说说它们与诗歌情感传达的内在联系。

这是因情置象。第一节诗歌，舒婷着力于表现祖国曾经的衰微，选择的意象如"老水车"、"矿灯"、"驳船"等带有"沉重"、"陈旧"、"停滞"的印痕，宣泄了痛楚；第三节诗歌，诗人着眼于劫难后新生的国度，选择的意象如"理想"、"胚芽"、"笑涡"烘托了一种蓬勃向上的生机，表达了欣慰、振奋。如此景景相衬，所以情情相异。

（4）抒情是诗的天职。明确本诗的抒情形式，简析作用。

《祖国呵，我亲爱的祖国》采用直抒胸臆式，倾诉式，是"我"对"你"的真情告白，是直抵"你"的内心的。这种抒情方式充满了张力和强度，能将抒情主人公的内心世界淋漓尽致地表达出来。

（5）在一般的抒情作品中，抒情者和抒情对象之间呈现鲜明的主客体对应关系。《祖国呵，我亲爱的祖国》打破了这种传统的创作习惯和走向。鉴赏诗歌第四节，从这个角度进行赏读。

①"我"是怎样的"我"？

是你的十亿分之一（你中有我），九百六十万平方的总和（我中有你）。

迷惘、深思、沸腾。

②"你"将是怎样的"你"？

富饶、荣光、自由。

③"你"和"我"建立了怎样的联系？

"你"喂养了"我"，"我"愿意奉献给"你"。

④如此模糊主客体的边界，诗人的用意是什么？

祖国与"我"合二为一，由此强化"我"与祖国密不可分，永远在一起。在"我"和"你"之间镌刻着一个字：爱。

（6）每节诗的结语部分都有"祖国呵"，涵泳这三个字在不同诗节中的朗读方式。

第一节中的"祖国呵"，字字重音，感情饱满，用降调表达痛苦。

第二节中的"祖国呵"，字字重音，语调低沉，略带悲哀，充满深情。

第三节中的"祖国呵"，拉长、抬高语调，喷发振奋、欣慰之情。

第四节中的"祖国呵"，用呼告的语态，延长音频，上扬音调。

5. 延伸

优秀的诗歌有很自觉的美学追求，舒婷的诗歌也有这样鲜明的特征。比如在这首《祖国呵，我亲爱的祖国》里，情绪流的推进过程中，会水到渠成地出现一些理性的句子：

那就从我的血肉之躯上

去取得

你的富饶、你的荣光、你的自由；

——祖国呵，

我亲爱的祖国！

这样的句子一般出现在诗末，它们有效地将原本暗示的东西明朗化、情境化了。请在舒婷其他的诗歌中找一二例子，来说明她诗歌的这种抒情策略。

①与其在悬崖上展览千年

不如在爱人的肩头痛哭一晚

——《神女峰》

②要是没有离别与重逢

要是不敢承担欢愉与悲痛

灵魂有什么意义

还叫什么人生

——《赠别》

③诗因你崇高的生命而不朽

生命因你不朽的诗而伟大

——《悼》

6. 收束

吟诵《祖国呵，我亲爱的祖国》，为这首诗写一句话的评点。

忧郁和苦难是光明的起点，爱国是永远的憧憬和追求。

续一段写诗人和读诗人的缘分

  诗歌是植根性质很明显的文学样式。风云际会的时代就是诗歌张扬个性、获得文化自觉的时代，比如魏晋。同样，时代的巨大变故和纷乱，也会直接催生诗人的社会责任感，诗人们扛起诗歌的旗帜，用情呐喊。《祖国呵，我亲爱的祖国》就诞生在由"文革"的动荡走向拨乱反正、改革开放的历史时期，这种特殊的历史背景，使得诗歌带有强烈的历史沧桑感，使之成为舒婷诗歌的代表作，成为广为吟诵的经典。

  品味诗歌的真情，是学习的首要任务。文学品格的认定权力在时间，经典往往是经过时间的确认的。《祖国呵，我亲爱的祖国》成为经典的原因就可以作为教学的重点。没有庸俗的作品，只有庸俗的灵魂。崇高的灵魂折射在作品中，就会生成有格调的美感。舒婷将大爱盛放在字里行间，走在诗行里，有一种声音在悠悠回响：爱国。本诗在看似婉约柔丽的外表下隐藏了巨大的伟力，充满刚性之美。诚如纪伯伦所说，我们是永远的乡里乡亲，但是我只属于我的祖国。爱国，是人之为人最根本的尊严。尤其是处于那样特殊的一个时代，世界观、价值观都等待重新建构的时候，用文学的形式唤醒国人的爱国情怀，带有普世意义。走进诗歌的世界，请用如此崇高的名义。因此，我在导入部分设计了这样的一个话题，以期和学生一起走进这样洋溢着大爱的诗歌。

诗歌的本体特征决定了诗歌必须以朗读为桅，撑出一船的斑斓星辉来。首先，中国诗歌的道统讲究"韵雅"，《祖国呵，我亲爱的祖国》将用韵作为重要的抒情策略，音节的和美使诗歌充满了愉悦感官的芬芳气息，呈现了琅琅、铿锵的音乐性，将诗歌的外在节奏和内在节律调和起来，悦耳（穆耳）、协心（达情），而朗读能在声音的塑造上实现韵雅的价值。其次，诗歌语言的艺术表征之一就是回环复沓等手法的使用，这些手法不仅使诗歌的结构更为紧凑，而且使诗歌气韵生动，文气贯通，而朗读能够有效强化这些艺术手法的表现力。第三，意象为主客观世界缔结了一种联系，使"他者"成为"在者"。《祖国呵，我亲爱的祖国》意象新奇，同时又与生活保持切实的关系，带有熟悉的陌生化效应，意象与意象之间互为映衬、比照，宏阔了读者的联想、想象，诗歌的鉴赏外延不断得以扩容；通过朗读，可以涵泳意象所营造的意境，由意境可以推开诗人的心门，甚至捕捉到跌宕在诗人内心最细小的涟漪。因此，我引进各种各样的朗读方式，完成与诗歌的温和牵手。

学习诗歌，学生究竟可以到达怎样的境界，升华出怎样的理性精神？这是我们教学诗歌应该考虑周全的问题。我以为，学生可以在多高的地方欣赏诗歌的美意，取决于教师给予了学生多深的读诗觉解。撇开伽达默尔所说的"前理解"，教师心中应有一个明确的"度"，即学习诗歌的脚手架搭在哪里。因此，我将本诗的学习内容截为两段，前一段教师参与，师生合作，给予学生一定的觉解，后一段学生探究，生生对话，教师点拨。先说前一段。给学生怎样的读诗觉解呢？和其他文学样式一样，诗歌也需要提取核心内容。提取的路径在哪里？品鉴意象。意象的象征义是什么，意象的叠加与强化有什么蕴藉……不一而足。学习诗歌有着重要的定则，那就是要用力实现对意象的钩玄。因此，这里的教学设计，我采用了勾勒意象、解读意象等方式，获得对《祖国呵，我亲爱的祖国》的初步觉解。除了关键信息的筛读，学习诗歌进一步的觉解又在哪里取得？把握抒情主人公流淌在诗中的感情的伏动变化。一首好诗的情感表述方程式是很难配平的，它往往呈现出高低错落、曲折逶迤的曲线之美，把握了情感的节奏与强度，读诗就拥有了一定的觉解。意象的选择和情绪的变化又有着密切的联系，意象的揣摩和情感的把握就不能分割离立。所以，在这个教学环节，我用一个关键意象（飞天）来牵引和情感表达的关系，将两种觉解自然归并，拧成合力，完成对诗歌前两个章节的学习。

探究，完成对学生诗歌欣赏的最近发展区的能力的培养。后现代课程观强调知识在建构中生成，建构由学生自主来完成。教师的作用是什么？就是对学生的建构力作出有效判断，给学生的持续发展创造条件。面对《祖国呵，亲爱的祖国》这样的诗歌文本，在学生拥有一定的诗歌学习的觉解之后，自主探究成为主要的学习策略。探究的第一步，是对前一阶段获得的觉解（描述祖国曾经的模样）的复习或重现：描摹祖国当下（诗人写诗的时候）的模样。这种看似重复的劳动其实是对可能已经在消退的记忆的修复，因为根据艾宾浩斯的遗忘曲线规则，学得的知识不及时复习，一天以后就只剩下25％了。探究起步于复习，符合最近发展区理论，实现学生现有水平到可能的发展水平的过渡。探究的第二步：因情置象。这是学生较为陌生的诗歌知识，带有一定的难度，通过探究，调动学生的内驱力，发挥最大的潜能，变困难的发展为可能的发展、现实的发展。这首诗意象和情感的关系非常紧密。如第一节诗歌，意象排布紧密，情感强度大，是定调；第二节诗歌意象排布疏朗，情感强度相对就小，是蓄势；由此推之，第三节情感强度大，是喷薄；第四节情感强度略高，是收束。探究之三为抒情的方式，这个学习台阶的设置，是为了还原中国诗歌的本质意义；中国是抒情诗的国度，明确抒情方式的类别和功能，对理解诗歌会起到一定的作用。探究之四为诗歌中主客体关系的表达。这是学生学习诗歌的盲点。借助于《祖国呵，我亲爱的祖国》的学习，填补知识结构的空白，本身就是有作为的事情。这首诗的主客体关系已经打破了中国传统诗歌的习惯，有意识地模糊抒情诗人和抒情对象之间的区分，解构主体和客体之间边界的互约关系，达成融通圆识，挥洒了诗歌意境的大气和深度，别开生面，风致独立。探究之五，涵泳朗读方式。"涵泳"是古代文论术语，指对文学艺术鉴赏的一种态度和方法。如左思《吴都赋》有"涵泳乎其中"之句。古人提倡诗歌鉴赏沉潜其中，反复玩索或玩味，以求获得其中三昧。我以为，对朗读方式的确定也可以由反复涵泳所得。原因如下：朗读方法的确定，非一瞬可得，只有通过多次回环往复，才会有所悟得；而将悟得的方法运用于诗歌中，又需要反复涵泳，从容求索，深入体会，方能渐入佳境。

用延伸策略来完成对诗歌理性价值的观照。优秀的艺术作品，一半是艺术，一半是哲学。最高的诗性连通着哲思，这是绕不过去的话题。《祖国呵，我亲爱的祖国》亦是。解读诗歌背面的哲理，看到的是精神的深度烛照和终极关怀。诗歌不可能四海为家，只有哲学可以让它拥有安身立命之所。舒婷拥有诗歌创作的高蹈目光，她知道让诗歌得以常青的圭臬，让理性入诗，成为舒婷诗歌的常态自觉追求，而诗人的高明就在于她能将理性还原为感觉，让理性渗透于意象，将思考融于情绪的变化或情感的推进之中：当诗情遭遇了哲理，就达到了最高境界的诗美。

收束，是为了留有余响。一句话的简评，好比将诗歌的门轻轻合上之前，那短促却用情的一瞥。门里门外，都将永远是一个诗的世界、爱的世界。爱，将世俗的眼光洗净了，时岁流转，经典永存。这就是写诗人和读诗人的缘分。

教师是传递思想棒槌的人

人民教育出版社　编审　顾之川

收录在张悦《知识、生活与生命的共鸣——新教育语文课堂》"诗歌篇"里的文章，有课堂教学实录，有教学整理与备课札记，也有作者教学后的思考与感悟。这些清新活泼的文字，犹如清风拂面，佳酿沁心，令人陶醉兴奋，心旷神怡，既是美的精神享受，也带给我们有关诗歌教学的多重启示。

我国是一个诗的国度，诗歌的天空群星璀璨，唐诗、宋词、元曲都曾代表着一代文学的最高成就。优秀的诗歌往往用凝练的语言、优美的意境和协调的节奏韵律，高度概括地反映社会生活、表达诗人的动人感情，因而是语文学习的极好材料，理所当然地成为中学语文教学的重要内容。古人说："不学诗，无以言。"

中国古代诗歌又承载着民族精神，凝聚着文化传统，是增强民族认同感、凝聚力和创造力的元典。中学生正处于青春萌动时期，在少男少女的心灵世界里，充满着梦想与憧憬，也涌动着诗情与浪漫，诗歌也深受中学生的喜爱。但是，在中学语文教学中，中国古代诗歌、中国现当代诗歌、外国诗歌各自究竟应该怎么教，初中和高中有没有区别，人们往往见仁见智，事实上也不可能有统一的标准。《义务教育语文课程标准（2011年版）》只是提到文学作品教学的一般要求："能够区分写实作品与虚构作品，了解诗歌……等文学样式。""欣赏文学作品，有自己的情感体验，初步领悟作品的内涵……对作品中感人的情境和形象，能说出自己的体验；品味作品中富于表现力的语言。"《普通高中语文课程标准》则特别提到诗歌教学。比如："在阅读鉴赏中，了解诗歌……等文学体裁的基本特征及主要表现手法。了解作品所涉及的有关背景材料，用于分析和理解作品。""在诵读中感受和体验作品的意境和形象，得到精神陶冶和审美愉悦"，"注重对作品的个性化解读，充分激发学生的想象力和创造潜能，努力提高审美能力"。对古代诗歌，还要"能用历史眼光和现代观念加以审视，并给予恰当的评价"，等等，既为中学诗歌教学提出了一些原则性规定和一般性要求，同时也为广大语文教师留下了极大的发挥空间。

根据布卢姆的有效教学理论，评价一节课是否有效，必须回答三个问题：一是你将把学生带到哪里（教学目标），二是你怎样把学生带到那里（教学过程与方法），三是如何确信你已经把学生带到那里（学习结果评估）。张老师的诗歌教学，正具备了有效教学的基本特征。

首先，教学目标明确、合理。她认为，学习诗歌的本意就是要让学生"学会动情"，为学生做一次"心灵的按摩"。比如，她教舒婷的《祖国呵，我亲爱的祖国》，把品味诗歌的真情作为首要任务，要续一段写诗人和读诗人的缘分。正是在这样"心灵的按摩"中，引导学生理解诗歌的思想内容，探究诗歌的丰富意蕴，领悟诗歌的艺术魅力。

其次，教学过程自然流畅，充满教学智慧。最能体现这一点的，就是她用沙龙的形式教李白的《将进酒》。她认为，语文就是一场沙龙。教师是主持人，是伴奏者、合奏者，而不是领奏者、独奏者；教师只是沙龙的发起人，又是为同学们添茶水续咖啡的服务员。正是在这样轻松愉快的教学氛围中，实现了教师对学生既有经验的唤醒，找寻走近李白的心灵路径。再比如，她教彭斯的《旧日的时光》，注意唤醒学生内心沉睡着的生活记忆，将他们自己的旧时光，那些动人的细节、感人的故事与作品一一呼应，找到共鸣共解之处，从而实现与文本的直接对话。

最后，从教学效果上看，张老师非常巧妙地实现了预定的教学目标。《〈江城子〉备课七问》以问题为引领，以语言活动为落点，将诗歌的意境不断美化、深化。她善于运用对话的形式，让师生、生生之间涌动着碰撞的暗流，思想之臂不断碰触，直抵对方的内心。《将进酒》中的沙龙课堂，围起的是一个优美的圆周，教师和学生坦诚的交流是圆周上一个一个美丽的亮点，这些亮点你挨我挤，完成对语文之美的追求。

英国教育家威廉·亚瑟曾把教师的教学分为四种境界：平庸的教师只会"叙述"，较好的教师则会"讲解"，优秀的教师能做"示范"，伟大的教师擅长"启发"。所以，叶圣陶先生说："语文教材无非是个例子，凭这个例子要使学生能够举一反三，练成阅读和作文的熟练技能。""教课之本旨并非教讲一篇课文与学生听，而是教师引导学生理解此课文，从而使学生自观其他类似文章。"衡量一个教师的教学艺术与教学水平，最重要的一点，就是"以我为中心"还是"以学生为中心"。吕叔湘先生说："教学，教学，就是'教'学生'学'，主要不是把现成的知识交给学生，而是把学习的方法教给学生，学生就可以受用一辈子。"新课程积极倡导自主、合作、探究的学习方式，《国家中长期教育改革与发展规划纲要》提出"以学生为主体，教师为主导"，意义就在于此。

高明的老师往往不是展示自己对课文的独特解读，表现个人的才艺素质，展示自我的教学魅力，而是想方设法调动学生的学习兴趣，引导学生走进课文，吟诵涵泳，感悟深思，适时点拨学习方法，指点鉴赏门径，激发对诗歌的浓厚兴趣，在对作品的阅读鉴赏中，加深学生的感受与体验，尊重学生的个性化理解。在这里，教师不仅只是课堂教学的组织者和引导者，是一个谦逊大度的合作者，更是课堂的起承转合处传递思想棒槌的人。

作文篇

"讴歌亲情，写得充分"课堂实录

1. 感受之一——千千阕歌，唱不尽亲情的模样。

师：请用一句比喻句来诠释你心目中的亲情。

生：亲情是一首轻柔温婉的经典老歌。

生：亲情是一杯醇香馥郁的美酒。

生：亲情是一叶久久盼归的扁舟。

师：亲情就是亲情，华美的辞藻只能给它穿上美丽忧郁的袍子，却掩盖不了它那颗素色的心。

2. 感受之二——走马观花，看不透亲情的世界。

师：请看屏幕，谈谈你的感受。

【说明】屏幕上依次出现的是《妈妈，洗脚》的公益广告、《我的兄弟姐妹》的电影片段、陈百强《念亲恩》的MTV片段、2004年度诺贝尔物理学奖获得者大卫·格罗斯在颁奖盛典前热吻爱妻的画面以及摘自《地狱门前——与李真刑前对话实录》一书中的一段忏悔录。

生：亲情是孩子的眼睛发现的世界的美。

【说明】学生的感受来自于《妈妈，洗脚》的公益广告。

生：放弃与割舍也是亲情的美。

【说明】《我的兄弟姐妹》中哥哥将小妹送人的情景催人泪下。

生：斯人已逝，歌声犹在。学会感恩，是对亲情最好的回报。

【说明】陈百强演唱的《念亲恩》是一首广为流传的经典老歌，其感激父母的深情打动过很多人。

生：亲情是白发苍苍的科学家与满脸皱纹的老妻相濡以沫的岁月的见证。

生：李真刑前的忏悔告诉我们，做一个正直的人是对母亲最基本的爱。

师：一盆洗脚水，一句歌声，一次热吻，它们只是生活中的细节，却都能产生让人流泪的冲动，这就是亲情的力量；人类表达亲情、关注亲情、尊重亲情、崇拜亲情，尽管方式、手段各不相同，但亲情是人类永恒的爱，永恒的话题；最善良的人拥有亲情，最罪恶的人也难舍亲情，"人之将死，其言也善"，李真的这段忏悔录就是最好的证明：亲情的朴素就在于它不拒绝任何一个人，甚至是有人格障碍、精神缺陷、道德沦丧、触犯法律的人。

【说明】学生从局部谈自己的感受，他们将对亲情的认识定格在具体的人、物、事上，这是很好的思维方式。教师适时适地作整体把握和提炼小结，能及时将学生的亲情感受加以扩充、提升。

3. 感受之三——沐浴涵泳，品不完身边的亲情。

师：刚才感受的是别人的亲情故事。亲情是我们日常生活中不可缺少的慰藉，是亲人之间传递至爱至情的纽带。请用简洁的语言说说你感受过的最打动你的亲情细节。

生：妈妈出差了，爸爸用他笨拙的大手为我扎小辫儿的情景，我一直忘不了。

生：有一次母亲无意中说起前夜失眠的事情，我问她原因。她只是平静地说她没有想好今天该给我做什么菜。我躲在卫生间里，偷偷地流泪了。

生：爷爷每天晚上都会为我煮一杯牛奶，小心翼翼地端进书房，看我喝下之后，才满意地离开。这样的日子已经有整整六个年头了。

……

【说明】学生的发言非常踊跃，教师此刻充当的不仅仅是个倾听者，而且要是个倾诉者，只有心与心充满诚意的交流，才会培植出彼此的信任、理解和热爱。

师：我也想说说我的。这只腰鼓，是外婆留给我的唯一的纪念物。1949年，年轻美丽的外婆作为革命队伍中的文宣积极分子欢跃在庆祝宁波解放的队列中，比太阳还明媚的笑容流淌在她青春的脸上……外婆走的时候没有留下只字片语，突发性的脑溢血夺走了她的生命，我知道以后再也不会有一双温暖的手牵着自己走过夕阳下的小路。外婆给我的爱和天底下所有的外婆一样，琐碎、平易、真实，无法用语言去修饰。当我有能力孝敬她老人家时，她却长眠于冰冷的黄土下长达十个春秋。外婆走了二十一年，岁月的车轮在这只走过了半个多世纪的腰鼓上碾下了深深的辙痕，但每当我触摸它、凝视它的时候，总会想起夕阳下外婆牵着我的小手带我回家的温暖。

【说明】实物展示应该成为语文课堂教学较常态的一种样式。亲情的芳醇确乎需要在时间的深度里感染人心、升华人格。教师以自己的心曲，用一只腰鼓为线，将亲情故事说给学生，与他们共享情感的遗憾美，将缺失性审美体验引入课堂，丰富课堂教学的美的底色；以唯美的基调欢唱唯美的亲情颂歌，应该是有意义的尝试。

4. 感受之四——左手倒影，右手年华：文学经典的亲情魅力。

师：你有没有写过自己的亲情故事？如何使我们的文章富有真情，感人至深呢？我们共同来感受一下同学们已经学习、鉴赏过的高中语文课本中抒写亲情的典范片段。看看作者是怎样写的，如何写得充分，如何将自己的感情淋漓尽致地表达出来。

【说明】书面资料发给学生，屏幕上滚动出现五个片段。要求学生以自主自愿的小组合作学习的方式，就其中的一个片段进行感悟，并说说自己的感受。

片段一

她有一个长到二十岁上忽然截瘫了的儿子，这是她唯一的儿子；她情愿截瘫的是自己而不是独生儿子，可这事无法代替；她想，只要儿子能活下去，哪怕自己去死呢也行，可她又确信一个人不能仅仅是活着，儿子得有一条路走向自己的幸福；而这条路呢，没有谁能保证她的独生子终于能找到。——这样一个母亲，注定是活得最苦的母亲。

……

在我的头一篇小说发表的时候，在我的小说第一次获奖的那些日子里，我真是多么希望我的母亲还活着。我便又不能在家里呆了，又整天整天地独自跑到地坛去，心里是没头没尾的沉郁的哀怨，走遍整个园子却怎么也想不通：母亲为什么就不能再多活两年？为什么在她独生子就快要碰撞开一条路的时候，她却忽然熬不住了？莫非她来此世上只是为了替儿子担忧，却不该分享我的一点点快乐？她匆匆离我去时只有四十九岁呀！

……

但这绝不是小时候的捉迷藏，这也许是出于长大了的男孩子的倔强或羞涩？但这倔强只留给我痛悔，丝毫也没有骄傲。我真想告诫所有长大了的男孩子，千万不要跟母亲来这套倔强，羞涩就更不必，我已经懂了可我已经来不及了。

……

随着小说获奖的激动逐日暗淡，我开始相信，至少有一点我是想错了：我用纸笔在报刊上碰撞开的一条路，并不就是母亲盼望我找到的那条路。年年月月我都到这园子里来，年年月月我都要想，母亲盼望我找到的那条路到底是什么。母亲生前没给我留下过什么隽永的哲言，或要我恪守的教诲，只是在她去世之后，她艰难的命运、坚忍的意志和毫不张扬的爱，随光阴流转，在我的印象中愈加鲜明深刻。

……

有一年，十月的风又翻动起安详的落叶，我在园中读书，听见两个散步的老人说："没想到这园子有这么大。"我放下书，想，这么大一座园子，要在其中找到她的儿子，母亲走过了多少焦灼的路。多年来我头一次意识到，这园中不单是处处都有过我的车辙，有过我的车辙的地方也都有过母亲的脚印。

——《我与地坛》（史铁生）

片段二

先是，庭中通南北为一。迨诸父异爨，内外多置小门，墙往往而是。东犬西吠，客逾庖而宴，鸡栖于厅。庭中始为篱，已为墙，凡再变矣。家有老妪，尝居于此。妪，先大母婢也，乳二世，先妣抚之甚厚。室西连于中闺，先妣尝一至。妪每谓余曰："某所，而母立于兹。"妪又曰："汝姊在吾怀，呱呱而泣；娘以指叩门扉曰：'儿寒乎？欲食乎？'吾从板外相为应答。"语未毕，余泣，妪亦泣。余自束发读书轩中，一日，大母过余曰："吾儿，久不见若影，何竟日默默在此，大类女郎也。"比去，以手阖门，自语曰："吾家读书久不效，儿之成，则可待乎！"顷之，持一象笏至，曰："此吾祖太常公宣德间执此以朝，他日汝当用之！"瞻顾遗迹，如在昨日，令人长号不自禁。

……

余既为此志，后五年，吾妻来归，时至轩中，从余问古事，或凭几学书。吾妻归宁，述诸小妹语曰："闻姊家有阁子，且何谓阁子也？"其后六年，吾妻死，室坏不修。其后二年，余久卧病无聊，乃使人复葺南阁子，其制稍异于前。然自后余多在外，不常居。

——《项脊轩志》（归有光）

片段三

十年生死两茫茫，不思量，自难忘。千里孤坟，无处话凄凉。纵使相逢应不识，尘满面，鬓如霜。夜来幽梦忽还乡。小轩窗，正梳妆。相顾无言，惟有泪千行。料得年年肠断处，明月夜，短松冈。

——《江城子》（苏轼）

片段四

臣少多疾病，九岁不行，零丁孤苦，至于成立。而刘夙婴疾病，常在床蓐，臣侍汤药，未曾废离。

……

但以刘日薄西山，气息奄奄，人命危浅，朝不虑夕。臣无祖母，无以至今日；祖母无臣，无以终余年。母、孙二人，更相为命，是以区区不能废远。

……

臣密今年四十有四，祖母今年九十有六，是臣尽节于陛下之日长，报养刘之日短也。乌鸟私情，愿乞终养。

——《陈情表》（李密）

片段五

呜呼！其信然邪？其梦邪？其传之非其真邪？信也，吾兄之盛德而夭其嗣乎？汝之纯明而不克蒙其泽乎？少者强者而夭殁，长者衰者而全存乎？未可以为信也！

梦也，传之非其真也，东野之书，耿兰之报，何为而在吾侧也？呜呼！其信然矣！吾兄之盛德而夭其嗣矣，汝之纯明宜业其家者，而不克蒙其泽矣。所谓天者诚难测，而神者诚难明矣。所谓理者不可推，而寿者不可知矣。

……

虽然，我自今年来，苍苍者欲化而为白矣；动摇者欲脱而落矣，毛血日益衰，志气日益微，几何，不从汝而死也？死者有知，其几何离？其无知，悲不几时，而不悲者无穷期矣。

……

呜呼！汝病吾不知时，汝殁吾不知日，生不能相养于共居，殁不能抚汝以尽哀，敛不凭其棺，窆不临其穴。吾行负神明，而使汝夭。不孝不慈，而不得与汝相养以生，相守以死。一在天之涯，二在地之角，生而影不与吾形相依，死而魂不与吾梦相接，吾实为之，其又何尤！"彼苍者天"，"曷其有极"！自今已往，吾其无意于人世矣！当求数顷之田于伊、颍之上，以待馀年。教吾子与汝子，幸其成；长吾女与汝女，待其嫁，如此而已。

——《祭十二郎文》（韩愈）

师：史铁生的生命有两种残缺：失去了健康的体魄，失去了挚爱的母亲。你在《我与地坛》中看到了什么？

生：他没有放弃对生活的感受与观察、思考与反省，用强烈的抒情、议论来表达对母亲的感恩和痛悔。

师：母亲的去世为一颗少年无知的心提供了成熟的机会，这是多少沉重的代价！

生：母亲告诉史铁生的是一个人该如何面对生命中的苦难：用精神的独立与完美来弥补人生的缺憾。

师：而史铁生告诉我们：精神世界的光明或重生，是写得充分的前提，只有做一个真实的人，才能写出至情的文。

生：《项脊轩志》写的是归有光与家中三个女性的亲情。

师：解读得具体些。

生：有母亲真切慈爱的光辉，祖母殷切深重的期待，妻子举案齐眉的默契。

生：语言平朴淡雅，细节真实感人，作者善于在生活小事、平凡场景中表现人物的音容笑貌，寄托自己的感情。

师：笔墨清淡，情景缠绵缱绻。作者为什么写得如此充分？保持对生活的痴情与细察，才能写得如此真实可信。正如清代著名学者黄宗羲所说：（归文）一往情深，每以一二细事见之，使人欲涕。归有光告诉我们，只有感受生活，才能品味生活，并且表现生活，千万不能放弃对生活的热爱。

师：你有没有被《江城子》打动过？

生：我们整个学习小组的同学都被打动了。我们感动于苏轼与王弗彼此精神的吸引。

师：这首词里苏轼用感情着力经营了多种反差，你们发现了吗？

生：现实中的"离"（十年生死两茫茫）与梦境中的"合"（相顾无言，惟有泪千行）的反差；自己老之将至（尘满面，鬓如霜）与爱妻的形象（小轩窗，正梳妆）的反差。

师：还有妻子葬于千里之外的四川彭山（千里孤坟）的"远"与十年来时时刻刻思念（料得年年肠断处）的"近"的反差……就在这些反差中寄托了诗人浓重的哀思，并在反差中受尽煎熬，品味痛苦。

生：《江城子》告诉我们，写真正用心体验过的生活才会有真情实感。

师：苏轼正是因为经历了短暂的爱情生活的甜蜜，又品尝了生离死别的痛苦，才会吟成这首绝唱。让我们一起朗读《江城子》。

【说明】诗词的味儿在诵读里。在解读了《江城子》的至情之后，再吟读全词，由于感情蓄势充分，能收到良好的教学效果。

师：李密有没有将皇帝说动？

生：肯定说动了。因为他实事求是，不事虚张、夸大，还原生活本身，以自然真诚的表达打动人心，获得共鸣。

师："孝"是大爱，李密流露在字里行间的反哺之情朴素具体，没有任何矫饰，却充满了张力，由此看来，要将亲情写得充分，一颗素心，一枝素笔，效果奇佳。

生：《祭十二郎文》才是至情至文。韩愈与韩老成名为叔侄，实有手足之情。老成早亡，给韩愈带来巨大的精神痛苦。

师：那么，作者如何传达这种痛苦？

生：一系列的反问、设问、感叹句式抒发了心中的不平与伤感；还运用了排比、对比等修辞手法，将痛苦宣泄得淋漓尽致。

师：一定的文学手段可以帮助我们升华亲情的精神意义。

【说明】以上所探讨的是学生熟悉的文学作品，也许之前的欣赏不一定以"亲情"为品赏的重点，那么这次鉴赏就实现了对文本有意义的二度再造性解读；这符合阅读教学的规律真意，文本是多解的，从不同的维度解读，会读出不同的文学意义和人生觉悟。

师：要写得充分，就要写得真、写得实、写得细；要执著地热爱生活，细心地观察生活，真诚地体验生活，严肃地反思生活，做一个心地光明、纯粹高尚的人，用至性至情写出至文。

5. 表达交流——我的爱，对你说：发自肺腑的亲情感言

师：我为同学们准备了五块亲情贺卡模板，同学们自由选择其中的一个贺卡模板，用简洁的语言，为你最爱的亲人写一段亲情感言，写完之后，我们来交流、共鸣。

【说明】五个亲情贺卡模板适合送给不同的亲人，其中一张适合给父亲，一张给母亲，一张给兄弟姐妹，另外两张可以送给别的亲人。课堂教学时间有限，不可能写出恢宏长文，但让学生写一张亲情贺卡，还是可以做到的。

（学生认真写作之后交流。）

生：父亲，我是个不擅表达的人。这些年来，您的白发见证了我的成长，您的皱纹雕刻了留痕的岁月，您的目光浇灌了一株挺直了腰杆的树……我长大了，您衰老了——

生：亲爱的妈妈，我失去了听您唠叨的机会之后，才发现您重重复复的那几句话都是您细细密密的爱的传达。于是，我不再回头，因为您说过，关注的目光永远在肩后，而引领精神的火炬它只能亮在路的前方。

师：同学们自由评价彼此的亲情感言。

……

【说明】生生互评，体现评价的多元，是对传统的"师评生"的"下移"。

师：我的这段亲情感言送给外婆：云在天上写诗/风在水上写诗/我在心里写

诗/亲爱的外婆/当我的七岁/在黄昏的眼波中/被定格成一桢童话/我发现/原来/夕阳也可以是一只/美得上天的风筝。我的亲情贺卡还贴了一张邮票《外婆的澎湖湾》，我希望我的外婆能收到我的这段亲情感言，包括这首歌。

【说明】音乐响起时情感的共鸣达到高潮。整堂课在怀旧歌曲中落下帷幕，也照应了"亲情是一首轻柔温婉的经典老歌"的伏笔，开阖有度，自然作结。

抒写你的童年

一、梦想是童年吹响的一管芦笙

童年，梦想的故乡。

童年，诗意天真，可以躲在不知天高地厚的心里，偷偷做梦，快乐得笑出了声；童年，优游从容，认为心有多大世界就有多大，擎半支青青的短篙，不知深浅地朝着梦想，放歌漫溯。每一个人都经历过七彩的童年，每一个人都听到过梦想如天使般挥动翅膀的优柔之音。童年，是梦想的起点，我们踩踏着梦想的步点，领受着梦想的福祉，芦笛横吹，恣意烂漫。

可是，当童年成为一段遥远的往事，那个戴着蝴蝶花的女孩和那个舞动长木刀的男孩渐渐成为黑白照片中褪色的面影，那些曾经欢畅可心的情节慢慢老去只剩下模糊的水印，你是否舍得让曾经酣畅淋漓的梦想逃去如一缕青烟，远岫之外依稀难辨；你是否能够洒逸地挥挥衣袖，不在内心腾挪出一股很想流泪的冲动；你是否愿意对着过往的人生堆积出无所谓的浅笑，将岁月逶迤的跌宕摆脱得很彻底而没有一点无奈？童年鲜亮如花，梦想之树常青。你肯定会拽着童年的衣襟，让她成为心灵的访客，旖旎成一种切近的情愫。

那么，亲爱的同学，这个时候，你也许就需要握住手中的笔，让心中的旧曲荡漾开来……

当你的思绪在梦想的门楣上盘旋的时候,你会知道,能从童年的角度来为梦想涂抹通透而亮丽的色彩是一件幸福的事情。

原因有三。

1. 因为童年的梦最无瑕最纯粹。

她素心素骨,离功利和世俗最远。你可以将你最无忌最自由的梦想抒写下来,请不要担心她的幼稚可笑,当你用比较成熟的心态去观照那一段生活时,你一定要善于把握那不同于今天的旧模样,竭尽调皮,大快朵颐。请不要隐藏也不要粉饰那时的梦想,让你的笔走向天真。你可以围绕着"梦想"的话题,从"童年"的角度,推展出很多透明的、不含一粒沉滓的故事来,你可不能让自己的笔仅仅靠近梦想的外形,你一定要静下心来,梳理出每一个梦想的本色,聆听她的精神搏动:只有这样,你的文笔才有可能还原一个因为透明而美丽的梦,并且让她走进共鸣者的内心,保留她的纯净。

2. 因为童年的梦最多彩最瑰丽。

她想入非非古怪精灵。她像孩子手中漂亮的糖纸,在阳光的细缝里憧憬着世界未来的样子。你可以将童年时代赤橙黄绿青蓝紫的色彩调和成生活的喜、惧、哀、欢,当你的心灵可以尽兴抒唱、你的文笔可以用情点燃梦想带来的丰富体验,并且正是由于这样的体验而获得高蹈的愉悦时,你应该感谢梦想给予童年的酬唱。我建议你将童年梦想的多样性表达出来,你甚至还可以写写这种多样性,给你的童年生活和今天人生以有效启示。你的笔底波澜,应该留给梦想的丰富,尽可能升华出她的意境来。

3. 因为童年的梦最难忘最恒久。

她,在水一方难以接近,却在我们的心里留下难以磨灭的痕迹:任何人都无法躲开她深深的凝眸。你只有将所有梦想之中印象最深刻的部分倾诉出来,才能直抵人心,获得温柔的打动。请让你的文笔开始找寻,找寻那些无法跳过的记忆,将童年梦想最难忘的部分复制下来,粘贴到现实的文本框里,重新排版,着色点染,并且,请用你的笔经营那些因为难忘而成为经典的梦想,对于你,甚至是我、他的今天的意义。

怀揣梦想,我们从童年出发。如果你的笔是以你的心的名义确定走向的,请不要溜过童年这个章节。并且,请从以上的角度写尽童年梦想的特色,欣赏她的素面朝天、活色生香，品味她的古旧气质、光影留痕。

二、童年是梦想与人生缔结的协约

当"梦想"的话题铺展在你的笔端，亲爱的同学，你有没有想过以"童年"为橹，摇回到那段玲珑的岁月，书写梦想与人生缔结的最初协约？那么，提起笔的时候，我们究竟要把握多少写作的要点？

1. 跨过审题之门。

请你一定注意话题对你的制约，你的自由是有限度的，无限扩张不顾话题的文字是不负责任的。童年不是你写作的重点，安放在童年岁月的梦想才是需要你舒展笔墨的对象；但童年又是你写作的落脚点，只有属于童年时代的梦想，才具备与众不同的活力，甚至会氤氲成一种遥远神秘的色彩。因此，在你审题的时候，你是必须考虑"童年"与"梦想"的关系的，当然，也只有具备童年特征的梦想，才值得留在记忆之河，细细品味。

于是，在你拾起一串梦想的珠贝时，请用童年的丝线去贯串她。这样，你也许可以安心地考虑文章的写作特点了。

2. 把握特色之法。

特色是文章的生命。

你应该考虑有哪些写作技巧或者写作方式可以给予童年的"梦想"飞翔的感觉。童年是远去的风景，你可以用回忆的调子回味那时的梦想带给自己的种种快乐；你可以用抒情的方式欢唱梦想的浑然天成，哀悼梦想的无疾而终；你可以用议论的方式对那时的梦想作出深刻的点评，明确梦想的意义或局囿；你可以将今天的梦想与童年的梦想进行比照，明白流水虽无情，哀欢自有意；你也可以引用一些歌吟童年梦想的诗词佳句，佐证你的心意；你还可以穿越时空长隧，将今天的实际和当初的梦想进行对应，看看梦的元素拥有多么巨大的现实力量……

你可以选择的技巧和方式还有很多。梦想，是愿望的达成。无论选择哪种表现手法，都必须关注梦想与现实的关系。

3. 呈现素材之美。

作文是表现生活的。

童年生活是一个缤纷的扇面，梦想分布在扇面上，有隐有显，需要一双慧眼辨析撷取。素材的积累和选择是很重要的。体验的获得有两个通道，一个是自己的童年，一个是别人的生活。由此，素材的积累也就有了两个走向，一个走向自己的内心，一个展望别人的生命。

走向自己的内心。请你甄别梦想的价值，不是所有的梦想都是可以与人分享共鸣的，应该拒绝那些无聊无趣无意义的"白日梦"，留下那些充满美感的。

展望别人的生命。请你敬畏那些平凡或伟大的人们用梦想装饰的童年，那些尘封的故事也许就是开启你心灵的钥匙。用别人的梦想比衬自己的梦想，可以在梦想中找到更为深刻的力量。

梦的堆积是无序无章的。素材的数量是庞大的。切不可将童年当做一个筐，只要是梦想就往里面装。去粗取精，去陋存美，梦想的素材亦如是。至于如何在文章中升华素材的意义，这恐怕是结构的任务了。

4. 切磋结构之型。

文章的章法很大程度取决于你的结构。请你思考行文的思路，准确的行走路径是重要的，文气的贯通得益于紧凑自然的结构。

童年的梦想毕竟已经遥远，你可以营构倒叙式的行文意境，采用一种漫溯的方式来切入话题的核心。你也可以用"碎片"的叠加或组合来呈现话题的主旨，这种画面式的再现是带着强烈的回忆色彩的。

并列式、比照式的行文思路同样适合于你现在要动笔的文章。但是，还是请你注意，即便采用松散的外形，也应该归聚于一个统一的中心。

请你留心选择文章的结构。它关系到整篇文章的品相和节奏。

三、珍藏童年梦想的七彩阳光

亲爱的同学，意在笔先，请在落笔之前慎重考虑文章的立意，它决定了文章的格调。

当你用心细细爬梳旧时的梦想时，你是否应该考虑借助梦想之翼，让文章的境界高扬？那么，静下心来，听听下面的提示也许会对你有所帮助。

1. 捕捉"肆无忌惮"的童趣。

童年的梦想充满儿童的无赖。那时的梦想可能不着边际，有些甚至是今天的你想来有些可笑的。请用童年的名义竭尽写出她的趣味来，当你将她的味道全部展示出来，并且对这种趣味加以品鉴时，你的态度就是可贵的。我相信，指向于"童趣"的立意，会让你的朋友获得深深的同感，可以让他们在你的故事中阅读自己的过去。

从"趣"出发，应该是可以信任的。

2. 回顾"率性烂漫"的童真。

童年的梦想没有庸俗的尘念，清澈澄明。

如果你可以让我们在阅读你的故事时，产生对童真的渴念，或者莫名地升腾出对童年远逝的感喟来，你的立意就是有价值的。"童真"的把握和体现，有时真的很难。你可以尝试将儿时梦想的"童真"与成年人因为种种原因编制的"谎言"、"伪善"进行比对，由赞美童真走向慨叹童真的失落，这是立意的提升。

3. 解读"七彩斑斓"的梦想。

童年的梦想杂章无序，斑斓多色。

请你梳理你装在童年这个水果篮里的梦想，用心琢磨哪些梦想是有深度和宽度的。当然，你应该用一颗有温度的心去挑选，不至于让梦想失色。尽管你的梦想已经成为水墨画中淡淡的勾勒，你的笔还是需要浓彩泼墨，写尽梦想的现实意义。

解读梦想不是最终的归宿。还要理解梦想对于童年生活、今日人生的价值。请让你的立意，奔向目的地。在那儿，童年的梦想已经长大。

4. 渴盼"有梦年代"的回归。

现代科技的发展走上高速路之后，很多愿望的实现变得轻而易举。于是，梦想将帷幕垂下，很少的现代人会在这里安家，无梦时代来临了。在充分享受了物质的最大化之后，人们开始产生倦怠。

精神生活的需求永远存在，只是有时会被淹没。亲爱的同学，这个时候，童年的梦想就是很好的慰藉，她会带着我们的心灵回家。请你将文章的"意"培植在梦想对人心的抚慰和唤醒上，告诉那些正在倾听你的声音的朋友，拥有梦想其实就拥有了高贵的精神生活，拥有了内心的成长。

请你记住，这也许就是童年梦想的最大意义。

现在，请你撩起梦的纱巾，我会和你一起，徜徉在经典的大河里，听听童年的声音。

"文学短评写作"教学整理

一、学情分析

文学牵引着人类的梦想。阅读文学承奉的是细腻敏感的心，感悟文学就是与情感和智慧的对话，倾注于文字则是对文学的畅达和尊重。那么，当我们和学生一起去扣启那扇门扉时，我们是否真的了解学生的灵魂正停靠的驿站？领进文学之门，才能尽赏当空舞彩练的壮美。

文学短评的写作教学，始于对所任教的学生充分的认知，也就是哲学意义上的"前理解"。我所任教的效实中学是浙江省首批18所一级重点中学之一，学生拥有较为扎实的语文功底和相当的文学鉴赏水准。根据详尽的学情分析，我的学生们对文学短评的写作有一定的知识储备，文学短评的阅读量有一些积累，具备了学习文学短评写作的"前知识"。但是，学生们普遍达成这样的自我认知：如何写作文学短评还没有摸到一条完全畅通的路径，需要在方式策略上得到进一步的指引。有了这样的学习需求，教师在定位教学圭臬、标向时就能做到"什么山上唱什么歌"了。

二、目标定位

定位目标的尺度是什么？"才"和"材"。文学短评的写作是高中作文教学的亮点。它考量的是学生的文学鉴赏力和评介力，联系着思想的深度和眼界的宽度。那么，高中生文学短评的写作究竟要达到怎样的高度呢？

首先要强化规则意识，严格区分"评论"和"读后感"的文体界限，使短评具备其基本要素。现在的学生习作存在一个不容忽视的弊病：文体不清。这是淡化文体教学意识之后带来的遗憾。文学短评不是读后感，两者的文体归属和文体特征有很大的差异。教学目标的第一设定要指向于"明晰的文体要求"，使学生心中有文体观照，落笔有文体意识。其次，寻找评论的"落点"，"小"的定题，"多"的维度，"深"的思想。评论是一个系统工程，一篇短作区区数百字是很难面面俱到的，高二学生的笔力也达不到这样的高度。选择作品内容或者作品形式的某一个特点进行评论，突破一"点"，兼顾全部，当然，要将"点"的深透放在"面"的宽广中来思考，不能脱离"点"的文本生存的大环境。第三，合理调配表达方式，收放有度，记叙、议论等方式各在其位，各有所属。同时，要把握一个完美的分寸，即"叙"和"议"的比重和责任。"叙"为轻，"议"为重；"叙"概括，"议"详尽。最后，追求文学短评的个性化。诗无达诂，一千个读者有一千个林黛玉。虽然，短评以实现最大的客观化作为自己的要务，但是也要体现文学评论的个体性和文学性，避免干巴巴的文字走向和空洞的阐理方式，努力体现文学短评的情趣和理趣，使行文荡漾摇曳在诗歌一般的意境中。

三、教学简案

1. 给一个高高的起点，为了看清"短评"的模样。

有学者说，中国当代呼唤文学评论的使命感和责任感，它实现的是文学的深度尊严。

写作文学评论不是评论家的专利，文学评论应该有它更为草根的平台，因为，文学从本质上讲是属于大众的，是大众化生活方式的加速度、深呼吸。文学评论踩着"短评"的小碎步登场于我们高中的语文课堂，这是我们学习语文的一件新事、乐事。你能说说你心中文学短评的模样吗？

【说明】这样的导入首先完成"文学评论"写作群体的移位，将它移植到中学语文教学的环境中，其次用"唤醒"的方式对话于学生已有的知识储备，为教学的推进蓄势。

2. 以经典的文学短评为橹，摇开学生心中一轮轻飘飘的涟漪。

其一：阅读下面的诗歌和诗歌后面的文学短评，谈谈你对这则文学短评的第一印象。

等你，在雨中

余光中

等你，在雨中，在造虹的雨中

蝉声沉落,蛙声升起
一池的红莲如红焰,在雨中

你来不来都一样,竟感觉
每朵莲都像你
尤其隔着黄昏,隔着这样的细雨

永恒,刹那,刹那,永恒
等你,在时间之外
在时间之内,等你,在刹那,在永恒

如果你的手在我的手里,此刻
如果你的清芬
在我的鼻孔,我会说,小情人

诺,这只手应该采莲,在吴宫
这只手应该
摇一柄桂桨,在木兰舟中

一颗星悬在科学馆的飞檐
耳附子一般地悬着
瑞士表说都七点了。忽然你走来

步雨后的红莲,翩翩,你走来
像一首小令
从一则爱情的典故里你走来

从姜白石的词里,有韵地,你走来

短评：

从意象走向华彩乐章

《等你，在雨中》可称余光中爱情诗歌的代表作。诗作名曰"等你"，但全诗只字未提"等你"的焦急和无奈，而是别出心裁地状写"等你"的幻觉和美感。

黄昏将至，细雨蒙蒙，彩虹飞架，红莲如火，"蝉声沉落，蛙声升起"。正因为"你"在"我"心中深埋，所以让人伤感的黄昏才显得如诗如画。"我"情不自禁地喃喃自语："你来不来都一样，竟感觉每朵莲都像你。"在余光中的诗作中，"莲"的意象曾多次出现。诗人崇尚"莲"的美丽与圣洁，因此，莲既是具象的实物，又是美与理想的综合。理解了这一点，我们也便知晓了诗作中为何把约会的地点安排在黄昏的莲池边。像电影中的特技镜头一样，等待中的美人从红莲中幻化而出，"摇一柄桂桨，在木兰舟中"，妩媚动人，艳若天仙。莲花与情人的清芬之气，使"我"如痴如醉，物我两忘。如果不是瑞士表悄悄地告诉"我"七点已到，真不知会沉迷至何时。

写到此处，诗人笔锋陡转，美人在时钟指向七点时翩翩而来。按常规，诗人应把幻觉在"我"与情人的拥抱和热吻中化为现实。然而诗人匠心独运，出其不意，写"我"望着姗姗而来的美人，仿佛看到了一朵红莲，姜白石词中婉约的韵律像叮咚作响的清泉缓缓流进"我"的心中。诗作至此戛然而止，但余绪未了，让读者顿时傻呆，久久找不到走出诗境的途径。

学生独立阅读原诗，品味诗意，此为第一步。

学生独立阅读短评，感悟其味，此为第二步。

交流讨论以下问题：①《等你，在雨中》是余光中先生最著名的爱情诗之一，可圈可点之处很多。评论者将自己的视角定位在哪里？

②诗歌是文学作品的精华。给诗歌写短评应该用诗歌的调子，你觉得作者做到了吗？

【说明】文学短评只有从"点"切入，小切口，才有可能有作为。寻找这个切入点的时候，一定要考虑文学样式的本体特征。作为诗歌，意象是组接诗歌最重要的元素，它牵引着一条由"意象"到"意境"再到"心境"最后冲刺到"思想蕴藉"的长线，这是诗歌鉴赏的通衢。因此，鉴赏诗歌意象，得其味，获其意，同其情，明其理。文学作品的短评写作忌讳板着脸说教，要根据评论对象的不同，选择与之相契合的语言方式。面对《等你，在雨中》这样的诗歌精品，用诗化的语言营造诗画的意境，是评论本诗的必需。

其二：阅读下面的小说和短评，用合作学习、互相补充的方式把握短评写作的基本方法。

人，又少了一个

聂华苓

三年前，也是冬天。一个骨瘦如柴的女人来到我家门前。

她头发蓬乱，脸色苍黄，穿着一件空荡荡的破旧花棉袄，一条褪色的灰布裤子。手中提着一个白布口袋。她轻轻推开我家虚掩的大门，缩缩瑟瑟地探进头来。我正站在窗口。

"太太，我不是叫花子。我只是要点米。我的孩子饿得直哭！"她没等我回答，就自我介绍下去："我也是大学毕业的。哪，你看，"她抖着手由内衣口袋中掏出身份证来，"这上面都写着的。这是我以前的照片！"由于好奇，我接过她的身份证。那是一个富态的中年女子的照片：光亮细碎的发鬈，整整齐齐地贴在头上。淡淡的双眉，弯在那一双满足的眼睛上，衣襟上还盘着一个蝴蝶花扣。

我端详着那照片的时候，她就一个人絮絮叨叨地讲了下去："我先生坐了牢。我就一个人带着四个孩子，饱一天，饿一天，我替人洗衣服，付了房钱，喝稀饭都不够！孩子们饿得抱着我哭。我只有厚着脸皮出来讨点米。我只要米，不要钱。我不是叫花子，我是凭一双手吃饭的人！太太！唉！我真不好意思，我开不了口，我走了好几家，都说不出来，又退出来了！我怎么到了这一天！"她撩起衣角来拭眼泪。

我将她的口袋装满一袋米。她抖动着两片龟裂的嘴唇说道："这怎么好意思？您给我这么多！这怎么好意思！谢谢，太太，我不晓得怎么说才好。我——我直想哭！"她淌着泪背着一袋米走了。

三年后的今天，我又看见了那个女人。她正站在巷口一家人家门前。我打那儿经过。她皱缩得更干更小了！佝偻着背，靠在门框上，脸上已经没有三年前那种羞怯的神情了。咧着一嘴黄牙，阴森森地笑着，用一种熟练的讨乞声调高声叫道："太太，做做好事，赏一点吧！太太，做做好事，赏一点吧！"

只听见门内当啷一响，是金属落地的声音，接着是一声吆喊："一角钱拿去！走，走，谁叫你进来的？你这个女人，原来还自己洗洗衣服赚钱，现在连衣服也不洗了，还是讨来的方便！"

那女人笑嘻嘻的："再赏一点吧，太太，一角钱买个烧饼都不够！"

"咦，哪有讨饭的还讨价还价的？走，走，在这里哼哼唧唧的，成什么样子？"

那女人的嘴笑得更开了："再给我一点就走，免得我把您地方站脏了，再多给一点！"

"砰"地一声，大门被踢上了。那女人回过头来，冷笑了一声，然后漠然望了我一眼。她已经不认得我了！

短评：

人生、人性的双重悲剧

《人，又少了一个》这篇小说写的是人生的悲剧，人性的悲剧。

所谓人生的悲剧，指的是一个大学毕业的女子由于丈夫坐牢失去了依靠，而又要抚养四个孩子，实在是如牛负轭，苦不堪言；穷困潦倒，使她不得不撕破脸皮外出乞米以充饥。生活使原先一个"光亮细碎的发鬈，整整齐齐地贴在头上，淡淡的双眉，弯在那一双满足的眼睛上，衣襟上还盘着一个蝴蝶花扣"的"富态的中年女子"，变成一个"头发蓬乱"、"骨瘦如柴"、"佝偻着背"、"脸色苍黄"、"一口黄牙"的落魄妇女，如此强烈的反差，不正是人生的悲剧吗？

所谓人性的悲剧，指的是这位大学毕业的女子，三年前还是忍辱含羞，还有人格自尊，还懂得自食其力，懂得满足，也懂得感谢人。可是三年后，不仅在形象方面改变，而且她的品格、行为、语言、心态全都被扭曲了。她靠在门框上，反复乞求太太多赏一点钱（只要钱，不要米），连开始穷困时的洗洗衣服赚钱以自谋生计也放弃了，只图讨来的方便。赏了钱，还嫌少，乞求再多给一点钱……当大门砰地一声踢上了，她回过头来，冷笑了一声，然后漠然地望了"我"一眼。三年前，我给她一袋米，三年后，她已经不认得"我"了。哀莫大于心死，这不是人性的悲剧吗？

那么，作者对作品中的这位大学毕业的女子持何种态度呢？对三年前的她是"哀其不幸"，而对于三年后的她则是"怒其不争"，是不是"一半对一半"呢？也不是。本文的题目"人，又少了一个"就是一个明确的答案。这位大学毕业的女子并没有死，为何说"人，又少了一个"？这是理解文章主旨、作者写作意图的一个至关重要的问题。这位大学毕业的女子，虽遭不幸，但人格已经堕落；虽然仍然活着，却离开了人生舞台，如行尸走肉。在这个世界上，实在没有她存在的位置；而她又不去寻找人生的价值而甘于沉沦，故题为"人，又少了一个"。这个题目发人深省。看来，提倡女性自立、自强、自尊，才是本文的主题所在。这篇小说于朴拙中见厚重，于平实中藏蕴藉，很少形容，故香醇可口，令人回味。

【说明】首先，短评的写作不可能面面俱到，也忌讳蜻蜓点水，浮光掠影。矛盾说：小说是社会革命、人性革命的一面镜子。剖析主题，实现对社会的直面和人性的观照，是评价作品的重要原则。本篇短评就是一个恰当的好例，它将小说主旨作为品评的对象，开掘小说主旨的时代意义，用剥笋法层层展开，"内核"尽现，从人生悲剧的定位到人性悲剧的高扬，表现了评论者独到而深刻的眼光，并且，有效地联系小说的题目，通过题目解读和主体内容的对接，升华出小说本体之外的境界。此外，这篇短评呈现的文章格局，可以表达作者处理"叙""议"关系的观点。整篇评论共805字，恰好是我们平时对高中学生写作字数的一般要求，掂量文中排布的"叙""议"权重，就可以发现作者的慧心。通篇"叙"，以"叙"代"议"，颠覆了短评写作的基本圭臬；通篇"议"，以"议"代"叙"，失却了短评之"评"的根基：作者合理巧妙处理了两者的关系，简"叙"详"议"，精"叙"深"议"，全文读来，踏实又不失理论色彩。

其三，阅读下面的短评，为这段短评写一段评论。

弦外有音，意蕴丰富
——评《雷雨》潜台词

剧作家曹禺于1933年创作的《雷雨》是中国现代话剧中极为成功的剧作之一，它能够深深地吸引读者和观众的就是剧中人物个性化的语言里往往蕴含着丰富的潜台词，从中可以窥见《雷雨》人物丰富的内心世界。

首先，不看人物有没有说，而看人物心里有没有想。

有时剧中的人物并没有说什么话，但透过简短的语言，可以探知人物的内心活动。例如第二幕从开头到"我们想把她的坟墓修一修"这部分内容，周朴园一共说了六个"哦"字。要是在平常，对这种应答词我们就可能忽略过去，但通过对上下文语境的理解，当然也包括对舞台说明的解读，我们可以挖掘到人物的未说之意、心中所想：①是资本家对下人漫不经心的口吻；②是勾起周朴园的回忆；③是一般应答词；④是表示惊奇；⑤是谎言被当面揭穿时，不由自主发出的；⑥是受人指控般、做贼心虚的窘态。一个简短的"哦"的潜台词有如此丰富的意蕴，就能揭示出周朴园心理的变化过程。

其次，不看人物是不是这样说，而看人物心中是不是那样想。

有时在某些情形之下当事人对有些事不便说明，这时一句话的潜台词与台词的表面字义甚至可能是完全相反的。如第二幕中鲁侍萍的两段台词，她同时扮演着两个角色，一实一虚，很有意味：

①鲁侍萍：老爷问这些闲事干什么？周朴园：这个人跟我们有点亲戚。②鲁侍萍：亲戚？周朴园：嗯，——我们想把她的坟墓修一修。③鲁侍萍：哦，——那用不着了。周朴园：怎么？④鲁侍萍：这个人现在还活着。

另一个角色的意思其实是在说：①她现在与你已经没有什么关系了。②根本就无所谓什么亲戚。③她没有死，现在就站在你面前。④那次她母子被人救起了。

而下面的鲁侍萍的两句话更能反映出她当时复杂的内心世界：

鲁侍萍：（大哭）这真是一群强盗！（走至周萍面前）你是萍，……凭什么打我的儿子？周萍：你是谁？鲁侍萍：我是你的——你打的这个人的妈。

此时，鲁侍萍母子相见却不能相认，只能欲说还休。作者巧妙地利用同音词语的转折来表达鲁侍萍的愤恨，痛苦，失望，悲哀……什么都有，真是百感交集。

另外，不看人物的话有没有说到，而想人物心中言外之意有没有说尽。

潜台词的一个最为显著的特点就是"言有尽而意无穷"。如果不分析其"话外之意"，是难以理解戏剧的矛盾冲突和作品的人物形象的。

总之，学会赏析品味《雷雨》中弦外有音、意蕴丰富的潜台词，对于了解戏剧人物语言，把握戏剧人物形象，提高我们的艺术鉴赏力，都是大有裨益的。

【说明】由独立阅读到合作碰撞，再到对评论的评论，是这节课学生学习能力培植的台阶，只有每一步都步态准确地走过了，才会对文学评论的写法做到"心中有数"。

3. 由辩证的思维，为"文学短评"定位。

安排以下教学步骤：①比较文学评论和读后感、议论文的差别。（小组推选发言代表。）

②怎样评价一篇文学短评的优劣。（教师引领，概括小结。）

【说明】这两个教学步骤的安排用意何在？语文学习的思维方式也是多样的，前一个教学流程我们和学生从"具体"出发，推演出文学短评写作规律的要求，但这是一维的。那么，能不能从另外一条途径衍生出文学短评写作的图景呢？"比较"是一种好方法，要比较，一定要找到比较的对象，比较的对象是由学生短评写作可能遇到的"盲点"和"分岔点"来确定的。这就要调动教师对教学的预测和控制了，也要考验教师的分析力和决断力了。评论指向于客观，感想指向于主观，议论指向明理，它们各有各的风采，也各有各的责任，要适时地告诉学生，一种文体自有它的担当，不是说泾渭分明，起码也是各在其所。

4. 撑一支长篙，漫溯于文学的斑斓星河。

实施下面的学习环节：①选择你所熟悉、喜欢的文学作品钩玄提要，探寻精深之理，作口头交流，互议互评。②为已经完成互议互评的内容，拟写一则文学短评的提纲。

【说明】写作教学，口说舌耕还不是第一选择。说得好不如写得好。要践履，在践行中散射文字的热力。提笔写来，方成别样文章。当然，在45分钟的教学时间里，无法达成短评写作的一蹴而就。可以先搭"骨架"，再丰"血肉"，留待课后细细填满，丰盈内容。

四、教学反馈

1. 学生的学习期待。

教学的归宿在哪里？在学生的心的成长。文学是一段弥足珍贵的旅程，移步换景，人生处处是趣。按照格式塔美学理论，人的认知领域存在着召唤结构，只有满足了期待视野，才能真正有所收获。

听听学生的课后感言——

生：本节课所学的是新知识，以往没有系统地学习过，只是在课外阅读时碰到过文学评论，在练笔时尝试过文学短评的写作（现在想来顶多是"赝品"，有些不好意思，呵呵）。

生：《等你，在雨中》的短评写得很好。因为它体现了诗歌欣赏的真意。在评价诗歌的时候，我们以前总说有它该有的技巧，现在看来，还是走了一条最经得住推敲的路：从鉴赏"意象"出发。

师：对的，这是评价诗歌的地图上的第一站，谁也绕不过去的起点。买了票，就必须由这个站台上车。

生：我觉得写作文学短评最难的不是确定评论的对象，也不是处理"叙""议"的关系，恰恰是它和"读后感""议论文"的区别。我们在今天的课堂探究了它们之间的差异，但是认识（不好意思，从我个人看来）还是比较抽象的，可能需要在写作之后才会有切实的体验。

生：张老师，我觉得假设我们再就"文学短评"的写作上一节课的话，我希望读到您写的文学短评。我们已经阅读了很多您写的文章，如果可以读到您写的文学短评，也许可以更具体、形象、可感地从文章中了解您对文学短评写作的理解。

师：呵呵。好呀。我最近重读了鲁迅的《阿Q正传》，写了文学评论，题目是《人间那一根卑微的衰草》，你有兴趣阅读吗？

生：好呀。

……

2. 习作片段。

生：虽然文章并没有华丽的词藻和"故乡，我爱你"之类苍白直接的表述，但在平朴的叙述中，老舍带给我们的是一幅清晰自然的老北京生活图，充满浓郁的地方特色，字里行间流露着深切的情感。在老舍的笔下，北京没有大都会的繁华，但是那古老而充满生命力的老城墙，悠闲的环境会使人心旷神怡，是难得的从容和闲雅。穿行在老舍幽淡的文字中，老街、小巷……生活如此自足，没有疲惫，只有轻松和畅快的沟通。老舍的语言就是北京本身。

（评《想北平》片段）

生："杏花。春雨。江南"，简简单单的六个方块字，蕴藏于其中的是悠远的想象和古老的文化。中国的面纱慢慢揭开，在淅淅沥沥的云情雨意里姗姗而来。

（评《听听那冷雨》片段）

生：这是一篇冷峻而凝重的散文，是对生活、生命的最初体验。在文章中，作者将他人生经验中彻入骨髓的寒冷和悲伤慢慢释放。他的文字简直让你着迷，没有堆砌的词藻，但自有韵味、精妙的比喻，充满想象的张力，文章里透着的那一缕忧郁和哀伤，若一定要用颜色来表达——青碧色，就是最好不过了。

（评《寒风吹彻》片段）

生：在这里，一山一水，一草一木，一花一鸟，一人一事，乃至一点点的思想火花，都在作家的笔下彼此映衬，你中有我，我中有你，由此而幻化出幽静奇美的意境，流淌出无穷的情韵，犹如一幅淡雅飘逸的国画，一首空灵隽永的诗歌，一盏淡香四溢的清茶，回味无穷。

（评《我的空中楼阁》片段）

生：春天，充满生机。可是祥林嫂恰是一个没有春天的女子。第一个春天，她失去了丈夫；又一个春天，她再次失去了丈夫；第三个春天快到尽头的时候，她失去了儿子；最后，春天快要来的祝福的日子，连她自己也死在了飘雪的大地上：祥林嫂，她被放在中国文化的祭坛上，连无声的反抗都没有。

（评《祝福》片段）

生：安妮是漆黑世界里唯一的一抹亮色。一个小女孩用她的文字表述着对战争、人性的思考。她没有绝望，她坚信和平与宁静终会降临，因为，人们的内心是善良而美丽的，人，总是向善求真。安妮就是这样一个在灾难中趋于成熟，从而对生命产生深刻感悟的人。

（评《安妮日记》片段）

五、教学感悟

文学短评写作教学，之前需要一定的知识储备，这并不是看看"他人之语"就能达成教学的趋于完美的状态的，必定有一个自悟的过程，大量的文学阅读和相关评论文章的参阅是课前的准备。教师对自己的教学是应当有一定的预设的，即定下课堂教学的主体内容和脉络走向，无主题变奏不是生动自由的课堂，而是扛着新课程的大旗散漫的教学病症的表现。从课堂教学的实际反馈来反思，由"经典"获得感性认知，由"比较"升华理性思考的安排是恰当的。

依据实际情况，课前学生对于文学短评章法的把握是有局限的。这种局限的打破要依靠课堂教学智慧的生成。一定要提供学生自我学习自我评价的时间，新知识整合到学生的智能结构中，根本的方式不是传授，而是学生自我的学习，因此，舍得在课堂中"放量"学生自我学习的时间，甚至留出时间让学生出错，将教学的节奏有意图地慢下来，是有效学习的好途径。根据学生学习反馈，课堂中学生自悟自学、生生互动碰撞，都是有意义的。

"发现事件的意义点　寻找表达意义的载体"课堂实录

一、引题

师：想请同学们一起来看一段文字：我没有安全感，长满了没有攻击力的小刺，直到我遇到了冰糖，他的温柔融化了我的心。（幻灯片展示。）我是在杭州华味亨食品公司的"冰糖杨梅"包装袋上读到这段话的。同样是冰糖杨梅，一个装在塑料瓶子里，一个被放在这样的一个包装袋里，我肯定选择后一种。为什么呢？

生：这段话很小资。

生：因为这段话很形象。

生：这段话有股子吸引人的情调。（生笑。）

师：是呵，选择的就是这段话里洋溢着的一股子情调。这段话，引起了我的兴趣，唤醒了我的爱怜之心。写这段话的人知道我要的是什么，他（她）是懂我的，并且希望我也是懂他（她）的，也许这就是这段话的意义点。

生：看着幻灯片上的标题，我以为这节作文课会很哲学的，原来依旧很生活。（生笑。）

师：发现生活中的意义点，本身就是哲学。但是，光发现意义点，是不够的。这段话，它凭什么就让我懂了它呢？请寻找意义表达的载体。

生：把握事物的特征——杨梅带刺，冰糖甜蜜。

生：人格化的语言方式——带刺是因为没有安全感，冰糖甜蜜因而温柔。

师：冰糖和杨梅的相遇就是人间一场爱的传奇。（生笑。）杨梅是杨梅，冰糖是冰糖，它们原来毫无关系。作者建立了"它"和"它"的关系。于是，情调就产生了，它用很柔软的方式走进我的心里，打通了我的情感通道。

生：说白了，这就是商品的一段广告语。作者用文学语言承载了他所要表达的意义。

师：你总结得真好。它让我吃着冰糖杨梅的时候，精神是愉悦的，态度是审美的。我懂他（她）了，也懂你了。（生笑。）

二、实践

师：还想给同学们展示一张我五年前收到的高万祥先生的名片。（幻灯片展示。）"永远是朋友"让我和他成了很好的朋友。这张名片和别的名片最大的不同是什么？

生：别人用来放名字放职务放头衔的地方，它用来放了五个字"永远是朋友"。

生：拿到这样的名片，会很意外很珍惜的。

师：前一位同学从"看"的角度区分，后一位同学从"感"的角度区分，都说到关键之处了。我们一起来发现一下它的意义，高万祥先生想让我知道什么？意义点就在这五个字里。

生：他想跟你成为永远的好朋友，这就是意义点。

师：这个意义点很纯粹。我也读懂了。我们不妨再来找找意义表达的载体。

生：言简意赅。

生：我同意他的说法。很简洁。

生：你们说的全不是载体，你们说的是载体的特征。（生呼应。）

师：你很敏锐，加一个词"语言"就符合我们的要求了，言简意赅的语言，过滤了复杂，留下和"我"的简单关系。既然说到了"简洁"这个话题，请允许我在这个词上稍稍停留一下。"永远是朋友"的语言形态很轻逸，但又不是一片轻飘飘的羽毛，而是一群有着好心情的小鸟。我们可以品味一下它的语言形态吗？试一试。

生：先说"永远"，永远有多远？不会终止。

师：对，无限地拉长物理时间。

生：再说"朋友"，亲密无间是朋友。

师：缩小心灵距离。你的语感很精准。(生笑。)如果我们用一种形象的方式来表述：这五个字搭了一座桥，由我走向你、你走向我的桥；我们相向而行，走向彼此，越走越近。优质的语言载体总是包含着审美的结构，可以像冰糖杨梅的广告语一样绵长，也可以像高万祥先生的名片一样简约，但都有丰富的蕴藉在里头。(生小声议论。)

师：我第一次来三中新校区，你能向我、向我们描述一下你的、你们的三中吗？

(生思考、运笔。)

生：江南水乡。

生：三中是一所历史悠久的中学。

生：我们校长说的"和美二中"。

生：建筑风格很独特。

生：一回头一断肠。说的是两年后我离开三中时的心情。(生笑。)

生：一年半前，我还为自己没有考入效实中学而难过，现在我却很骄傲。

师：我想重复一下我的问题——你能向我、向我们描述一下你的、你们的三中吗？

(学生默默不语。)

师：那么，我们来看一段电影片段。

(《麦兜响当当》片段，播放两遍。对话同时呈现。)

麦兜：麻烦你，鱼丸粗面。

校长：没有粗面。

麦兜：是吗？来碗鱼丸河粉吧。

校长：没有鱼丸。

麦兜：是吗？那牛肚粗面吧。

校长：没有粗面。

麦兜：那要鱼丸油面吧。

校长：没有鱼丸。

麦兜：怎么什么都没有啊？那要墨鱼丸粗面吧。

校长：没有粗面。

麦兜：又卖完了？麻烦你来碗鱼丸米线。

校长：没有鱼丸。

旁：麦兜啊，他们的鱼丸跟粗面卖光了，就是所有跟鱼丸和粗面的配搭都没了。

麦兜：哦～～！没有这些搭配啊……麻烦你只要鱼丸。

校长：没有鱼丸。

麦兜：那粗面呢？

校长：没有粗面。

（生边看边笑。）

师：这个电影片段的意义点是什么？

生：校长和麦兜存在理解沟通的障碍。

生：他们都不懂对方。编剧用对话这种载体将意义点呈现出来。

师：很好。你连意义表达的载体都说了。我想追问你一下，我为什么要请你、你们观看这个电影片段？

生：我还没有想好。

生：老师，你的意思是不是我们就是麦兜啊，不懂你？（生欢笑。）

师：不是啦。我是麦兜，你是老校长，你不懂我，所以我才不懂你。我要你们懂我。这才是最重要的意义点。可是，我从你们的描述中感觉不到你们是懂我的。你们眼中心里的三中应该是有着与众不同的意义的，寻找与意义表达相和谐的载体同样是重要的。可以是一种形象、一个事件、一段故事……当然都要通过语言来呈现。请再试一试。

（学生思考、运笔；教师和学生进行对话、彼此理解。）

师：在同学们写作的过程中，我已经和每一位作了交流，谈了我的感想。在我们交流之后，如果你还有补充、提升的，请发言。

生：请走进三中高二文科班的地理课堂，你就会看到一个生机勃勃的三中。地理老师从来不使用多媒体技术，却总是用地理的语言将我们带入地理的殿堂。他总是写满一黑板，有时够不到黑板的高处，他会很潇洒地拉一把凳子，站在凳子上边板书边讲课，神态专注，教态严谨，令我们神往而难忘。

师：呵呵，真是你们三中的奇葩一朵！（生笑。）你用一个小场景的细节，让你的地理老师生动起来，其实也是让你的三中生动起来。三中因人而美。

生：如果你愿意，请在星期五下午4点15分，来三中行政楼四楼探险，请轻轻地走近它，那里会是一个天堂，给你无法预约的精彩，那是平淡之中的奇崛和波澜。（学生议论。）

师：给我一次经历，三中永远不忘。三中因事而美。只是不知你们校长答应不答应，星期五下午，我们这些老师（指听课老师和自己）都来"探险"，队伍会很庞大的。（生笑。）

生：你会因此记住我们三中的。

生：白墙黑瓦，是你；绿柳清波，是你；回廊长长夕阳弯弯，是你是你还是你。

师：这可比"江南水乡"这四个字灵动多了。三中因景而美。你还可以补充：岁月蓝莓，是我；意气灼灼，是我；诗心萌萌步履盈盈，是我是我还是我。

生：你本来就很美。我想给你一个符号，来传达我对你的深情。如果你愿意，那会是一个"∅"，这是一个空集。空集不是"无"，而是里面有太多太多的"有"，语言总归无法穷尽我对你全部的心声，所以请让我用"∅"表达你无穷无尽的过去，还有无穷无尽的现在和未来。（学生投去感佩的目光。）

师：很有意味，"∅"就是意义表达的载体。你的这段"微写作"给我、我们留下了深刻的印象。谢谢你。课后，你能够把"空集"这个意义拉开来吗？（生点头。）那也许会是我非常期待的好文章。

三、余绪

师：关于今天的写作话题，你还有想法需要和同学们交流吗？

生：老师，我觉得你今天跟我们对话的写作话题"发现事件的意义点，寻找表达意义的载体"很新颖，对我很有帮助。

师：这是学习写作表达的一种路径，你还可以走很多不同的路。

生：老师，我觉得我自己的方式就很好，"今日我为三中自豪，明日三中为我骄傲"，为什么一定要学习这种写作方式呢？

师：没有比较，就无所谓"好"与"不好"。我想请你看一段文字，奥巴马的《一个更完美的联邦》。请允许我朗读节选的部分。

我是来自肯尼亚的黑人父亲与来自坎萨斯州的白人母亲的儿子。抚养我长大的，是经历过大萧条并在二次大战时在巴顿将军旗下服役的白人祖父以及当祖父身在海外时，在利文沃司堡一家轰炸机生产线工作的白人祖母。我曾就读于某些美国最好的学校，也曾在全世界最穷的国家之一生活过。我所娶的是一位在血脉中流有奴隶与奴隶主血液的美国黑人。而我也将这份血脉传承到我两个宝贵的女儿身上。在三个大陆上，散布着我属于每一个种族及每一种肤色的兄弟、姊妹、外甥、外甥女、叔伯与表亲。在有生之年，我将永不忘记，我的故事在地球上任何一个其他国家中，都没有一丁点可能会发生。

即使赖特如此的不完美，他对于我还是如同亲人一般。他坚定了我的信仰、主持我的婚礼、并领洗我的孩子。我一次都未曾在与他谈话时，听到他对其他族裔说出贬抑之词；或是对待任何他所接触的白人时，有任何礼貌与尊重之外的举止。我不能与他断绝关系，正如同我不能与黑人族群断绝关系。我不能与他断绝关系，正如同我不能与我的白人祖母断绝关系。

赖特牧师讲道内容最大的错误，并不是他谈到了社会上种族主义的话题。而是他说话时，把这社会当作是静止不变的，当作没有发生任何进展的，当作这个国家——这个让他的信徒之一能够竞选这片土地上最高的职位，建立一个跨越黑与白、拉丁裔与亚裔、富人与穷人、年轻人与老人的联盟的国家，仍旧无可救药地束缚于一个悲剧性的过往。

但我们知道，我们已看到的，是美国能够改变。这才是这个国家的真正天才所在。我们已经达成的成果，给予了我们希望。

师：历史是割不断的，种族主义依旧存在，但是美国不能定格在过去，美国已经在改变而且还将不断改变。奥巴马的竞选口号是：Yes, we can! 是的，我们行的！我们一定会有一个更完美的联邦！国家都在寻求改变，以期臻于美好。我们的写作也一样。即便暂时不想改变，你总不会拒绝看看青山的另一头的美好吧？

（生点头。）

四、延伸

师：现在流行"微"，2011年12月21日《钱江晚报》有一则"微童话"：

小刺猬的妈妈前几天去世了，小兔子很想接小刺猬来家里玩，兔妈妈说，小刺猬身上长着刺，一不小心就会扎痛你的……

作者继续写道：

第二天，小兔子把自己身上的毛都剪了下来，兔妈妈太惊讶了：你这是干什么？小兔子骄傲地回答：我要用兔毛给小刺猬织一件兔毛衫，小刺猬穿在身上就不会扎痛我了。

（学生自由交流。）

师：今天的学习从杨梅的"刺"开始，由刺猬的"刺"结束。同学们，让我们不断去发现生活中的蕴含着闪亮的生命力的"刺"，找到合适的载体，将其中的意义巧妙、丰富、深刻而有效地呈现出来。下课。

抒写你的幸福

幸福是什么？

幸福就是你一直独步的这条路。幸福的目标在地平线之外。

你需要反复捶打自己的心魂，骄傲又谨慎地问自己：今天，我在路上吗？

请不要停下你求索的脚步，尽管路旁的风光很绰约很流彩，但请淡定地拒绝它们对你灵魂的魅惑，它们只能给你短暂、瞬间的快乐；而你向往幸福，所以你要一直在路上。

幸福是多数人睽违很久的一种感情，是空谷雏音，是静水幽兰，是令人怦然的邂逅，是百转千回之后戴在你头上的一顶花冠。幸福从内心出发，经过一个个弥足珍贵的心灵驿站，受到一次次清贵高蹈的精神濯洗之后，你也许才可以轻轻地说——幸福，我找到你了。

所以，亲爱的同学，千万不要将幸福当做唾手可得的轻俗之物，也不要把幸福看做遥不可及的在水一方，只要你拒绝世俗对你的轻薄，你就不会匍匐在幸福的脚边，而是以平等的高度领受幸福的醍醐之赐。

幸福是什么？

幸福就是你一直独步的这条路。幸福的目标在地平线之外。

所以，亲爱的同学，请你，一定要幸福。

经典是什么？

经典就是创作者抛给阅读者的一个神秘的绣球。它是你走向雅致生活的一种生动的媒介。

经典存活在时间的深度里，它们在时岁的大浪里被淘洗，最终被历史所确认。与经典的相遇，就好比在文学世界之外遭遇爱情、培植友情，是檀郎谢女、雪夜访戴。经典可以敬，不可亵，它们仿佛一弯弯如犁的上弦月，除去你内心的丛生杂草，让你宁静干净。

经典不是下午三点一刻的咖啡，只能给你片刻的朵颐之乐；经典也不是杯中轻盈舞蹈的朵朵绿茶，越品越淡，形质同化；经典更不是剑客手里的那盏烈酒，换取侠骨铮铮的荡气回肠；经典就是你的心灵访客，它们轻叩你的心门，挥动隐形的翅膀，降落在你的心房，它们碰触着你灵魂最柔软的部分，给予你最温软的动情，让你丰富升华。

经典是你的一个慢慢相熟的朋友，它们需要和你细水长流般相处。当你真正爱上它们时，你就会从世俗的势力圈里突围出来，特立而不独行地走在经典给予你的风景里。那是一个个彪炳汗青的文化星座，星辉斑斓、清韵悠长。而你，也就真正成为了那个仰望星空的人。经典用它的全臂之力，使你能够站在别人的肩上看世界看自己，让你成为人作为人。

经典是什么？

经典就是创作者抛给阅读者的一个神秘的绣球。它是你走向雅致生活的一种生动的媒介。

所以，亲爱的同学，请你，走向经典。与经典相遇，本身就会升华出一种幸福。

经典里有什么？

经典里充满幸福的百态。低调的幸福、华丽的幸福，古典的幸福、现代的幸福，灵动的幸福、宁悦的幸福……

经典里拥有幸福观的多样。无私的大爱、优游的自我实现，永恒的追求、充分地活在当下，多看鲜花满树、常观落英缤纷……

千江有水千江月，万里无云万里天。幸福在经典的深度和厚度里，散发着月亮般柔媚的气息，如翩翩的祥云挥洒漫天的写意。亲爱的同学，请相信，走向经典，你就会和幸福幸福地撞个满怀。

那么，你也许会轻轻发问：漂流在经典这条大河里，我应该怎样去撷取幸福的浪花呢？我又该怎样在经典的无数漪沦中甄选和我的内心紧密联系的那片光晕？假如我已经感受到了幸福的力量，我又该如何将感受到的力量幻化为充满感悟的文字，和我的同学们深深共鸣？亲爱的同学，请你，不要太着急，我们现在就出发，我想和你一起，体会着幸福、思考着幸福、抒写着幸福。

首先，请你暂时离时尚远一点，让自己平静下来，这是你必需的态度。经典和时尚无关。如果你紧跟时尚的节拍（而事实上你也是永远比时尚慢一拍的；你一旦拥有时尚，时尚的风习已经发生改变），你是无法静心地跨入经典之门的。用肃穆虔敬的心态对待经典，经典才会优渥于你。现在，你可以开始你安静的经典之旅了。

然后，请你擦亮你的眼睛。经典是个静默着的大海，如果你毫无准备，它丰富的内涵足以让你左支右绌，无法应对，更不用说挑选了。亲爱的同学，你要告诉自己，再好的东西，我也只取一瓢饮，一瓢和我适恰的"饮"，今天我要的这一瓢的名字叫幸福。于是，面对经典之海惊涛拍岸，你在千堆雪的面前就会姿容笃定，笑靥盈盈。

现在，请你专注阅读，去完成你和经典的这场经典的约会，只要你足够执着，它不会轻易改变约会的地点。我觉得你可以将你读到的幸福和幸福观条分缕析、分门别类，良好的札记习惯会帮助你做到这点。你可以将你在经典中邂逅的幸福故事用概括的方式摘录下来，你可以将关于幸福的经典感悟对接自己阅读的感受作碎片式的整理，你还可以将不同的幸福观作简短的比照和思考，显然，更重要的是，你要将读到的和自己原有的对幸福的认知进行对比，升华出对经典中所呈现的幸福的境界来……此刻，你一边阅读着幸福，一边思考着、记录着幸福，你这样把握经典中关于幸福的内容或者经典对于幸福的理解，对于你的抒写幸福是有具体翔实的帮助的。

显然，你还可以关注各类经典对幸福的不同呈现方式。传记的实录，小说的虚构，散文的描写、议论或抒情，记叙类文体的叙写，诗歌的节奏和韵律，不一而足。不同的作者有不同的写作观念和知识框架，不同的文类（或文体）有各自的表现手法、表达方式，你完全可以沉浸于各种丰富的形式之中，区分它们、涵泳它们、锁定它们：《再别康桥》是在离别的哀欢中，用唱歌一样的调子来体会康桥给予自己的幸福；《江南的冬景》是在遥远的念想中，用散文的写意和传神，来满足故乡赋予一个游子精神上的富足；《陈情表》用绵密细致、情动于中的说理和叙写，来传达封建时代知识分子进退两难之中，只有尽孝于先才算画成了最微小又最艰巨的幸福的人生地图；《娜塔莎》用一条丰满的心理运作之线，运用阻迟、摆荡的艺术手法，来烘云托月般地达成娜塔莎和意中人翩翩共舞的幸福时分……阅读着这些经典，有谁能说不是一种清净的幸福呢？亲爱的同学，理解经典中的幸福是第一位的，紧紧跟进的应该是这些呈现幸福的方式。形式之于内容，好比是一件文化的外衣，漂亮的外衣赏心悦目，同样能引起阅读者的啧啧称奇。再说得抽象些，形式有时就是内容，它们是不容放弃的，就像你平时的阅读，是很少有意识地将两者离立分割的，不是吗？

最后，请你拿起你的笔来，开始你抒写幸福的旅程。其实，亲爱的同学，可以毫不夸张地说，我们短短的一生，要不就是走在寻找幸福的路上，要不就是在用不同的方式传达着幸福。而文字，就是很好的一种方式。那么，又有哪些值得你细细诉说、慢慢道来呢？首先，你可以书写面对经典内心激荡的神圣感，这种神圣感和幸福感是同根同生的，当然，感觉是很飘忽很独特的东西，它植根在我们的经验和体验里，你一定要化虚为实，要赋予这种幸福感以厚实的"土壤"，折射出这种幸福感对于人生的提升意义，让人读得进、读得懂；接着，你得走进经典的深处，开掘关于幸福的宝藏，你可以描述、评论、抒情，也可以面对不同的幸福观，作出冷静的分析、从容的比较、紧凑的提炼，鞭辟入里地揭示出幸福的内涵，深化启思的价值；然后，你还可以放眼时尚冲击波之下的纷杂的世界，分析时尚和经典的关系，来阐说从经典中获得幸福的权利对于当代人精神生活的意义。回忆是一个魔术师，它只愿意让真相留守在自己的内心，而经典是永不褪色的，幸福又是文学永远追求的母题。无论你写什么，亲爱的同学都请牢记：要选用恰适的呈现方式，与内容相称相贴。但愿，你会有一支妙笔，生出关于幸福的曼妙之花来。

非常好。亲爱的同学，你可以挥笔直抒了。最后，请允许我悄悄告诉你，天地有大美，语言有局限。当你无法满意自己的文字时，请不要着急，甚至懈气，一切都可以从头再来。就好比幸福，一直在你独步的这条路上。

关注"人"，体现写作教学知识的整体性
浙江省教育厅教研室　特级教师　胡　勤

对写作教学存在两种不同的认识，普遍认为写作教学是有规律的，拟题、构思、开头、展开、结尾、表达方式、表现手法、思维特点与规律等等，把写作教学视为科学的、线性的、逻辑的知识与方法的教学，主张按照写作知识进行科学分类、有序训练，来提升学生的写作能力。但是也有人把写作教学放在人文范畴里来认识，认为写作是复杂的内心活动，教学中他们关注的是人、是生活世界、是社会和学生的经验，以唤醒、交流经验，来丰富情感、深化思想并把这作为写作教学的目标。张悦老师的写作课属于后者。课堂里，她和学生处在平等的地位，对话交流，和学生一起谈感受，说感动"我"的亲情细节。尽可能减少束缚，着力为学生提供广阔的写作空间。写作学的知识被用以激活学生的思想，唤醒他们沉睡的情感。她的课堂，师生常常在生命同构的状态里共同创造，碰撞出一个个新的生命火花。我曾经评价过她的作文课"讴歌亲情、写得充分"是"有内容的"，就是说她的写作课有唤醒学生经验、直接激发学生思考的问题和场景，有学生主体参与，师生心灵互相碰撞，产生对人生、真情、爱和命运的反思。

什么样的写作教学能真正促进学生语言能力发展？我认为不可能通过分解的

方法，尤其是对高中生来说，字词句篇章、语法修辞、表达方式、表现手法，这样的知识分类教学是无法实现全面提升学生写作素养的。公认的路径只有一条：在相对真实的情景里，在相对大的、不是琐碎的，是有意义、有价值的问题里，师生主体带着自己的问题、自己的思考积极参与，只有这样才可能真正促进学生语言能力的发展。这也是张悦老师的这本书《知识、生活与生命的共鸣——新教育语文课堂》所表达的教育理念在写作教学中的具体体现。

张悦老师在理论和实践方面都有全新的探索。她尝试整合写作知识，从新的角度思考并运用写作知识。为什么要学生去"发现事件的意义点"，而不提"中心明确"、"观点鲜明"、"立意深刻"这类有关"主题"概念的要求？因为在文章学的写作知识范畴里，"主题"这个概念与"材料"、"结构"、"语言"、"表达方式"、"修辞"、"文风"、"文体"等概念一样，已经从粘附在作者写的过程中剥离出来，由动态的写作知识变成了静态的写作学知识，成为教师专有的、读者分析作品时使用的定型的以致僵死的概念。遗憾的是现在主导写作教学的理论知识，完整系统的还仅仅是这些东西。

写作是作者主体内心世界的个性化表达，所以作者对所表达的对象必须经过内心的搅拌，从而发现自己从未所见、其他人也未必能见到的具有独特性的意义和构思。张悦老师提出的"意义点"就是为了引导学生发现自己。其内涵很丰富，可以是写作意图，也可以是内容的核心；可以是认知性的思想观点，也可以是一种直感、情感体验。这样说太具有普适性，还是用前面说的话来说，这个意义点是自己从未所见、其他人也未必能见到的具有独特性的意义和构思。它是作者写这篇文章的出发点，因为这个点的触动才有了写这篇文章的创作欲望，就像毛石开片之后发现是玉，采矿发现矿脉，只有发现了事件的意义点，才能写出好文章，它是这篇文章的爆炸点，这个点爆炸开来，才有了这篇文章的壮阔、华丽、精美或优雅。张悦老师在《发现事件的意义点 寻找表达意义的载体》这堂课里成功地引导学生寻找表达自己心中的学校的意义点，有的很生动，独具创造性。比如，"白墙黑瓦，是你；绿柳清波，是你；回廊长长夕阳弯弯……"。学生写得好，老师的对话巧妙。理解、沟通，从我的世界里看到你的世界，从你的世界里认识我的世界。更精彩的是有一位学生用一个符号来传达他对学校的深情："如果你愿意，那会是一个'∅'，这是一个空集。空集不是'无'，而是里面有太多太多的'有'，语言总归无法穷尽我对你全部的心声，所以请让我用'∅'表达你无穷无尽的过去，还有无穷无尽的现在和未来。"学生投去感佩的目光，是因为他们从未想到可以这样比喻学校。教师也发现了学生独特的想象，及时抓住引爆它："'∅'就是意义表达的载体……你能够把'空集'这个意义拉开来吗？那也许会是我非常期待的好文章。"只要围绕这个意义点，扩展开去，不管怎么写，都会是一篇独特的文章。

表达意义的"载体"是什么？从整体上说也就是"语言"，但是如果说"寻找表达意义的语言"，可能会让人误解，把意义与语言剥离开来，或把丰富复杂、生动而有意义的意义变得单调、无趣。

"载体"可以从不同的角度理解。从内容方面看，是一种情绪、一个思想、某个事件，过去习惯说的选材大概就是这个意思。它也是一种语言形态，包括语法句式、表达方式方法等。它还可以从结构、关系等角度分析。这些知识不是不需要，只是过去我们把它拆解开来单独教学，搞得支离，在教学中左支右绌。

张悦老师用"载体"把它们整合起来，让思想贴着语言表达走，避免了知识与写作内容分离而导致的支离。其实任何内容都是在语言形态中呈现出来的，语言就是思想。不同的语言形态呈现不同的意义。一张名片写着"永远是朋友"，不写身份，所传递的意义是不一样的。一句广告语，可以是说明性的，也可以是文学性的，就像"冰糖杨梅"包装袋上的一段话"我没有安全感，长满了没有攻击力的小刺，直到我遇到了冰糖，他的温柔融化了我的心"，不同的语言形态表达的效果不一样。

张悦老师的写作课是把每一位学生的个体生命看作一个独特的整体，尝试体现写作知识整体性的特点，把知识与学生的语言表达融合起来，让学生完整地表现自我，这对于局限在语言学、文章学知识范畴里的写作教学来说是重大突破，如果沿着这条路径走下去，写作教学的理念与实践一定会呈现更加开阔的气象。

心安是归处（代跋）

浙江省教育厅教研室　特级教师　胡　勤

我是从讲台上认识张悦老师的。

2003年秋，我到浙江省教育厅教研室担任中学语文教研员不久，主办了浙江省语文课堂阅读教学大赛，要求一个地市派一位代表参赛。由于多年没有举办这样的大赛，各地都派出了顶尖高手，衢州童志斌，杭州郭初阳，台州包建新，嘉兴蒋雅云，绍兴陈阿三……可谓群英荟萃，俊采星驰。宁波市代表是张悦老师，执教《长亭送别》。记得她穿着一袭类似旗袍的绛紫色短袖长裙，姿态优雅，言语轻柔。她说出来的话是在心里打过转的，经过内心体验感受过才说出来的话，别有个性情味。

这堂课她没有说要教什么知识内容，诸如戏剧知识、写作方法、主题思想、深刻内涵之类常见的教学内容都避开了，而是带着学生走进崔莺莺的情感世界。走进人物情感世界的方法有很多，她以"泪光盈盈处的离愁别恨——走进崔莺莺的情感世界"为小课题，进行课堂探究式的学习。课上得很成功，被评为一等奖，第一名。

七年过去了，今天如果要我推选一节文学作品体验教学的经典课，还得是张悦的《长亭送别》。

体验、移情想象是文学作品教学最基本的内容和方法，我经常以她这堂课的实例说明这个道理。当时的课堂情境至今还清晰在目：老师要女生把自己当作崔莺莺，嘱咐张珙。对男生说，你们就是张珙又有什么要表白的？学生性格差异，性别不同，内心的想法和担忧也不一样。表现得率真、有趣。

女生说：不要哀伤，有情人终成眷属。男生说：好男儿志在四方，岂能儿女情长。

有的女生很体贴，嘱咐说：一路上好好照顾自己。有的很直白，要张生考中后快快回来……

次年，我们推荐她代表浙江省参加第五届"语文报杯"全国中青年教师课堂教学大赛。这次比赛是提前半天抽签定篇目，张悦老师抽到郁达夫的《故都的秋》。这是一篇经典散文，文眼是故都的秋清、静、悲凉。大多数教师教这篇课文都会围绕这句话分析文章特点和写法，可是张悦老师关注的是文字的背后站立着的人，站着一个怎样的郁达夫。她的教学话题是"文如其人，言为心声——走近郁达夫"。这是一个新的视点：从作者的心灵去读文章，以读文章来了解作者的心灵。这样的教学构建了师生之间、师生与文本之间、师生与作者之间血脉相连的关系，是有血有肉、有情感、有生命的。在这个基础上，展开文学作品的自然美、生活美、情感美、艺术美、语言美……由此唤醒学生的生命感和价值感，唤起学生内在的精神动力。

这堂课获得了一致好评，被评为一等奖。记得当时坐在颁奖仪式主席台上，陈仲樑先生私下悄悄对我说：如果校长要从中选一位优秀教师带走，他会选张悦。

2005年浙江省中语会年会上，她开设了作文教学示范课，专题是"讴歌亲情，写得充分"。这堂课人教社作为教材配套资料，刻录成光盘。海南一位教师看了以后，在博客上这样描述自己的感受：

傍晚，夕阳透过向西的纱窗，斜斜地进入我的房间。

泪花，在脸上绽开；因为我正在看张悦老师一节题为"讴歌亲情，写得充分"的课……张老师上得让听课的学生们泪光闪烁，上得让我这个老汉子满脸泪花……这其间奥妙在哪里呢？

是的，她轻盈地飞起来了，扇动柔韧的翅膀，轻灵地飞翔在杏林中。烈日下带来清风，暴风雨中给人宁静安详，给一沟死水注入清流。全国有二十多个省她去上过示范课、观摩课，或者做过讲座。内蒙古大草原，长白山脚，海南岛上，黄河之滨，她的言语感动、折服、倾倒许许多多学生和老师。有数十位博主、网友描述、介绍她，为她感动、流泪，感谢她、钦佩她。

如果要我推选一位代表浙江省高中语文教学风格的教师，还得是张悦老师。她爱教育，爱学生，爱语文，把这一切放心里，用爱沟通了作者、文本和学生之间的情感。她是一位有悟性的、有灵气的老师，没有约束在规范知识的范畴内，

…… 作文篇 ……

不受纯粹概念的束缚。她的课堂灵动不滞，富有人文内涵和生命体验。

张悦好像一直在读书、读书。

有人描述：

在休息的间隙里，看到了这样一幅美丽的侧影：坐在专家席上的张悦手捧一本厚书在读，我不知她在读什么书。王尚文教授说她在短暂的飞行中也读，无论是一边的喧嚣还是遨游蓝天的舒畅都影响不了她对书籍的挚爱。

浙师大学士学位，第一批教育硕士，各种各样的研修班……现在她在读马列主义哲学博士。她从未宣扬过自己的学历，不像有些人读博士是为了镀金装点门面。我是在上海师大王荣生先生主办的一次研讨会上得知的，当时并不以为然。我承认马克思主义源自西方哲学历史的土壤，它填补了旧的沟壑，开拓了新的领域，具有资产阶级蓬勃兴起的时代特征，对人类哲学思想是有贡献的。但是这些贡献对当代语文教育有什么意义呢？我想，如果简单地以马克思主义的阶级论、矛盾论，即使是我们常说的实践观介入语文教学，也将会导致人性毁灭的灾难。其实我错了，是我们曾经以愚昧、无知扭曲了马克思主义，自以为神圣却犯下大错，把自己推进了黑暗的深渊，却把罪恶归源到马克思主义。

她说："要看他的思维方法。"

"他的思维方法的价值在哪里？"我问。

一是关系。"我"存在于对象之中，你我共生，"你"和"我"的关系不能分割。我们之所以把这个人叫作"彼得"，是因为另外有一个叫"保罗"的人的存在。

二是批判。批判是马克思主义哲学的精髓。我们的语文教学非常缺乏反思批判的精神。

三是实践。马克思从黑格尔的精神黑洞里退了出来，完成了哲学从认识论到实践论的转向，克服了形而上学的缺陷，使哲学真正成为时代精神的精华。

一天，她给我寄来一本马丁·布伯的《我和你》，网上下载，打印，装订得很细心。她说："胡老师，这本书很好。"

很惭愧，我的确不知道马丁·布伯何许人也，压根不知道《我和你》《人与人之间》是西方闻名遐迩的经典著作。我的大脑跳出熟悉的西方哲学家，巴门尼德、赫拉克利特、苏格拉底、柏拉图、亚里士多德、黑格尔、康德、笛卡尔、罗素、海德格尔、狄尔泰、哈贝马斯……很遗憾，没有马丁·布伯。

但是布伯的哲学思想影响了张悦。

布伯认为人置身于二重世界之中，一个是"它"的世界，一个是"你"的世界。"它"的世界是与我相分离的对象，与我相对立的客体。人也栖息在"你"的世界，我接近"你"，与"你"相遇，不是为了满足我的任何需要，哪怕是最崇高的爱的需要，而是把"你"当做我的整个世界，用我全部的生命。

人行走、消逝在绵延的时间长河里，更多的是生活在"它"的世界，又挣扎、反抗"它"，渴望栖息于"你"的世界中，由此造就了人的精神、道德与艺术。张悦老师曾在《和你在一起》里深情描述了自己的反抗和追求。"我身本无乡，心安是归处"。她把自己从事的教育，人的教育、语文的教育，视为"你"的世界，渴望在"你"的世界中寻找内心的宁悦。

她对教育的爱、对语文的爱、对学生的爱不是视为对象的爱，不是为了成功实现某个目标或理想的爱，而是放在心里小心地呵护它，把它视为自己栖息着的、深爱着的文化圈，与它融为一体，不分不离，甚至不愿有一点细微的裂痕的爱。

我不知不觉又用了"它"这个词，因为人不可能永远生活在"你"的世界里，任何"你"的世界都可能瞬间转为客观的"它"的世界。我们的语文教学在现实的土壤中，为了功利的目的，必须不断探寻"它"的概念范畴、知识系统和规律，却常常想要和"你"在一起，享受无我的美。这是语文老师的痛苦与悲哀，也是语文老师的愉悦与幸福。

（《语文世界》2010年第十期"语文人物·师说"）